DIGITAL LOCAL HUB

デジタル ローカルハブ

社会課題を克服する地方創生の切り札

野村総合研究所
神尾文彦
【編著】

中央経済社

はじめに

都市と地方に関する課題は，50年近く続き，半ば固定化している印象である。その中で，「地方創生2.0」の本を出版し，地方圏において自立経済都市（圏）「ローカルハブ」を構築する必要性を提唱したのは，今から８年も前の2016年のことだ。ただ当時は正直申し上げてローカルハブの知名度は低かった。しかしながら，次第にいくつかの都道府県からローカルハブの考え方にご賛同いただき，私自身も政府の委員会などの場で，ローカルハブの重要性をご説明する機会に恵まれた。政府関係者の中でもその考え方に理解を示していただいた。国や自治体だけでなく，地方の国立大学や国立博物館でも，地域の“拠点”を目指すローカルハブの考え方に賛同していただいた。

そのような中，デジタル化の波が一気に押し寄せ，その後コロナ禍を経てそれが加速化した。デジタルガバメント（政府・公共部門のデジタル化）実現に向けた社会の要請が高まった。さらに2020年以降は，脱炭素・カーボンニュートラル実現に向けた産学官の動きも急加速した。直近では人手不足・労働制約という社会課題も深刻化している。

この中で，ローカルハブをデジタルの力で実現する重要性が高まってきた。デジタルローカルハブという新しいコンセプトである。言葉を選ばずに大胆に言うと，スマートシティで地方創生を実現する戦略である。ローカルハブの要素である高い労働生産性を有した都市はドイツ，デンマークの地方都市で実現されている。ただデジタルローカルハブは日本でこそ実現したい，あるいは実現すべきローカルハブのコンセプトだと考える。

2023年の数か月の間で，あっという間にChatGPTに代表される生成AIが社会に浸透した。ローカルハブを支える社会・経済構造を持つ途上にある日本は，革新するデジタル，AIの技術を適切に管理したうえで，後発のメリットを活かしつつローカルハブを実現するチャンスであると真剣に思っている。

このような背景により，改めてローカルハブ形成の重要性とともに，デジタルやグリーンの手段を通じて海外の中核的な都市がどのような取組みをしているのか，このタイミングで包括的に紹介したいと考えた次第である。

本書は大きく五部構成である。第１章は，日本においてなぜデジタルローカルハブの形成が必要なのかを示す。日本が今後達成すべき労働生産性の目標と直面する社会課題（ローカルイシュー，グローバルイシュー）を示し，生産性向上におけるデジタルローカルハブ構築の意義を示す。

第2章は，自立経済都市（圏）のモデルと考えるドイツ，デンマークの高生産性都市の概要（経済的なメカニズムを中心に）を13都市ほど紹介する。また，高生産性を支えるデジタル戦略や脱炭素戦略（グリーン戦略）もあわせて示す。

第3章は，ドイツ，デンマークの事例を参考に，日本におけるデジタルローカルハブ形成の方向性を明らかにする。あわせて日本国内でデジタルローカルハブに向けて戦略策定等に取り組んでいる事例を示し，その実現に向けて自治体・地域が取り組むべき事項を整理している。

第4章は，少しトーンが変わる。デジタルローカルハブを中心に日本が抱える資産生産性を高めるべく，その再戦略を進める方向性について示したい。

第5章は，デジタルローカルハブ構築に向けて国，自治体，地域，民間などが整備すべき環境のあり方について掲載した。あくまでも私見として見ていただきたい。

ローカルハブの時と同様，デジタルローカルハブという言葉・概念の社会的な浸透はまだまだ低い。何を目指すものなのか，実現のイメージは具体的に何か，など疑問を持たれる方も少なからずいらっしゃるだろう。日本におけるデジタルローカルハブの実現はこれからの段階であるが，先行するいくつかの都市で戦略策定がまとまり，デジタルローカルハブに向けたプロジェクトが動きだしているこの段階で，もう一度コンセプト，事例，取組みの実態について紹介をすべきだと考え，このタイミングで，本にまとめることをお許しいただいた。改めて海外（ドイツ，デンマーク）における高生産性都市（圏）の実態及びそのデジタル・グリーンの取組みについて紹介したうえで，日本のデジタルローカルハブ実現に向けた萌芽事例・取組事例をお伝えしたい。

2024年3月

神尾文彦

目　次

第3章　日本におけるデジタルローカルハブ実現の方向性とその取組み

第５章　デジタルローカルハブを実効性のあるものにするために

序　章

デジタルローカルハブとは

はじめに本書で論じるデジタルローカルハブの概念を示したい。

まずローカルハブの概念だが，地方圏にあって（＝ローカル），国内外の様々な都市・地域と連携した（＝ハブ）「自立経済都市（圏）」と定義する。これは既に2016年に地方創生実現の切り札の１つとして問題提起したものである。自立共生モデルの社会を造っていくために必要となる拠点の考え方だ。

そして，デジタルローカルハブ®は，ローカルハブをデジタル技術（DX）で実現していく拠点として今回問題提起するものである。このように示すとスマートシティと同じ言葉のように思われるが，デジタルローカルハブはデジタル化（スマート化）した都市・地域が目指す将来像と考えて欲しい。

これ以降デジタルローカルハブ形成の背景・必要性から論を進めていきたい。

図表序－１　ローカルハブの概念と必要性

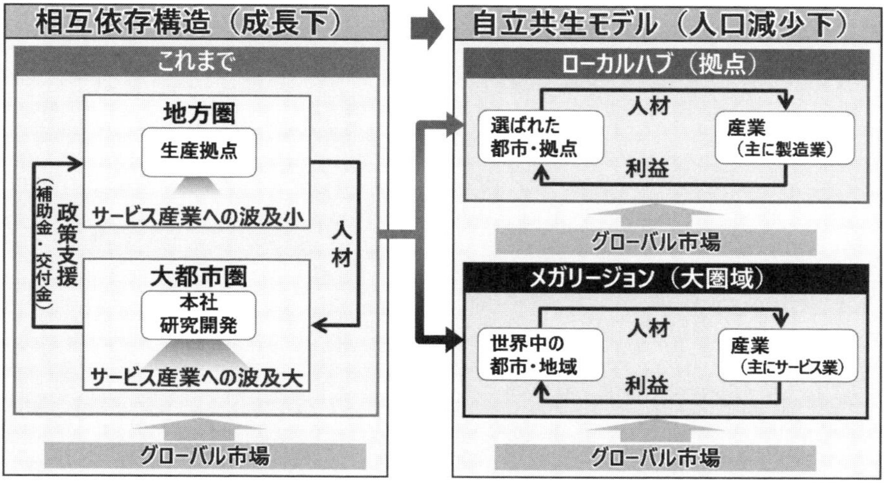

（出所）野村総合研究所作成

第 1 章

都市・地域の未来像・デジタルローカルハブ

1 日本の社会・経済はいかに生産性を上昇できるかにかかっている

(1) 縮小する人口の先にあるコンパクトな社会への回帰

日本は「人口減少」という言葉に慣れが生じてしまっていると言えないだろうか。

2008年をピークにそれ以降日本の人口は減少に転じ，2023年で既に15年経つ。また，2023年の日本の世帯数は5,418万世帯であり，戦後はじめて減少に転じることになる。既に人口減少が日本の課題を代表する当たり前の“一般名詞”になり，人々はお題目のように無意識にこの言葉を使っている。しかし，人口減のインパクトは想像以上だ。人口や年齢別の割合といった数値そのものを見てほしい。国立社会保障・人口問題研究所の予測によると，2040年時点の生産年齢人口は1960年のそれとほぼ同じになる。一方，生産年齢人口比率をみると，2023年は59.4％であるのが，その後減少が続くものの，その減少幅は小さくなり，2040年には55.1％，そして，2050年を過ぎると50％程度でほぼ一定になるという予測だ。すなわち，あと20年もすれば人口構成はほぼ一定になる。今後は，高度経済成長前の人口規模を，半分の担い手（生産年齢人口）で支える社会が来る。この事象そ

図表１－１　日本の年齢３区分別将来人口と将来人口比率の推移

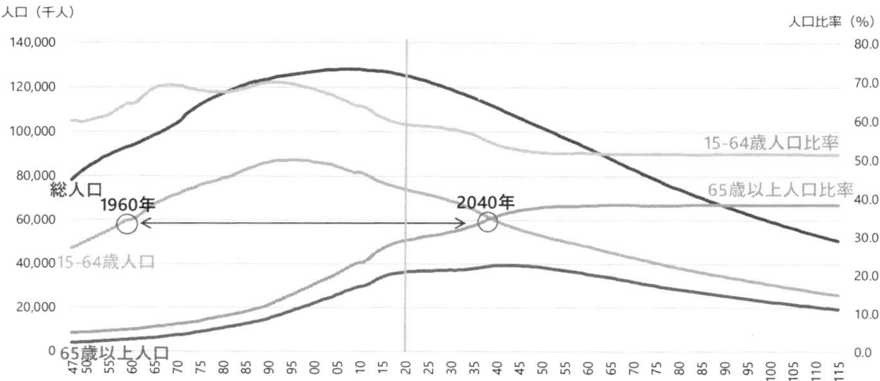

（出所）国立社会保障・人口問題研究所「日本の将来人口推計（平成29年推計）」より野村総合研究所作成

れ自体は，楽観も悲観もなく，１つの未来像だ。

人口は過去の社会経済活動の結果の１つであるとの声も聞く。単に人口が減っていくという事実に悲観するのではなく，今後想定される人口規模にあわせて，経済・社会・国土の構造を最適なかたちに再構築していくことを考えなければならない。

⑵　生産性の伸び悩みは投資活動の停滞に起因する

人口が戦後の水準に回帰をし，市場や労働力が縮小する一方で，毎年の稼ぐ力も伸びていない。

IMF によると，2023年の日本の GDP はドイツに抜かれ世界第４位に下がる見通しであることが示された。もちろん昨今続く円安の影響がダイレクトに現れたものだが，日本の経済力それ自体が弱体化して久しい。

実際日本の１人当たり GDP は，ほぼ30年間実質的に伸びておらず，2000年から2022年の20年間に，世界トップ20からも漏れ，30位に近い水準になってしまった。

１人当たり GDP の水準が伸び悩んでいるのはなぜか。1970年からおよそ50年間の１人当たり GDP を支出別にみた動きでみると，１人当たり家計消費支出は2012年以降ほぼ停滞しているなか，投資（総固定資本形成）に至ってはそれ以上

図表１－２　日本の１人当たり GDP と最終需要項目別数値（指数）の推移

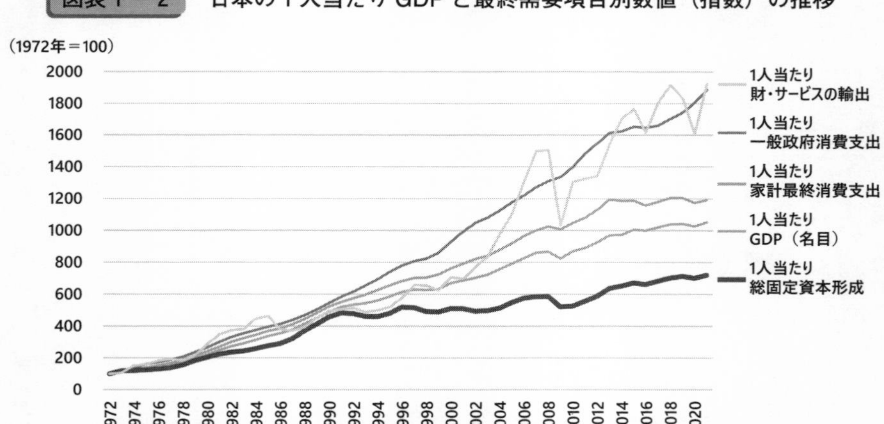

（出所）内閣府「国民経済計算年報」より野村総合研究所作成

図表１－３　主要国における１人当たり総固定資本形成（指数）の推移

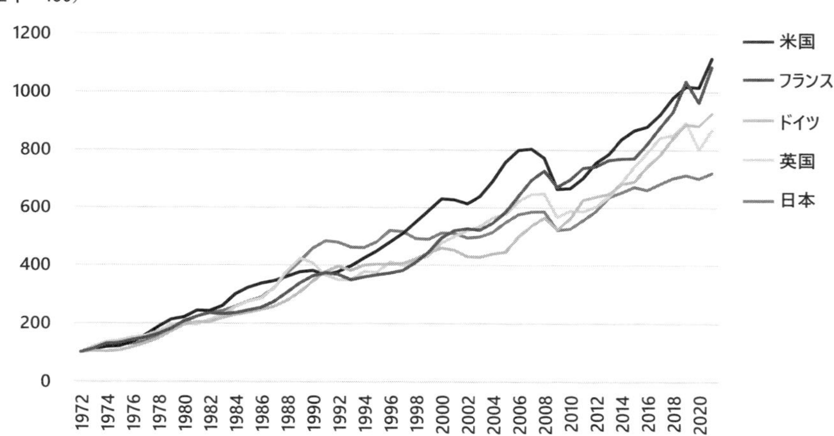

（出所）OECD「National Accounts at a Glance」より野村総合研究所作成

の期間で停滞し，ここ数年急激に数値を伸ばした米国・英国・ドイツなどに抜かれてしまった。これを見ると，海外からの対内直接投資が少ないだけでなく，投資そのものが盛り上がっていないことを示している。日本のみが世界の中で投資に見合うだけの収益が期待できない国になってしまったのではないか，とまで感じられる。

⑶　600兆円規模のGDPを死守するためには生産性３％以上の実現が必要

人口が高度経済成長前の時代に回帰していくなかで，2040年の日本は現在よりも人口で約１割，生産年齢人口で約２割少ない社会を想定し，量・規模に依存するのではなく，生産性重視の社会システムへの移行が必要である。生産労働人口が少ない環境下で，日本の社会活動を支える一定規模の経済活動を確保するためには，当然ながら現在よりも生産性向上が必要になる。2016年の内閣府の骨太方針（経済財政運営と改革の基本方針2016～600兆円経済への道筋～）をみると，2020年に名目GDP600兆円を目指す政策が列挙されていた。しかしながら，コロナの影響で労働生産性は逆に0.5％の減少となった。政府は名目GDP600兆円達成の目標を2020年から2025年に変更しているが，2025年の達成のためには，年率

図表１－４　今後日本に求められる労働生産性の見通し

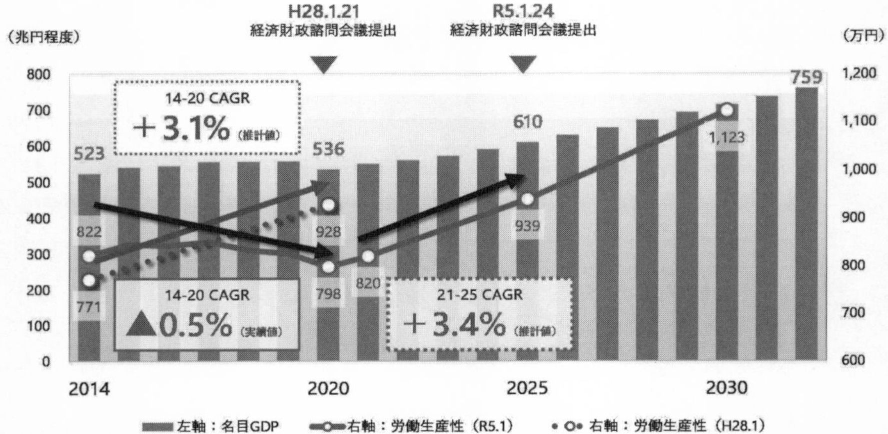

注）労働生産性は「名目 GDP/就業者数」より算出
（出所）内閣府「中長期の経済財政に関する試算」，独立行政法人労働政策研究・研修機構「労働力需給の推計」より野村総合研究所作成

3.4％もの高い労働生産性の伸びが求められる。これは容易に達成できる数値ではない。⑵で示したとおりここ数年１人当たり GDP は伸び悩んでいる。このような状況の中，これまで実現したことのない３％の生産性成長は極めてハードルが高いと言わざるを得ない。この目標を達成するには，何かこれまでには考えられない抜本的な改革，例えば，就業の仕方，企業活動，時間活用，教育そして就業や生活の場所（都市）などを非連続で変えていかないと難しい可能性がある。

2　漸次的だが厳しい局面へと進む国内の社会課題

1で示した日本経済・社会に求められる非連続な変化（改革）は勝手に起こるものではない。むしろ起こさなければならない状況にある。それはこれから2030（場合によっては2040）年までに，２つの異なる社会課題をクリアしていかなければ日本そのものの生存が危ぶまれるからだ。

１つには日本がこれまで趨勢的，累積的に抱えてきた国内課題（ローカルイシュー）であり，最たるものは，明らかに先が予測されている人口の長期的減少傾向に対して何らかの適用を図ることだ。先に人口回帰と言ったが，仮にかつての人口規模の水準に戻ると捉えても，現在の人口規模（約1.2億人）を目指して，また，想定して構築されてきた社会制度（税制/財政など）・地方自治・都市サービス・社会インフラなどを再構築する必要がある。

２つには日本を含む世界一丸となって克服すべき国際課題（グローバルイシュー）への対応である。目標値を宣言したことによって突如として社会課題化した脱炭素（カーボンニュートラル）だけでなく，循環経済（サーキュラーエコノミー），生物多様性・自然資本回復（ネイチャーポジティブ）などは，これまでの経済活動・生活を支える社会システムを大きく変えないと達成できないものである。

まずは日本国内の社会課題（ローカルイシュー）について，どのような課題を克服すべきか，整理して示したい。

⑴　１人当たりGDPが増えれば人口減少が進むジレンマ

日本国内で最も緊急かつ克服が求められている課題は人口の想定以上の減少だ。

人口減少は経済の成長・成熟と関係がある，との見解がある。実際，先進国の人口動向をみると，概ね１人当たり付加価値額（GDP）が高まるほど子供の数，すなわち出生率が低下する傾向にある。G7各国の出生率と比較的関連性が高いのはGDPではなく，１人当たりGDP（生産性）であることがわかる。

その意味では，日本が1950年代以降40年以上にわたって１人当たり付加価値額を伸ばしてきた結果として，合計特殊出生率が停滞したというのは，一定の法則にのっとっていると言えよう。

一方，出生率をみると，アメリカ，イギリス，ドイツといった他のG7諸国は10％台後半から低下し続けるも，13～15％程度でほぼ横ばいになっている。１人当たり名目GDPが１万ドルに至るまでは出生率は低下しているが，１万ドルを超えたら出生率はほぼ横ばいになっている。これに対して，日本は１人当たりGDP１万ドルを超えても出生率は低下し続けている。このような傾向を持っているのはイタリアも同じであるが，深刻なのは人口推計値よりも実際の人口が減少している点だ。最近の動向によると，2022年の出生数は80万人を下回ることが判明した。

このように日本の人口減少は，歯止めが効かないところまで進んでいるところ

図表1－5　1人当たりGDPと合計特殊出生率の相関関係（2021年）

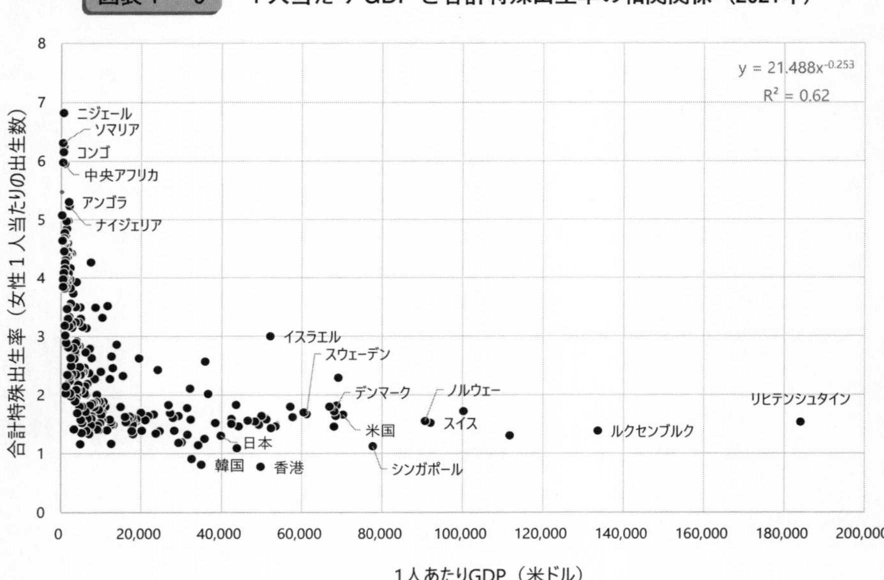

（出所）世界銀行「World Development Indicators」等より野村総合研究所作成

に深刻さがある。❶で最初に示した人口の回帰で留められることができるか，今後の日本にとって大きな正念場でもある。

(2)　大都市圏・地方圏の格差から東京（圏）の相対的成長へ

人口（≒市場）や生産年齢人口（≒リソース）が大きく減る中，地域間の“格差”は逆に拡大し続けている。

先に述べたとおり，日本全体の人口は2008年に戦後初めて人口減少に転じた。しかしながら，東京圏に，地方圏を含む東京圏以外の圏域から人口が流入するという傾向は，人口減少に転じた2007年以降も変化がない。およそ50年以上も続いているトレンドだ。このように大都市圏一極集中が続いている先進国はあまりない。

最近の格差の傾向はさらに顕著だ。山崎史郎氏著「人口戦略法案」でも触れられているが，全国から東京圏に人の移動が続く（転入超過）ことで，東京圏にますます人口が集積する（特に若い女性の移動が目立っている）。大都市圏（東京圏）

は地方圏に比べて合計特殊出生率が低いため，東京圏に人口の転入が進むことで，日本全体の出生数が低くなってしまう可能性がある。ここ数年の出生率と所得の関係をみると，東京圏，とりわけ東京23区と，それ以外の道府県・主要都市との出生数・出生率とに大きな断絶がある。このままだと，日本の浮沈は東京23区が握っているといっても過言ではない状況だ。

このような地域の経済力・社会力格差を埋めようとここ数十年国を挙げて取組みが進められてきた。大都市・地方の格差是正が錦の御旗になって重要な計画・戦略が講じられてきた。ところがこのような課題はどうやら日本特有らしい。これまで，ドイツや中国，北欧諸国などの政府関係者と話す機会が多いが，彼らから“地域”という言葉こそ発言されたが，“地方”という言葉をほとんど聞いたことがない。地方の活性化は，極度に大都市圏への集中が進んだ日本特有の政策課題なのである。大都市圏，とりわけ東京圏，東京23区へと今後ますます加速化する一極集中ならぬ一点集中による弊害をどう抑えていくか，これは日本国民・日本国土全体の命題なのである。

⑶　インフラは老朽化段階から次なる役割・機能の模索へ

道路，交通基盤（道路・空港），上下水道，公共施設，堤防・ダム，森林施設などの社会インフラが老朽化していくという課題は，拙著（共著）「社会インフラ次なる転換」でも詳細に示した。その傾向は着実に進展しており，政府でも「インフラメンテナンス国民会議」を創設し，ICT を用いた点検や維持管理の効率化を積極的に進めてきている。しかしながら，事態は想像よりも深刻だ。日本の社会インフラの多くは公的な資金で整備・運営されているため，公共投資・公共事業の過去の投資額がどのようになされたかによって，今後の社会インフラの老朽化がどの程度顕在化するか見通すことが可能だ。

公共投資の過去の傾向をみると，大きくみて集中して投資された時期が３つある。１つは，1970年から1972年にかけてのいわゆる高度経済成長後期のインフラ整備期である。２つには，1978年から1980年までの時期である。そして３つ目は，1990年後半から2000年にかけての時期である。公共投資の多くが社会インフラのストックを形成することを踏まえると，最初に集中投資されたインフラがそろそろ更新期を迎えることはわかるだろう。インフラの耐用年数，平均すると50年とされているが，仮に50年とすると，1970年に投資（整備）された社会インフラの耐用年数は2020年頃に更新期を迎えることになる。ただ更新期を迎えたインフラの割合は2020年時点ではそれほど高くない。2030年までに50年を経過したインフラの全体インフラに占める比率をみるとまだ２割だ。しかし2030年を超えると様相は一変する。50年経過インフラ比率が全体の７割超になるのだ。老朽化インフラが多くなるということは既に国の報告書や関係するレポートでも指摘されている。しかし2030年に急増するインフラ更新期を目の前に控え，これから10年弱の間に，老朽化へのテコ入れをしなければならないことは必ずしも合意されているとは言い難い。

拙著「社会インフラ次なる転換」では，人口減少が続く日本において老朽化インフラの対応をする方策として“3C”を提案した。減らす（Compact），時代のニーズにあわせて転用する（Conversion），そして共有化・共同化する（Cross Over）の３つだ。どの方策を選択していくかは，社会インフラの種別によって異なるが，いずれもまちづくりやインフラの賦存量，その管理方法を定めながら進めなければならない。老朽化した高速道路のトンネル設備が引き起こした笹子トンネルの崩壊事故以降，社会インフラの老朽化問題が社会的に認知され，政府としても老朽化インフラの維持管理に人・予算等のリソースを重点的に投じるようになった。国土交通省は2013年を「社会資本メンテナンス元年」と位置付け，インフラ老朽化会議の設置やインフラ長寿命化計画が策定され，維持管理に対する措置が講じられるようになった。しかしながら，これから人口が急速に減少する中で，需要の変化に対応するためには，点検コストの縮減に加え，インフラの

図表１－６　社会インフラの老朽化見通し

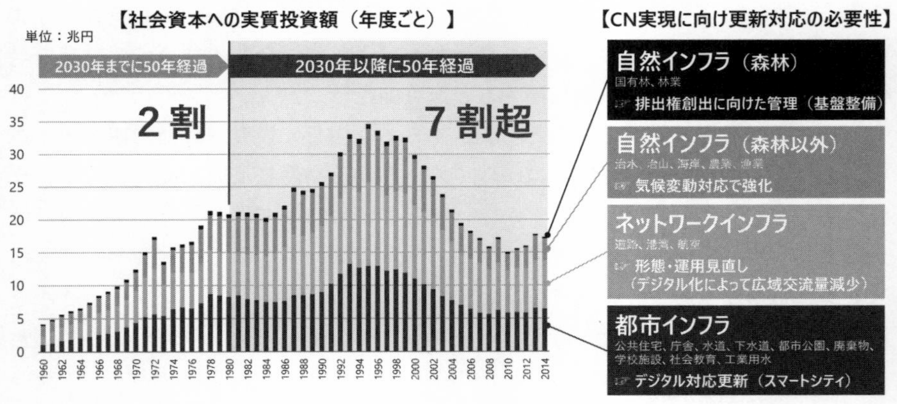

（出所）内閣府「社会資本ストック推計」データより野村総合研究所作成

更新を契機に大胆に機能や役割を変えることを検討する必要もある。

2030年以降の大量更新時代を備え，次世代を担うインフラの姿に向けたリ・デザインを行っていくことが必要である。

(4)　知識専門職種の増加は地域の成長格差につながっている

日本の職種構成を産業構成とあわせてみてみる。1950年からおよそ70年あまりかけて，日本経済はサービス経済化の進展が進み，就業者の構成でみると，第三次産業が全体の７割を占めるようになってきた。その中でも，専門サービス，教育サービス，医療・福祉などのエッセンシャルワーカーなど専門ホワイトカラーの割合は，2010年以降急速に伸び，2020年には第三次産業の６割強，全産業でみても４割強を占めている。これを職種別でみると，いわゆる専門的・技術的職業従事者を中心に管理的職業従事者，事務従事者を含めた知識従事職種の全職種に占める割合も概ね４割である。産業（業種）でみても，職種でみても，知識・専門集約型の仕事が全体の４割を占め，そのウエイトが高まることが見込まれる。

その多くは，東京大都市圏を含む大都市圏で増加している。知識専門職種の潜在的予備軍（大学進学者）となる18～20歳は，地方圏から大都市圏に移動し，知

図表１－７　産業別就業者構成比の推移

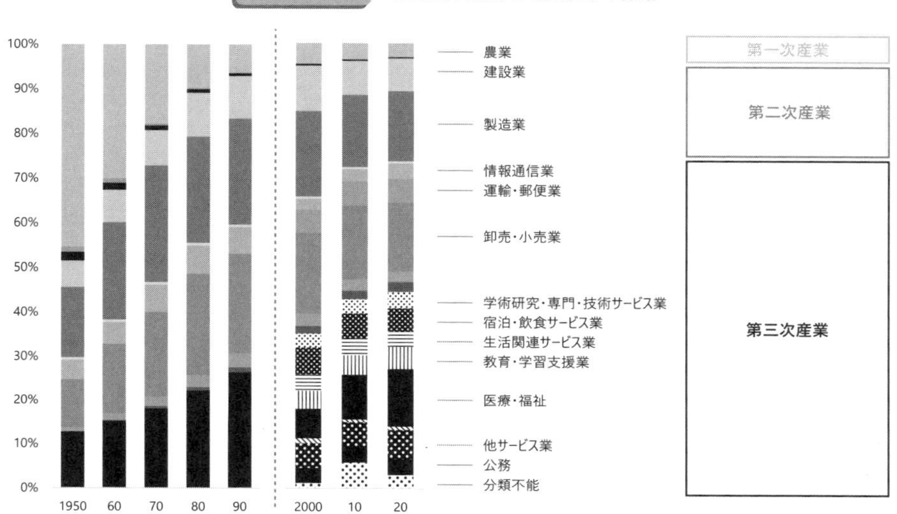

注）1995年以降，産業分類が改定されたため，データは接続できない
（出所）総務省統計局「国勢調査」より野村総合研究所作成

図表1－8　職業別就業者構成比の推移

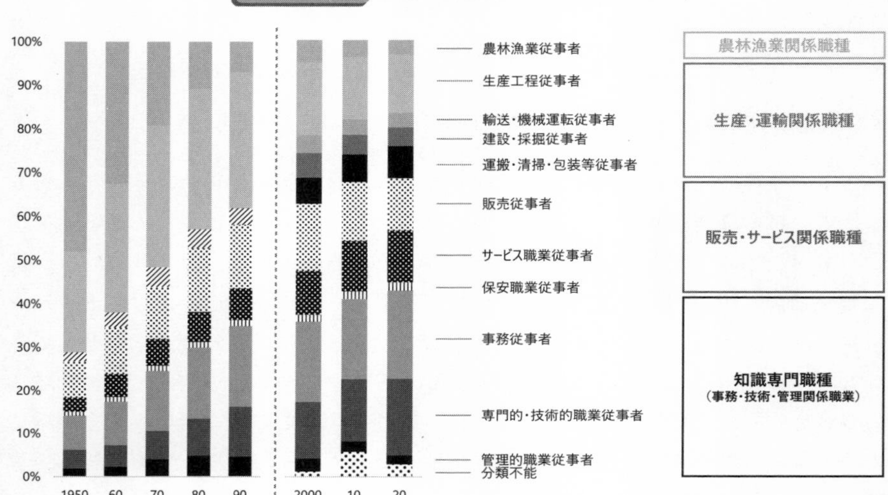

注）1995年以降，職業分類が改定されたため，データは接続できない
（出所）総務省統計局「国勢調査」より野村総合研究所作成

識専門職種に就いている。就業者の知識専門化が進むことと，（東京）大都市圏への集中はある程度相関がある。そのため10年前に比べて，大都市圏における知識専門職種のストックが大きく高まっている。

地域で新しい事業を企画・推進していくためには知識専門職種が必要だが，大都市圏にその職種が偏り続けている。これが国土の生産性向上を阻んでいる面が否定できない。一方，コロナを通じてデジタル技術の活用が進んだことにより，地方圏でも大都市圏の知識専門職種の活用機会が拡がる可能性がある。

図表１－９　職種の偏在性

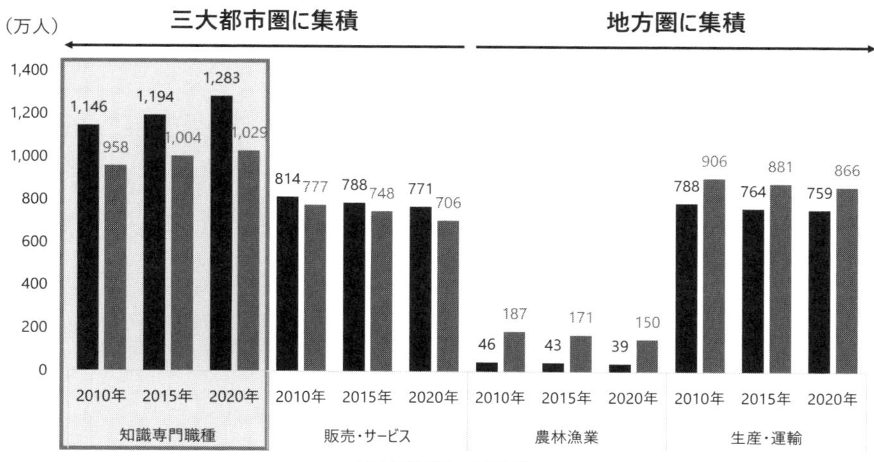

注）知識専門＝管理的職業従事者＋専門的・技術的職業従事者＋事務従事者
　販売・サービス＝販売従事者＋サービス職業従事者＋保安職業従事者
　農林漁業＝農林漁業従事者
　生産・運輸＝生産工程従事者＋輸送・機械運転従事者＋建設・採掘従事者＋運搬・清掃・包装等従事者
（出所）総務省統計局「国勢調査」より野村総合研究所作成

図表１－10　三大都市圏への転入集中の状況（2019年：各歳別転入者数）

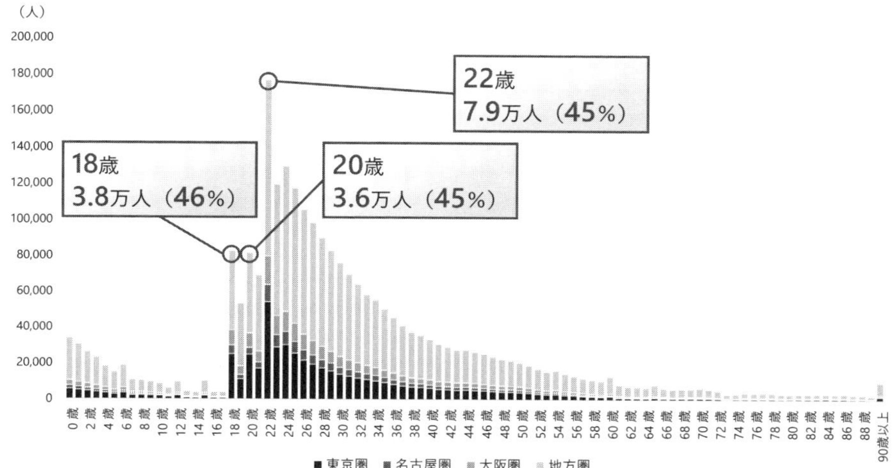

（出所）総務省統計局「住民基本台帳人口移動報告」（年報詳細集計）より野村総合研究所作成

3 突然突き付けられたグローバルレベルで対応すべき社会課題

次いで日本が将来から突き付けられた国際課題（グローバルイシュー）の本質について示していきたい。

(1) 脱炭素・カーボンニュートラルは日本が克服すべきグローバル課題の気づきである

2020年10月は，日本全体がカーボンニュートラルを明確に意識した歴史的な月である。もっとも，菅前総理によるカーボンニュートラル宣言は，CO_2のネットゼロそれ自体をはじめて約束したもののではない。CO_2排出量の削減自体は，過去から継続的に取り組まれていた。カーボンニュートラル宣言が出される前の第６次の地球温暖化対策計画によって既にCO_2排出削減の目標が提示されていた。それによると，2030年度のCO_2排出量の中間目標は1,040（百万トンCO_2）であり，2013年度のCO_2排出量（1,406百万トンCO_2）比で約26％削減のスピードで減らすことが示されていた。当然その先にCO_2排出量ゼロがイメージされていたが，明確な目標年次は提示されず，その時の削減スピードをそのまま延長するとすれば，概ね2058年頃にネットゼロになるスケジュールであった。すなわち，2020年の10月のカーボンニュートラル宣言は，CO_2排出量（ネット）ゼロの年次を2058年から2050年に８年前倒しし，あわせて2030年の中間削減目標が2013年比26％減（1,040（百万トンCO_2））から46％減（761（百万トンCO_2））とほぼ倍の削減が求める，という意味である。CO_2をゼロにすること自体ではなく，より早くCO_2をゼロにする取組みを進めなければならないという約束なのである。このメッセージこそが，日本の社会・経済・業界に大きな反響を及ぼした。

ここで注意したいのは，世界でカーボンニュートラルをすべき年次が明確に決まっているわけではないことである。日本が定めた目標はIPCC報告書に基づくものではあるが，世界中の国が2050年を目標においているわけではない。実際各国のカーボンニュートラルの目標をみると，海外・とりわけ欧州の戦略が見え隠れする。欧州諸国は2050年，2040年といった達成年次を掲げているものの，それよりも目標年次を前倒しする可能性がある。

例えば，ドイツでは2019年に施行された気候保護法に基づき，エネルギー，建

図表１－11　カーボンニュートラル宣言によるインパクト

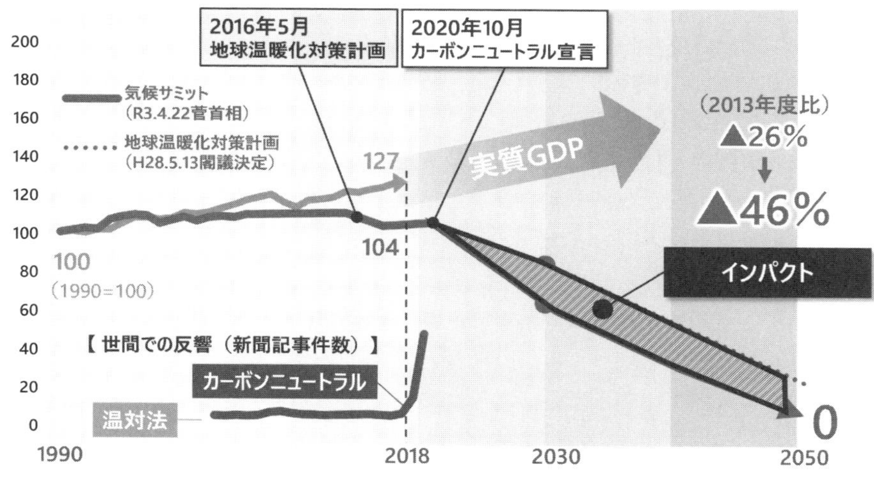

（出所）各種資料より野村総合研究所作成

図表１－12　主要国の脱炭素・エネルギー政策の変化

項目		EU	ドイツ	英国	日本	米国
GHG排出量 実質ゼロ目標		2050年	2045年	2050年	2050年	2050年
2030年までの GHG削減目標		▲ 55% （1990年比）	▲ 65% （1990年比）	▲ 68% （1990年比）	▲ 46% （2013年度比）	▲ 50～52% （2005年比）
脱炭素化政策 の前倒し		● 「REPowerEU」 2027年まで実施の政策発表	● 「再エネ法」など 5つの法を改正	● 「エネルギー安全保障戦略」 2030年までに電力の95%を 低炭素化	△ "GX の前倒し・加速 を今後検討"	×
再エネの拡大		● 2030年の再生エネ比率の目標を 40%→45%に引き上げ	● 2030年の再エネ比率を 65%→80%以上に引き上げ	●	● 「クリーンエネルギー戦略」	● 「インフレ抑制法」
	太陽光	● 2025年までに現在の2倍以上の 太陽光パネル設置	● 2030年の発電設備容量 215GW	● 2035年までに現在の5倍の 発電設備容量	● 再エネの 最大限の導入に向けた 取組み	● 再エネ設備投資 への税控除
	風力	● 再エネ許可の迅速化等	● 2030年の発電設備容量 陸上115GW、洋上30GW	● 2030年の発電目標引き上げ		
原子力発電 の利活用の 推進・稼働延長		–	2022年末で全廃予定→ 一部を23年4月まで稼働	2030年までに最大8基の 原子炉新設を計画	再稼働等を検討	・原子力発電への税控除 ・初のSMRを認証
停止予定の 石炭火力発電所の 稼働延長 （カッコ内は政府方針）		–	期限付き延長 （法的には2038年までに全廃。 現政権は30年を目標）	期限付き延長 （2024年までに全廃）	（非効率な石炭火力の 段階的廃止の方針）	–

注）2023年４月時点の数値
　　EU は2040年に1990年比で▲90％の新たな目標を立てた
（出所）国際通貨研究所「ウクライナ危機を受けた主要国の脱炭素・エネルギー政策の変化」より野村総合研究所作成

造物，交通，製造業，農業の五分野において削減目標を定め，再生可能エネルギーへのシフトを進めてきた。しかしながら2021年８月に改正気候保護法が公布され，カーボンニュートラルの達成目標を2050年から2045年に繰り上げ，2030年までの削減目標値をそれまでの55％から65％（1990年比）に引き上げ，2040年までにCO_2排出量も1990年比88％削減という新たな目標値を掲げている。これは2019年試行の気候保護法では2031年以降の削減策が不十分で，連邦憲法裁判所が一部違憲とする判決を下したためであるが，このようなことが今後も起こる可能性がある。またそれ以外にも，カーボンニュートラル実現が可能な社会・都市システムを先行的に構築し，これからカーボンニュートラルを目指す国や自治体にノウハウを提供する目的で，なるべく早くカーボンニュートラルを実現しようとする国や都市もある。この中で，日本は脱炭素という世界的課題になるべく早く到達するにはどうすればよいかを考え，実行に移していかなければならない。

⑵　脱炭素への対応は困難な道を進むことになる

日本は今から10年以上前から，脱CO_2という観点からみると既に先進国の中で遅れを取っていた。2017年の報道をみても，GDP当たりのCO_2排出量は，欧米や中国が減らしているのに対し，日本はほぼ横ばいの水準であった。このような日本におけるCO_2の削減には，経済・産業・社会の構造や国民の行動様式そのものを変えていかなければならない。しかし，カーボンニュートラル達成に向け大幅にCO_2削減に成功したデンマークをはじめとした北欧諸国の取組みをみると，まずに取り組むべきは，産業・社会にエネルギーを供給するエネルギーセクターの脱炭素が重要であることがわかる。そのため日本も再生可能エネルギーの比率を高めることで，エネルギー部門の脱炭素化を実現する第６次エネルギー基本計画を2021年にとりまとめたところである。そこでは，2030年までの再生可能エネルギー比率を約４割にするとしている。ロシアによるウクライナ侵攻やその後の円安進展によるエネルギー価格の高騰，中長期的なエネルギーの安定供給への懸念などが高まっているのは皆が知るところだ。政府は脱炭素とエネルギー安定供給を両立させるべく，小型原水炉などいわゆる新設を含めた原子力エネルギーの強化へと政策転換を行ったことは記憶に新しい。しかしこれらによって再生可能エネルギーのウエイトを高めてよいというわけではない。自然資源を有効に活用しつつ，技術的にも管理しやすくリスクの少ない再生可能エネルギーのウエイトも着実に高めていかなければならないはずだ。

国際エネルギー機関（IEA）によると，気温上昇を抑制するのに必要な再生可能エネルギーの設備容量は，2023年から2030年までにおよそ3倍必要であるとの報告書を公表した。世界の再生可能エネルギーの発電量をみると，欧米，中国，インドはいずれも2020年前後から急拡大しているのに対し，日本は2015年あたりからほぼ横ばいの水準にある。これからは過去と非連続な再生可能エネルギーの急拡大が求められるところだ。

もっとも，既に知られているとおり，再生可能エネルギーへの移行は，エネルギーコストの上昇，すなわち電力料金の高騰につながる。あくまでも国間の想定的な比較になるが，日本の再生可能エネルギーコストは，整備面でも運営面でも，欧米，中国の3倍近くになるとの推計がなされている。まず再生可能エネルギーを大規模に展開する適地が少ない。特に陸上風力や太陽光パネルを整備するにあたっては，平地が少なく集落も分散して形成されていることから，住民に対する騒音被害や災害発生の危険性も懸念される。最寄りの送電線までの接続コストもかかる。

加えて，再生可能エネルギーは地域偏在性が強く，エネルギー需給のギャップが大きい。自明のことであるが，再生可能エネルギーは風力，太陽光（日照時間），水力，地熱力など自然由来のものが多い。日本では，例えば太陽光発電の供給ポテンシャルの高い地域（公共が整備・運営しているもので6,000万～10,000万 kwの供給力を有する地域）は，北海道，北東北，福島・新潟など東高西低である。また洋上風力，陸上風力の供給ポテンシャルは北海道の東北沿岸地域と根室沿岸そして北東北秋田・山形の沿岸地域，千葉銚子沿岸に集中している。これらの地域ではすでに洋上風力発電所のプロジェクトが動き出しているが，いずれにしてもエネルギーを生み出せる地域は国土の中で偏りがある。しかしながら，電力の需要は，人口・業務・生産拠点が集中する太平洋側大都市圏にある。現在，大手の電力会社は，地域9ブロックをベースにエネルギー需給を実現しているが，再生可能エネルギーはブロック間の偏在を超え，国土全体からみて偏りがある。日本は自然条件に左右されず安定したエネルギー供給を実現するため，火力に加え原子力を中心とした技術開発を進めてきた。カーボンニュートラルへの対応は，自然エネルギーに回帰することを暗に示唆するものであり，自然資源の偏在を克服しつつ，大都圏に集中するエネルギー需要にどのように応えつつ，安定的なエネルギー供給を実現していくか，日本に突き付けられた最大の課題の1つになる。

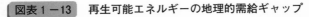

図表1－13　再生可能エネルギーの地理的需給ギャップ

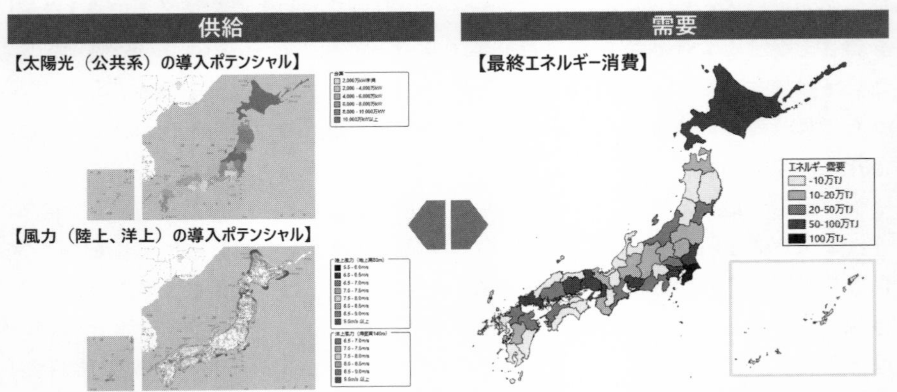

（出所）環境省「再生可能エネルギー情報提供システム［REPOS（リーポス）］より野村総合研究所作成

⑶　気候変動による影響は国土・土地の使い方を変えざるを得ない

2023年７月の世界の平均気温が観測史上最高となる見通しであることから，国連のグテーレス事務総長が，もはや「地球温暖化」から「地球沸騰化」の時代に突入したとコメントしたのは記憶に新しい。

実際，地球レベルで発生する災害は年々深刻化し，毎年のように発生する大規模な水害，夏季における異常高温は，もはや過去最大のレベルではなく，日常化・定常化した事象になり，国民の中でも特別意識されなくなっていることが恐ろしい。例えば，2025年に水害のリスクに晒される人口は，日本全体のおよそ30.5%になると推計され，その割合は少しずつではあるが，年々高まるとみられる。どこに住んでいても何らかの水害のリスクに遭う可能性は高いのだ。一方で，降雨の偏在も顕著になると，地域によっては渇水のリスクも高まるだろう。同じ水をとっても，生命に必要な水は十分確保できず，一方で水害によって増幅された水は生命を奪う可能性がある。

水の管理という点でみると，国土の利用の仕方を変えていかなければならないだろう。全体で管理するだけでなく，いくつかの地域単位で水の循環をマネジメントしていくことが必要である。また水害の被害を最低限にするため，高低を意識した土地の活用方法を考えなければならない。

カーボンニュートラルが気候変動の影響・原因をテコ入れする課題であるのに

対し，水害や災害にできるだけ遭わないような社会システム・インフラシステムを強化・（再）構築するのは，気候変動によって引き起こされる結果の影響を最低限にするために対応が必要な課題である。

自然資本という言葉がある。水，空気や植物，動物，鉱物，森林などの資本が人々にもたらす便益を認識し，その保全に配慮していかなければならなくなる。土地利用の再編などについては自然資本のもたらす効果を毀損しないことも重要な視点だ。また，生物多様性は，生態系の多様性を実現するための施策として最近重要性が高まっている。CBD-COP15では，生物多様性による損失を2030年に留めるために達成すべき目標を提示した。それを受けて日本でも「生物多様性国家戦略2023-2030」が策定されるなど，対応する動きが高まることが想定される。このような課題に対応すべく土地・インフラの改造・改編が早急に求められてくる。

4　マルチイシューへの対応は国土の再編を促す契機となる

(1)　マルチイシューの同時的対応が求められる2030年までの日本

国内の人口回帰に伴う社会システムの再構築は，いわば国内で累積してきた課題（ローカルイシュー）とも言える。加えて，これからは，グローバルレベルで克服すべき課題への対応も求められる。気候変動による影響を抑えるべくカーボンニュートラルは，地球全体で対応すべきグローバルな課題である。カーボンニュートラルの実現のためには，単に環境により商品やサービスを購入すればよいというものではない。エネルギーの供給構造からはじまり，製造，サービス，交通・物流といった産業構造全般や，人々の生活，行動様式すべてを変えなくてはならない。グローバルイシューに対応するため，日本の社会・経済・国土の構造をいかに変えていくかを考え，そのために必要な投資を実施していく必要がある。

国内・世界のマルチイシュー（社会課題）への対応は，2020年度からおよそ10年間で対応しなければならない。例えば先に述べたカーボンニュートラルは，2050年にCO_2排出量実質ゼロという目標を掲げているが，まずは2030年度までに，

2013年度比46％削減の中間目標をクリアする必要がある。水素，アンモニアといった技術開発によるCO_2排出量の削減は，日本が得意とするところであるが，技術開発がCO_2削減に貢献するためには数十年かかると言われ，2030年の削減目標に貢献できない可能性もある。このためCO_2削減に効果的な再生可能エネルギーの供給力を構築することや，エネルギー需要に資する国土や都市，住宅や公共施設，社会インフラの構造，国民のCO_2削減に対する意識改革などを総動員して2030年度の目標に到達するよう努力しなければならないだろう。

いずれにしても，マルチイシューに対して日本の社会システムの再構築が遅れると，既に世界から人口・GDP両面で存在感が低くなりつつある日本の競争力がさらに低下することも否めない。

図表1－14　日本が直面するマルチイシューの実態

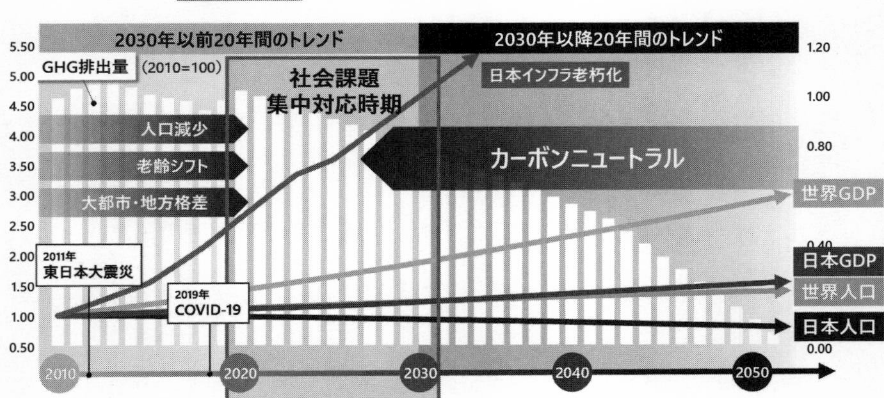

（出所）国立社会保障・人口問題研究所，国連「世界人口推計」，OECD「GDP-long-term forecast」，国土交通省資料，環境省資料より野村総合研究所作成

⑵　国土の再編は，経済・幸福・サステナビリティを同時実現する切り札

これらを解決するためには，再生可能エネルギーを適材適所で活用できる経済圏への再構築，すなわちリアルな活動をコンパクトで展開するための空間（集積）の整備と活性化が必要だ。

①　地方圏でこそエネルギーのデカップリングが実現される

再生可能エネルギーへのシフトを進めていくことで，エネルギーの地産地消が実現できる可能性が高まる。2030年時点における太陽光の導入ポテンシャル（供給）とそれに対応するエネルギー消費量を地域ブロック別に推計してみた。一般的に産業領域のエネルギー消費量は，地域の稼ぐ力と連動する一方で，多大なエネルギーを安定的に必要とする。そこで，家庭や民生部門（事業所）に絞って消費量をみると，ほとんどのブロックで再生可能エネルギーが地域の家庭・民生消費量を賄えることがわかった。北海道，東北，四国，九州・沖縄などのブロックでは自地域の消費量のおよそ４倍から10倍程度の再生可能エネルギーの供給ポテンシャルを持つと推計された。関東１都３県では大都市圏としてのエネルギー消費量が大きく再生可能エネルギーの供給力を上回る。地方圏のブロックで供給される再生可能エネルギーは，大都市圏向けに供給できる体制を整えていくことが必要で，実際政府は２兆円程度の広域送電線網の整備を公表している。しかしこの推計結果は，地方圏が大都市圏に再生可能エネルギーを供給してもなお，地域で活用できるエネルギーが豊富にあることを意味する。

図表１－15　地域ブロック別にみた再生可能エネルギーの需給比較

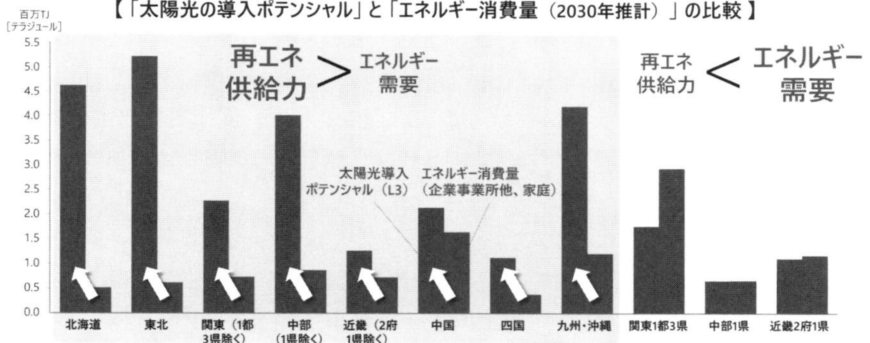

【北海道】北海道、【東北】青森・岩手・宮城・秋田・山形・福島、【関東（1都3県除く）】茨城・栃木・群馬、【中部（1県除く）】新潟・富山・石川・福井・山梨・長野・岐阜・静岡
【近畿（1府2県除く）】三重・滋賀・奈良・和歌山、【中国】鳥取・島根・岡山・広島・山口、【四国】徳島・香川・愛媛・高知、【九州・沖縄】福岡・佐賀・長崎・熊本・大分・宮崎・鹿児島・沖縄
【関東1都3県】埼玉・千葉・東京・神奈川、【中部1県】愛知、【近畿2府1県】京都・大阪・兵庫

（出所）環境省「再生可能エネルギー情報提供システム［REPOS（リーポス）］，「都道府県別エネルギー消費統計」（資源エネルギー庁）より野村総合研究所作成

地域で消費される以上のエネルギーは，地域力を高めるために有効に使うことができる。（先に紹介した）デンマークでは，エネルギーの安定供給と脱炭素を

両立することを志向するGAFAMなどのグローバル・プラットフォーマーのデータセンターを積極誘致し，そこで排出されたエネルギーを地域の世帯のエネルギーとして利活用するという，カーボンニュートラル＋サーキュラーエコノミー，すなわち“カービュラー”政策を実施して，排出量削減とGDPの上昇を同時実現している。日本でもそのモデルを構築できる可能性は決して低くない。

② 再生可能エネルギーのみに頼れない日本では，面（都市）と線（インフラ）による脱炭素化が重要となる

これから脱炭素目標に立ち向かう日本が直面する困難は多い。脱炭素化実現に向けて先行する取組みをみると，①再生可能エネルギーへの大幅なシフト等による電力・エネルギー部門の脱炭素化，②製造業（鉄鋼・化学等で全排出量のおよそ１割）などCO_2多排出部門の脱炭素化，③市民の行動変容などによる需要部門の脱炭素化の順で取り組むことが効果的であることがわかっている。北欧などの洋上風力発電のポテンシャルが高い地域であれば，高容量かつ安定的な再生可能エネルギーを豊富に提供することで，国全体の脱炭素化達成に近づけることは前述のとおりだ。一方日本は，そのエネルギー需要に比して再生可能エネルギーのみで安定供給できる状況にない。洋上風力にしても，陸上風力にしても，国土の中の適地は限られており，用地開発や系統接続も踏まえると再生可能エネルギーの整備・運営コストは欧米中の約２～３倍になる。そのため，日本では，再生可能エネルギーへのシフトを行いつつ，行動変容，節電，リサイクル，熱融通など需要面での脱炭素を並行的に進めることが必要となる。既に進む都市化の中で，需要・供給双方から脱炭素を実現できるのは，他ならぬ都市拠点であり，地方自治体である。

本書ではこの後デンマークの諸都市の紹介をするが，再生可能エネルギーの資源が豊富にある北欧・デンマークでは，都市自治体が国よりも脱炭素の実現をリードしている。例えば，首都コペンハーゲン市は2025年にカーボンニュートラル実現を目標としている。あと実質２年だ。これはデンマーク国が掲げているカーボンニュートラル目標2045年よりも，四半世紀近くも短い。同様に，デンマーク国内第２，第３の人口を擁する自治体（オーフス市，オーデンセ市）も国よりも早い2030年を目標に掲げている。

カーボンニュートラルを実現できるのは力と野心のある都市・地域だからなのか，それともカーボンニュートラルに対応することで，新たに地域発展の力を得ることができるのか，因果関係は明確ではない。ただ，日本全体が脱炭素に向けて動き出す中で，力のある都市・地域が全国に息づくことで，都市部の脱炭素化と，都市部以外の資源（森林，農地など）を有効活用する機会を創出するという点でも非常に大きなインパクトをもたらすだろう。

③　地域格差の是正は，大都市圏の力を削ぐことだけでは実現できない

勢いのある都市（拠点）を宇宙からみると目が輝いているようにみえる。もっとも最近の節電等により，以前のような輝きはみられないかもしれない。しかしこのような国土にわたって輝く目，すなわち複眼が認められるようになることが（複眼国土），日本が突き付けられたマルチイシュー（例えば地方創生とカーボンニュートラル）を解決している１つの姿であると言えよう。日本は長年大都市圏と地方圏の分散，かつての用語で言えば均衡ある国土の発展を目指してきた。そのために，東京大都市圏に所在する大規模工場（生産拠点），大学，研究拠点などを地方圏に分散させてきたが，それによって大都市圏から地方圏への人の移動が大きく変化したとは言いにくい。これは常に地方分散，均衡ある国土という政策自体が目的化し，力のある大都市圏の力を削ぐという手段に行きついてしまったのではないだろうか。これを例えば日本の脱炭素化を実現すること，このことを目的として，それを実現する手段として地方分散や均衡ある国土形成を行うとすればどうか。地域活性化は，大都市圏の力を削ぐのではなく，脱炭素に資する経済・産業構造を構築できる地域を強くすることによって実現していくことのほうが有用である。そしてこの方策の方が地方分散という究極的な目標にもつながると考える。

5　国土と都市・地域の未来を担うデジタルローカルハブ（「地方創生」と「スマートシティ」の次を担う拠点）

日本経済・社会の縮小と，２つの社会課題（ローカルイシューとグローバルイシュー）への対応として国土・都市の構造改革への着手が重要な施策の１つではないか，ということであるが，この施策は今にはじまった話ではない。国土政策や地域活性化に関わる施策は過去50年近く検討され，実施されてきた。特にここ

7～8年は地方創生への施策が継続的に講じられてきた。

地方創生の最終的な目的は，人口の減少に歯止めをかけるとともに，東京圏への人口の過度の集中を是正することである。2014年末に「まち・ひと・しごと創生総合戦略」が閣議決定されて以降，大都市圏と地方圏のバランスを実現すべき様々な施策が展開されてきたが，その成果は十分とは言い難い。ここでは，カーボンニュートラルへの対応が急務な現在において，地方創生で示された目標を達成するために，地方圏の活力を牽引する自立経済都市（圏）（ローカルハブ）の構築を進めていくことが重要である。

(1) 東京大都市圏と地方圏の格差はさらに拡大する懸念

2019年からおよそ3年以上続いた新型コロナウイルス（COVID-19）への対応を通じて，人々の生活，働き方，余暇の活動を大きく変えた。中でもテレワークは，“挑戦してもよい働き方”から，“就業形態の重要な選択肢”として定着してきた。

テレワーク環境の充実により，人々の居住地選択も，勤務地への通勤時間ではなく，生活拠点の満足度（子育て環境，余暇エリアへのアクセスなど）を基準にする傾向が強くなってきたと言われる。しかしながら，直近の人の動きをみると，

図表1－16　東京圏を巡る人の動き

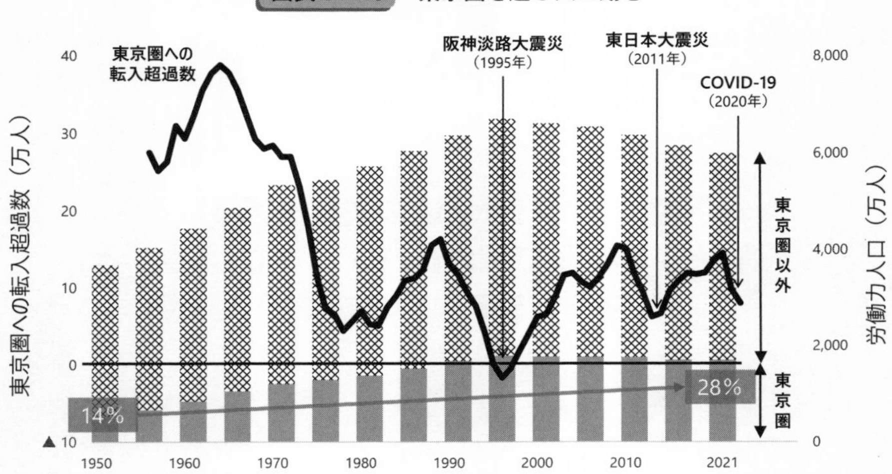

注）東京圏以外には，大阪大都市圏，名古屋大都市圏も含まれている
（出所）総務省統計局「国勢調査」「住民基本台帳人口移動報告」より野村総合研究所作成

東京都は2021年にいったん転出超過に転じたものの，翌年の2022年には再び転入超過に戻っている。神奈川県，埼玉県，千葉県を含めた東京圏全体でみると，コロナ禍を通じても転入基調に変化がない。

東京圏は2020年時点で人口の29％を占めている。GDP の割合はそれよりも高い33％だ。東京圏の人口経済の集中に歯止めがかかったとは言い難い。

(2) 経済・仕事を集め，育てる拠点・ローカルハブこそ地域活性化・地方創生の鍵となる

地方創生の究極的な目標は，大都市圏と地方圏の人口のバランスを実現することである。だが，これまでの傾向を見る限りその目標に近づいているとは言えない。地方創生政策の力点を変えることが必要ではないだろうか。これまでの政策の力点は，人口のウエイトが高まり続けている大都市圏に立地していた省庁，基幹工場，大学・研究施設などを地方圏に移していくことが重要な政策であった。しかしながら，いくら拠点を移しても，大学・高等教育機関や研究所・工場といった「場」よりも「人」が経済活動に占めるウエイトが高まりつつある中，これからは，大都市圏で居住・活動する人材を惹きつける極（拠点）を，地方圏において構築・強化していくことが重要となろう。すなわちローカルハブと称する自立経済都市（圏）の構築である。

ローカルハブは，地方圏にあって（＝ローカル），国内外の様々な都市・地域と連携した（＝ハブ）「自立経済都市（圏）」と定義する。これは，一瞬矛盾する言葉だが，地方でなく，日本全体の社会経済の再生に必要なキーワードであると確信するものだ。

なぜローカルハブの構築が必要なのか。改めて「地方創生2.0」で示した必要性のポイントを示したい。日本の大都市圏と地方圏の構造は，日本全体が富を稼ぎ，人口を増やし，国力を高めていくうえで，極めて効果的なシステムであった。大都市圏に富とリソースを集中させ，全国で生産された財を輸出するインフラ（道路，港湾，空港）を集中整備した。海外との取引・交流の窓口は主に大都市圏が担っていた。地方圏には大規模な生産拠点を配置し，物資を効率的に大都市圏に供給する高速道路インフラの整備を進めた。インフラだけではない。地方圏の優秀な人材が大都市圏で活躍をし，大量のエネルギーを供給するシステムも完備されていた。逆に大都市圏で稼ぎ，蓄積された富は，国の税システムを介して地方圏の自治体に交付金等で配分される。いわば大都市圏と地方圏とはもちつも

図表1－17 ローカルハブ構築の必要性・背景（再掲）

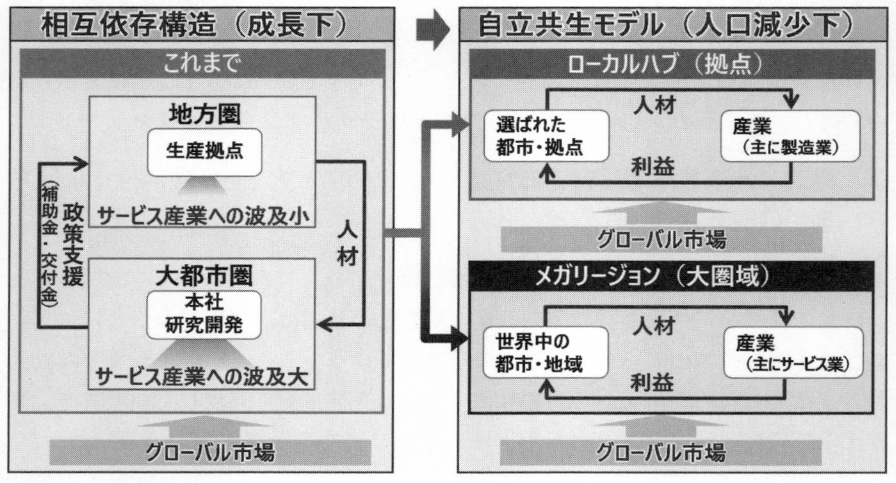

（出所）野村総合研究所作成

たれつ，相互依存構造を保ちつつ，日本のGDP（量）の拡大に貢献してきたのだ。

日本はこれから人口減少が年々加速する。その実態は前章で述べたとおりだが，例えば2040年の生産年齢人口は，1960年のそれと同水準だ。大都市圏と地方圏がそれぞれ自立共生した姿でパートナーシップを結ぶことが，強靭でしなやかで災害リスクへの対応力のある国土を創るうえで，必要である。ローカルハブは，地方圏において，「付加価値の高い“しごと”が生まれ，安心して豊かな生活を営める」拠点として育成・強化していくことが求められる。

ここまでローカルハブの概念・必要性を示してきたが，一般的にイメージされるのはローカルハブ＝人口が多く行政の多い都市，ではないだろうか。確かに，札幌，仙台，広島，福岡といった地方拠点都市や，全国の県庁所在都市などは，地域経済を牽引していく核となろう。しかし私が考えるに，これらの拠点はいわば成長時代のそれである。すなわち，地方中枢都市は，東京圏など大都市圏に本社のある企業の支店経済として発展したもので，あくまでも力の源泉は大都市圏から“与えられた”ものである。同じく県庁所在都市も地方自治（広域地方公共団体）・地方政府の拠点として，あくまでも行政の意思決定（これも中央政府との連携のうえで）と住民サービスの拠点として形成されてきたと判断できる。これも受動的な都市形成だ。

ローカルハブの在り方を考えていくうえで重要な視点は，単に地方圏において「人口」や「経済規模」といった量的側面で存在感がある都市ではないということだ。人口やGDPは，ややもすると与えられた拠点が蓄積してきた「結果」に過ぎない。

これからは地域から事業の種が生み出され，付加価値の高い職が提供されるような拠点形成が必要である。“与えられる”のではなく，“生み出す”拠点こそがローカルハブだ。

ローカルハブは，都市機能，産業構造，都市・社会インフラなどの多くが，能動的であり，ある種攻撃的な性質を帯びている必要がある。例えば，都市機能でいえば，すでにそこで生活している市民・住民や企業活動を支えるもの（居住機能，医療機能，移動機能，物流機能など）だけでなく，新しく業を興すために必要なインキュベーション機能やそれらに関わる人材育成・交流機能などが先行的

図表１－18　地方圏の拠点都市とローカルハブの違い

	【従来】地方圏の拠点都市	【今後】ローカルハブ
経済活動	主に大都市圏の“手足”経済 （県庁所在地，地方中枢都市等） ・行政経済 ・支店経済 ・国内他地域と密接な関係　等	世界に勝負できる資源に立脚した経済 ・地域に根付いたグローバルニッチ産業が主役 ・地元で経済構造が確立（経済効果の他地域への漏れが少ない） ・海外からの人の誘致も視野　等
都市機能	ローカル支援機能 ・生活支援機能（卸・小売等） ・文化教育機能 ・宿泊機能 ・居住機能　等	ビジネス中枢機能＋ローカル支援機能 ・国内事業本社機能 ・研究開発機能，観光支援機能 ・専門教育機能 ・生活支援機能，宿泊機能，居住機能　等
産　業	人口規模に応じた生活サービス産業 ・卸売業，小売業 ・教育業 ・宿泊・飲食サービス業 ・医療・福祉業	外貨獲得産業（製造業他）・サービス産業 ・製造業・観光業・農林水産業 ・研究開発・ビジネス支援サービス業（国内外） ・生活サービス産業（卸・小売・医療等）等
インフラ	人口規模に応じたインフラ ・公営交通，上下水道 ・空港（一部） ・住宅，学校，図書館　等	人材を維持するための良質な都市・居住インフラ ・中心都市機能の集積 ・良質な住宅 ・圏域と中心地を結ぶ公共交通・空港　等

（出所）野村総合研究所作成

に備わっていることが重要だ。産業も同じだ。人口の多寡に影響を受ける産業（生活サービス関連産業）だけではなく，国内の他地域や海外から外貨を獲得できる産業が集積していることが鍵である。生命科学，バイオ，材料，ファッション，宇宙開発，再生可能エネルギーなど，域内ではなく国内外の顧客に対して商品・サービス・知的資産を提供できる産業分野が備わっているイメージである。

実はローカルハブと類似するコンセプトが提唱された計画（戦略）がある。かの有名な田中角栄氏がとりまとめた日本列島改造論だ。そこでは，新地方ビジョンの策定が提唱されている。都市で生まれ，育った人が，新しいフロンティアを求めて地方に分散・定着するための生活・就業環境が備わった新25万地方都市の建設だ。そして，新25万地方都市の１つのかたちとして，インダストリーキャピタル（新産業首都）の形成を推奨しているのだ。その産業では日本一の集まりを創るという思想は，まさにローカルハブに通じるものがある。

これらの日本列島改造論の目的は，大都市圏に集積した都市機能，産業，ヒトを地方圏に分散させるという目的で，先行的に受け皿となる都市を建設しようとするものだ。我々がこれから構築を目指すローカルハブは，東京圏からの人・力だけに頼るのではなく，地方圏自らにおいて新たな求心力（いわゆる生業を創り維持発展させる力）を生み出す都市を内側から創り上げていくという点で異なるものだ。デジタル技術が進化し，人々の消費需要がモノからコトにシフトし，かたちが見えない産業のウエイトが高まる中で，国土のどこでも経済の拠点が形成できる可能性が高まっている。

どこに自らの人生を実現する空間（居）を構えるのかが問われる中，地方圏の１つのリアルの空間として，ローカルハブが担う役割は極めて大きくなるだろう。

⑶　目標はスマート化の先にある「デジタルローカルハブ」の構築

そうは言っても，ローカルハブの実現は容易ではない。日本では，東京大都市圏，東京圏の生産性が極めて高い。それは，日本の政治システム，行政システム，企業統治システム，教育システムなどのあらゆるシステムが東京を頂点に組み立てられているからだ。目に見えるシステムだけではない。「都落ち」の言葉に代表される国民の意識そのものが東京を上，地方を下に見る意識すら浸透している。

このようなシステムを大きく変えるには，東京・地方の関係を変える外部環境変化が起こること，そして東京・地方の関係を崩してまでも達成しなければならない高い目標が与えられた時である，と個人的に考える。この点，ローカルイシュー，グローバルイシューを克服しなければならない今の日本の状況そのものである。

これまで取り組まれてきたスマートシティが効果を上げているかどうか判断しづらい。なぜなら，スマートシティは，あくまでも都市をスマート化するという目的に主眼をおいているため，スマート化への取組みが行われていれば成果とみなすことができる。ただ皆は漠然とスマート化への施策を進めることだけを成果とみなしていないのが実際ではないか。それはスマート化が何を目的に取り組まれているか十分な共有ができていないことにある。なぜスマートシティを実現しなければならないのか，その目的を改めて認識することこそ重要である。

スマートシティの目的の１つに，地域活性化や地方創生がうたわれている。実は世界中を見渡しても，スマートシティの目的に，地方への分散を据えているところはほとんどない。あくまでも地域住民の利便性向上，都市の環境負荷の低減など，その都市にとっての便益の実現を目的としている。ただ，個々のスマートシティの積上げだけで，本当に望ましい経済・社会・環境が実現されるのだろうか。

今求められるのは，日本が抱えている日本の課題を克服するために，デジタル技術によってどのような都市を創っていくべきか，というアプローチである。日本は，長年大都市圏と地方圏の分散，かつての用語で言えば均衡ある国土の発展を目指してきた。東京大都市圏に所在する大規模工場（生産拠点），大学，研究拠点などを地方圏に分散させてきた。これは常に地方分散，均衡ある国土という政策自体が目的化し，力のある大都市圏の力を削ぐという手段に行きついてしまったかのようだ。これを例えば日本の脱炭素化を実現する手段として地方分散や均衡ある国土形成を行うとすればどうか。地域活性化の鍵は，大都市圏の力を削ぐのではなく，地方圏において求心力のある拠点を創ることであると考える。デジタルの力を借りて，このような強い拠点を形成・構築できるかが重要である。

デジタルによるローカルハブの構築，すなわちデジタルローカルハブの構築が，今後の日本再生，地方創生，デジタル化の成功を導くものと確信している。

ここで，デジタルローカルハブのポテンシャルがある都市（地域），デジタルローカルハブに向けた取組みを紹介したい。

欧州のドイツ，デンマークは，既に労働生産性の高い都市が多く存在する。そこでは主に，デジタルの力を借りて，労働生産性をいかに高水準に維持し，さらに向上させているのか，炭素生産性（脱炭素）の取組みを地域の活力にどう活か

図表１－19　デジタルローカルハブの概念図

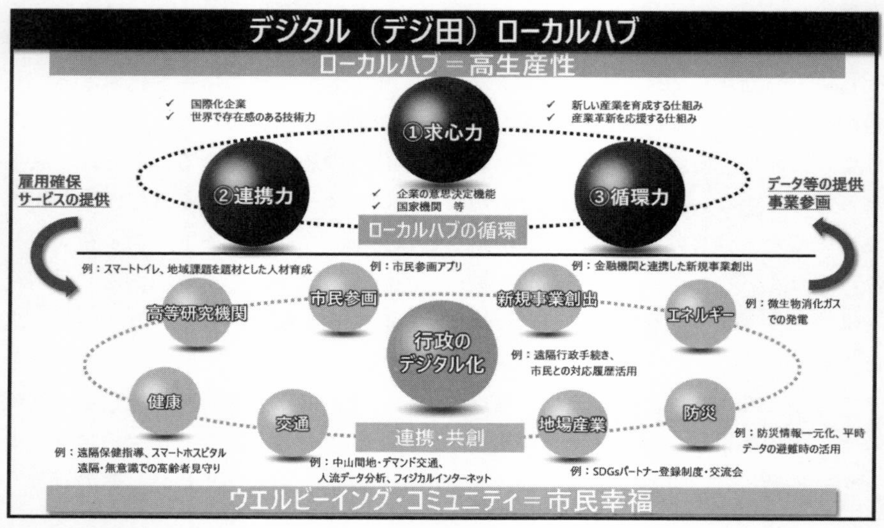

（出所）野村総合研究所作成

しているのか，といった点を中心に紹介したい。

日本の場合は，これからデジタル化を使って労働生産性・炭素生産性を高める段階である。なので，成功事例を紹介するものではない。したがって，デジタルローカルハブのポテンシャルのある都市，そのための取組みを進めている都市を抽出し紹介する。

第2章

欧州にみる自立経済都市（圏）の実態

1 生産性の高い都市が多く分布するドイツ・デンマーク

我が国の労働生産性全体を引き上げていくためには，大都市圏をはじめとする地方圏においても高生産性の都市が複数存在することが条件となることがわかってきた。世界的な観点からみると，高生産性の都市が多く存在する国があることに気がつく。その国とはまさにドイツやデンマークである。ドイツは欧州の中で，日本の人口規模と類似しており（日本の人口の約８割），高齢化と長期的人口減少の傾向（近年は横ばい・微増）が続く点も日本と同じ傾向を有した国である。デンマークは日本の埼玉県・兵庫県クラスの人口規模であり，日本と比べること自体ナンセンスと思われるかもしれない。しかしながら，社会・地域のデジタル化も世界トップクラスで進んでおり，日本も直面するグローバルイシューである脱炭素＆グリーン化でも先頭を進んでいる国として参考にすべきである。このような両国は，国土の都市の配置（立地）に共通の特徴がある。

図表２－１は，横軸に人口，縦軸に労働生産性を取り，日本，ドイツ，デンマークの各都市の概況をプロットしたものである。

我が国の自治体数は1,741であり，2018年時点のデータ[1]であるが平均人口は一自治体あたり7.2万人，労働生産性は約440万円となっている。これに対して，我が国と人口や高齢化のトレンドが概ね同じであるドイツを比較対象とすると，自治体数（都市圏を基準とする）は401，人口は20.7万人に相当し，労働生産性は約530万円となっている。さらに，北欧のデジタル先進国であるデンマークを考察すると，自治体数は94と少なく，人口規模も6.2万人と小さいながらも，労働生産性は590万円と我が国よりも高い水準となっている。

このような状況からも，ドイツやデンマークでは自治体（都市圏の自治体）の労働生産性が全体として我が国よりも高いことがわかる。もし我が国の各自治体の生産性がこれらの国と同レベルに高まるとすれば，国全体の生産性も向上する可能性がある。

ただし，単に自治体の平均的な労働生産性を高めればよいというわけではない。国全体でみた都市の配置にも特徴がみられる。我が国では，東京大都市圏や東京

1　日本の市町村別 GDP のデータは2018年が最新であるため。

23区などごく少数の都市・地域だけが労働生産性が高く，その他の都市ではその水準は一般的には高くない。これに対し，ドイツやデンマークでは大きな人口規模を持つ都市や首都・大都市圏以外の地域でも，高い労働生産性を持つ都市が見受けられる。一国の労働生産性の平均値を上回る自治体のGDP比率を算出してみると，我が国は44%に対してドイツは52%，デンマークは58%だという実態がある。我が国ではGDPを支える都市（自治体）は東京大都市圏がほぼ唯一であるが，ドイツやデンマークでは，国土全体において高い労働生産性を維持している都市（圏）が存在し，多角的に経済を支えている。それが国全体の高い生産性を推進していると考えるのも無理ではないだろう。

図表２－１　日本・ドイツ・デンマークの人口規模別労働生産性比較

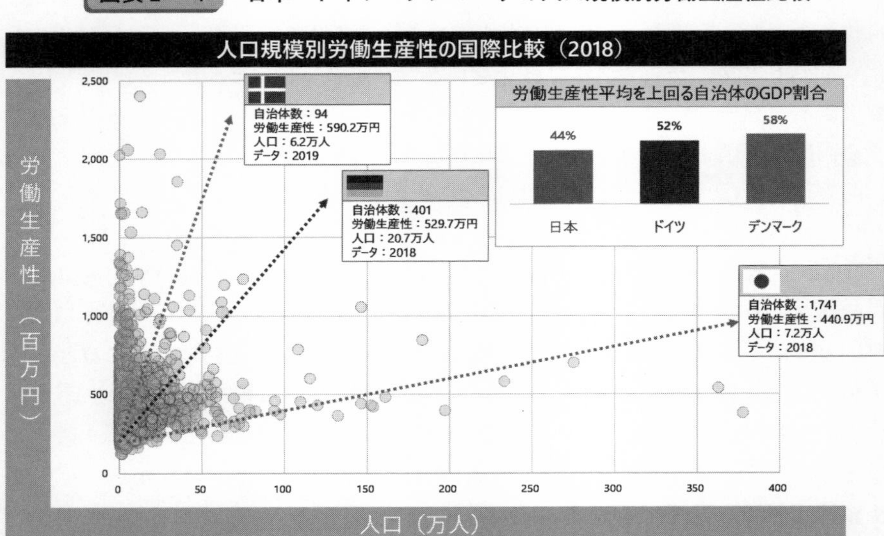

注）労働生産性は，人口あたりGDP。国際比較をするにあたり，以下の高生産性自治体は非表示：千代田区，中央区，港区，大熊町，檜枝岐村，泊村，和木町，飛島村，瑞穂町，六ヶ所村，直島町。福島県双葉町は，データ欠損のため除外

（出所）各国統計資料より野村総合研究所作成

なお，ドイツやデンマークでは，GDPとCO_2排出量（グラフ上は温室効果ガスと表記）の動向が分離する（デカップリング）傾向にある。それに対し，日本ではGDPとCO_2排出量が概ね一致した動きを見せている。近年こそ，それらが分離する傾向にあるものの，長期的にみると，両者はほぼ同じ動きをしている。

図表2－2　日本・ドイツ・デンマークにおけるGDPと温室効果ガス排出量の推移

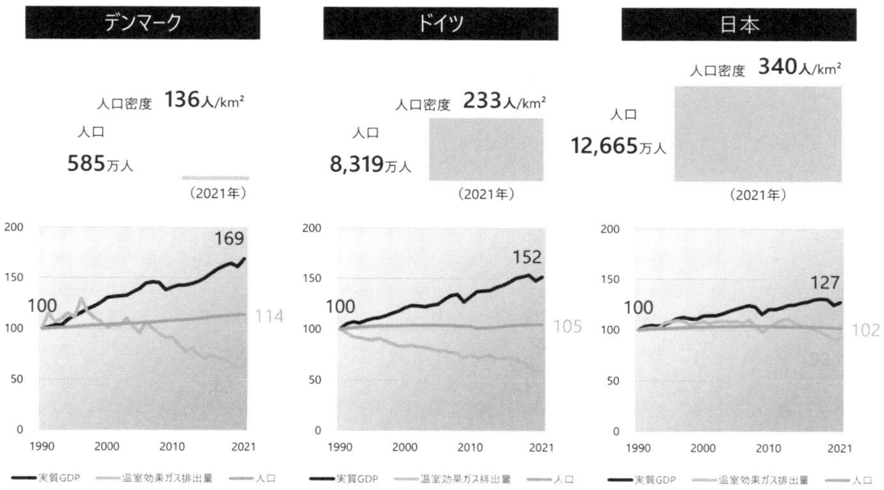

注）1990年を100とした指数
（出所）UNFCCC，国連「National Accounts（AMA）」より野村総合研究所作成

言い換えれば，GDPが増加すれば，それに伴いCO_2排出量も増える傾向がある。逆に言えば，CO_2排出量を削減するためには，GDP，つまり経済活動を減速せざるを得ないことになる。

ところが，ドイツやデンマークの両国では，CO_2排出量を削減しつつ，経済活動が活発化している様子が観察される。これは経済活動とCO_2排出量削減のデカップリング（分離）と呼ばれる傾向である。日本も2000年以降，実質GDPとCO_2排出量の間でデカップリングの動きが見受けられるものの，デンマークやドイツと比べてみると依然として十分でないと言わざるを得ない。デカップリングを進展させるうえでキーポイントとなるのが，炭素税などによる炭素の価格付けであり，市場メカニズムを通じてCO_2排出を抑制するカーボンプライシングの導入とされる。また，GDPを増やしながら炭素排出量を削減する戦略として，CO_2排出量削減や吸収の促進に関わる投資を増大させることが求められている。政府は，2023年5月に脱炭素成長型経済構造への円滑な移行を推進する法律（GX推進法）を可決し，2023年度からの10年間で20兆円規模の政府資金を先行して調達発行し，官民合わせて150兆円超の脱炭素投資を推進する計画を発動させた。こういったいわゆる「成長志向型カーボンプライシング」によって，今後10年間で

150兆円（うち支援策50兆円）の施策が実行される。ここで詳細に触れるまでもないが，ポイントはデカップリングを具現化するエリアがどの程度存在するかということである。

ドイツ，デンマークの海外２カ国では，（特にデンマークではその傾向が顕著であるが），カーボンニュートラルの早期実現を目指す自治体や，CO_2排出量削減比率を高く設定する自治体が数多く存在する。それらは全て労働生産性の高いローカルハブの可能性を持つ都市である。ドイツでも，労働生産性の高い都市が中心となり，脱炭素施策が効果を上げていくものと考えられる。

以下では，ドイツやデンマークが労働生産性の高い経済を実現する構造について紹介し，その中でデジタル化やカーボンニュートラルへの取組みが，どのように労働生産性の向上に貢献しているのか，主に戦略・計画・体制等の観点から示していきたい。なお，都市毎に取組みの内容・ボリュームにバラつきがあることをご了承いただきたい。

2 ドイツにおける高生産性都市（圏）の概況とデジタル化等の取組み

⑴ 都市（圏）の労働生産性の実態と分布

ドイツには，高い労働生産性（高生産性）を有し，まさにローカルハブ・自立経済都市（圏）の特性を有する都市が確かにある。**図表２－３**は，約400に及ぶドイツの各都市（自治体単体ではなく複数自治体による都市圏のイメージに近い）での人口と労働生産性の関係を示したものである。

世界的な傾向をみると，人口が集積すると（労働）生産性も高まるという集積の経済・規模の経済が認められる。ニューヨークやロンドン，パリといった経済活動の活発な大都市圏は，GDP の大きさだけでなく，１人当たりの GDP，すなわち労働生産性も高い。日本でも，東京23区，東京都，東京大都市圏（東京都，神奈川県，埼玉県，千葉県）など，全国の人口の３割近くを占める首都圏では平均以上の高い労働生産性を示している（ちなみに東京都の労働生産性が世界の主要大都市に比べて低く，大都市圏でも労働生産性を高めていく課題はあるが，その論点については触れないこととする）。

だが，ドイツでは少々傾向が違っている。生産性が高い都市圏は，人口５万人以下から50万人以上までの都市，特に10万人から20万人の中小都市に広く散見され，その中には全国平均の生産性を大きく上回る都市も存在している。その都市は大きく４つの特徴に分けられる。

１番目は，そもそもEU・連邦や州の行政上の拠点が存在し，歴史的に都市国家として発展してきた都市である。ハンブルク，フランクフルト，ミュンヘンなどは人口50万人以上を擁する都市だが，マインツなどは人口20万人台の都市としてこのカテゴリーに属する。

２番目は，いわゆる企業城下町である。ヴォルフスブルク，インゴルシュタット，ルートヴィストハーフェンなどは，それぞれフォルクスワーゲン社，アウディ社，BASF社の本拠地，基幹工場が立地している。これらのグローバル企業の業績が良好である間は，企業城下町に勤務する市民の所得も高値安定し，それが消費や投資に波及することで，都市全体の労働生産性も高くなる傾向にある。

３番目は，いわゆる外貨獲得型の保養都市である。バーデンバーデンのように，歯科治療からはじまって温泉，余暇，カジノなどを通じて長期滞在を促す都市の資源が整備されている都市は，その人口に比して滞在者の消費額は大きくなる傾向にある。結果として，付加価値額（最終需要）/人口で表される労働生産性は高くなる。

そして第４番目は，自立・循環的な経済発展構造を内包する都市である。ダルムシュタット，レーゲンスブルク，エアランゲンなどの都市は，他国への知名度は決して高くないものの，一貫して高い生産性を維持している。これらの都市圏では，輸送機器や半導体，化学，薬品，エネルギーといった多様な分野で企業活動が盛んであり，「隠れたチャンピオン（Hidden Champion）」や「ミッテルシュタント（Mittelstand）」と呼ばれる優秀な中堅企業が次々と生まれ，成長を続けている。

過去10年以上にわたる生産性のデータをみても，景気や為替の影響を受けつつも，大きな変動はみられない。つまり，様々な業種の本社や拠点が存在し，ローカルハブとしての役割を一度得ると，一定の持続力を伴った高い生産性を保つことが可能であるという傾向が確認される。

生産性の高さは，別のレポートからも明らかとなっている。拙著「地方創生2.0」で紹介したプログノス研究所（PROGNOS）の「将来展望及び地域競争力マップ」

図表２－３　ドイツ約400自治体の１人当たりGDPと人口増減率（2021年）

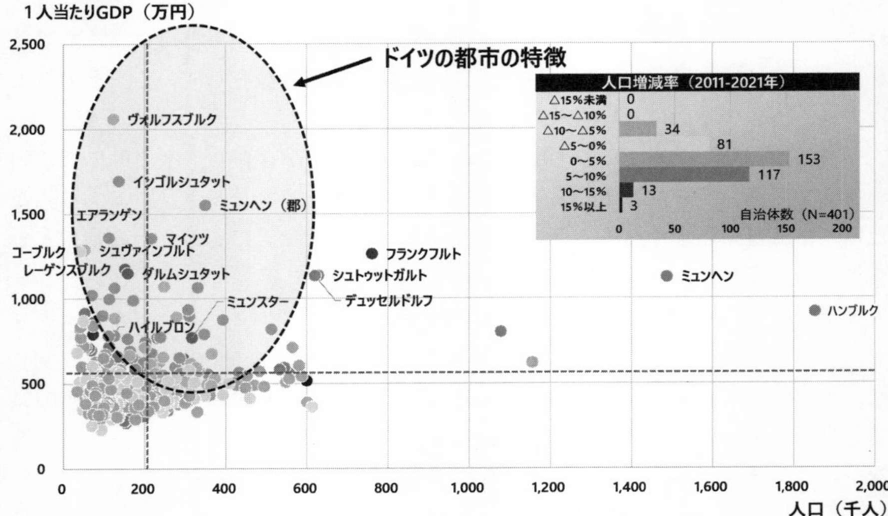

注）ベルリンはドイツの首都であり，人口367万人を擁するメガシティであることから，表示範囲から除外
（出所）ドイツ連邦統計庁より野村総合研究所作成

は，ドイツにおける都市圏の競争力予測図である。このマップは2004年以降，３年おきに公開されており，2010年からの約10年間という時間をみてみると，全体的な競争力が高い地域，すなわち暖色系のエリアに大きな変化はみられない。一度競争力の基盤が確立された都市は，その力を十数年間に渡って維持できている事実がみて取れる。

これらの高生産性を誇る都市が，どのような産業集積によって支えられているのか。連邦統計を用いて，生産性の上位の20都市（＋ハイルブロン，ミュンスター）について，どのような産業が貢献しているのかを計量的に明らかにした。生産性トップを誇るヴォルフスブルクでは，製造業の貢献度が８割強と圧倒的であることが判明した。この都市はフォルクスワーゲン社の本拠地と基幹工場が立地する都市であり，その存在が製造業を中心とした都市全体の高い労働生産性を支えていると考えられる。アウディ社の本拠地であるインゴルシュタットやIT関連の製造業が集積するダルムシュタットも同様の傾向がみられる。

一方，非製造業の貢献が高い都市では，コーブルクやマインツ，ボンなどが挙げられる。コーブルクは，金融・保険のグローバル企業HUKコーブルク社の本

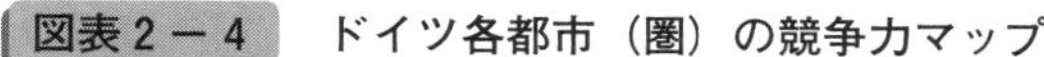

図表２－４　ドイツ各都市（圏）の競争力マップ

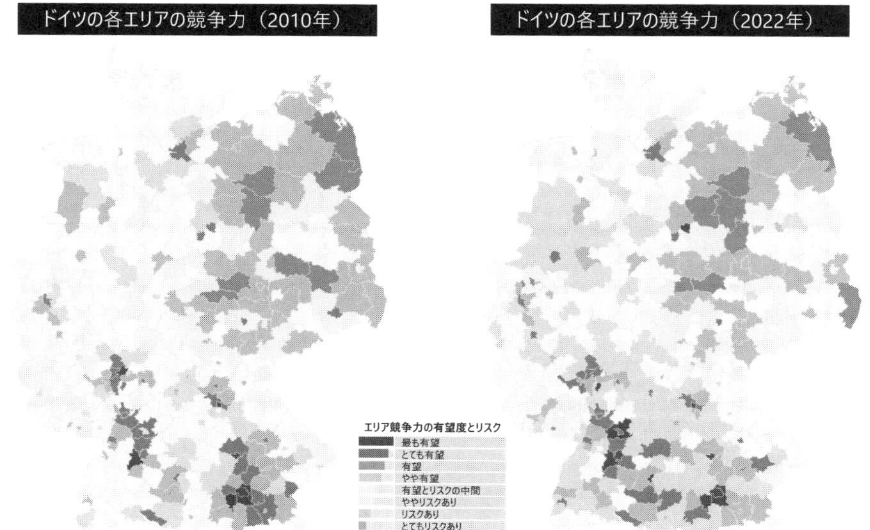

（出所）PROGNOS
リスクデータ：Prognos Zukunftsatlas 2010・2022/基礎地図：GADM maps and data

社があり，同社の業績が金融・保険及びその関連サービス業に波及しつつ，当該市の経済（高い生産性）を支えているものと推察される。マインツやボンなどの行政・経済の中心都市は，全体として非製造業の貢献は高いものの，特定の業種が突出して高い生産性を支えているわけではない。建設業の貢献が相対的に高いのは，都市開発が活発に行われているこの規模の都市の特徴だが，それ以外にも，都市全体を支える電気・ガス・水道業や製造業，商業といった産業がバランス良く生産性に貢献していることがわかる

このように都市の特性に応じて，生産性の高さに貢献している産業にも特徴がある。

図表２－５　ドイツ高生産性都市の産業別貢献度

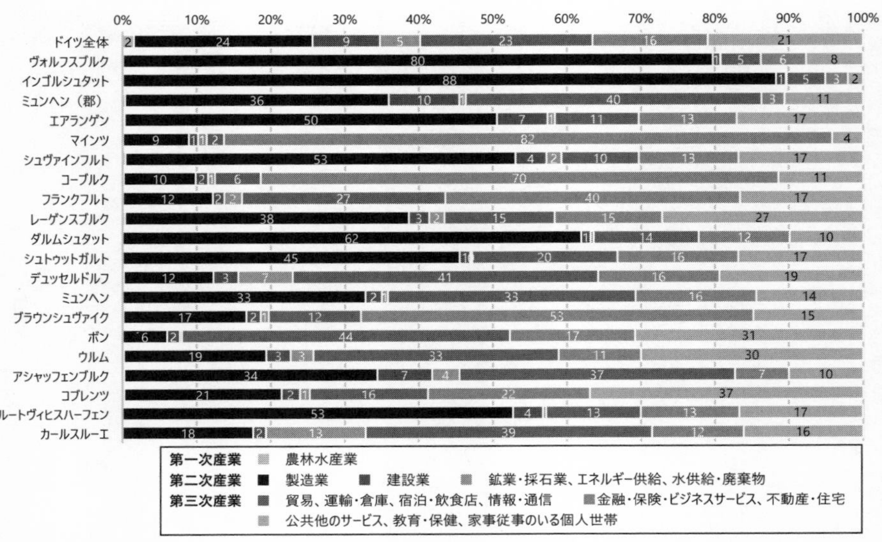

注）貢献度は，就業者当たり粗付加価値額の成長要因を2000年と2021年の数値を比較した寄与率（％）で示したもの

（出所）ドイツ連邦統計より野村総合研究所作成

図表２－６　ドイツ人口規模別にみた高生産性都市上位20（2021年）

ドイツ全体

Rank	自治体名	一人あたりGDP（万円）
1	ヴォルフスブルク	2,061
2	インゴルシュタット	1,694
3	ミュンヘン	1,551
4	**エアランゲン**	**1,359**
5	マインツ	1,356
6	シュヴァインフルト	1,287
7	**コーブルク**	**1,279**
8	フランクフルト	1,263
9	**レーゲンスブルク**	**1,175**
10	**ダルムシュタット**	**1,149**

人口10万人未満

Rank	自治体名	一人あたりGDP（万円）
1	シュヴァインフルト	1,287
2	**コーブルク**	**1,279**
3	アシャッフェンブルク	1,021
4	パッサウ	915
5	ディンゴルフィング＝ランダウ	900
6	エムデン	868
7	バンベルク	864
8	バイロイト	841
9	メミンゲン	840
10	アンベルク	833

人口10～20万人

Rank	自治体名	一人あたりGDP（万円）
1	ヴォルフスブルク	2,061
2	インゴルシュタット	1,694
3	**エアランゲン**	**1,359**
4	**レーゲンスブルク**	**1,175**
5	**ダルムシュタット**	**1,149**
6	ウルム	1,064
7	コブレンツ	998
8	ルートウィヒスハーフェン	989
9	ヴュルツブルク	885
10	**ハイルブロン**	**783**

人口20～30万人

Rank	自治体名	一人あたりGDP（万円）
1	マインツ	1,356
2	ブラウンシュヴァイク	1,070
3	ヴィースバーデン	890
4	マイン＝タウヌス	774
5	フライブルク	769
6	ビーベラハ	745
7	カッセル	712
8	ボーデンゼークライス	677
9	キール	656
10	ラーベンスブルク	653

人口30～50万人

Rank	自治体名	一人あたりGDP（万円）
1	ミュンヘン	1,551
2	ボン	1,064
3	カールスルーエ	935
4	マンハイム	898
5	ベーブリンゲン	874
6	ハイルブロン（郡）	791
7	**ミュンスター**	**770**
8	ギュータースロー	676
9	オスタルプクライス	617
10	ザールブリュッケン	594

人口50万人以上

Rank	自治体名	一人あたりGDP（万円）
1	フランクフルト	1,263
2	シュトゥットガルト	1,136
3	デュッセルドルフ	1,134
4	ミュンヘン	1,123
5	ハンブルク	917
6	ニュルンベルク	818
7	ケルン	803
8	ブレーメン	712
9	ハノーファー	622
10	エッセン	606

（出所）ドイツ連邦統計より野村総合研究所作成

⑵　ドイツ都市におけるデジタル活用と脱炭素施策の概観

ドイツは，昨今において，経済や社会の不透明さが増している中で，様々なエコシステムを如何に保持し，またどのような手段でさらなる成長につなげていくかについて検討を重ね，関連政策を実行に移している。都市のデジタル化・スマート化もその一環で行われているケースが多い。もっとも，ドイツのデジタル化は，日本よりもかなり古くから取り組まれているイメージがある。ただ，ドイツ連邦政府による「スマートシティ・モデルプロジェクト」が開始されたのは2017年で，日本がスマートシティの施策を始めた時期と大差ない。しかしながら，その後のスマートシティへの連邦の助成は増えている。2019年から開始された「スマートシティ・モデルプロジェクト」の助成事業も３回目の公募を終え，73の自治体が採択され，それぞれが構想を実現するために取り組んでいる。このモデルプロジェクトをさらに推進するため，連邦政府は2020年６月に制定された「経済刺激策と未来のための施策」で，2021年度の助成総額を８億2,000万ユーロに増額した。スマートシティの戦略については，日本から見れば意外に思えるかもしれないが，ブロードバンドやWi-Fiの拡充などデジタルインフラに関連するもの，行政のデジタル化（管理業務）に関するものが大半を占めている。一方，日本で多く取り組まれているモビリティ分野のデジタル化を戦略に取り入れている自治体はそれほど多くない（後述するが，むしろ交通量の多い拠点都市に取組みが集中している）。

事実，ドイツではスマートシティよりも前に，「脱炭素を目指した投資」への支援制度が運用されている。2050年までに1990年比で温室効果ガス（≒CO_2）を95％削減し，一次エネルギー消費量を50％削減するという目標を掲げ，全ドイツで2012年に19の自治体が指定され，さらに2016年に21の自治体が追加認定された。受けた助成を基にスマートシティ化しつつある自治体の中には，すでに脱炭素を進めているものもある。規模の大きい自治体を中心に，環境対策から脱炭素化に切り替えて施策を既に展開しており，気候変動や環境保全の効果を期待しながらデジタル化を推し進めている。

ちなみにドイツではいくつかの気候中立に関する目標が設定されている。もっとも厳しい目標はクライメートニュートラルであり，人・企業・各種団体が排出するCO_2，メタン，NO_2，フロンガスなど温室効果ガスを実質ゼロにするものである。クライメートニュートラルにもいくつか段階があり，行政機関・行政資産・行政出資の会社に限定した行政クライメートニュートラル，都市活動すべてを対象とした（都市）クライメートニュートラルなど段階別に目標達成の計画が立てられている。

図表２－７　デジタル戦略における重点取組分野の概要

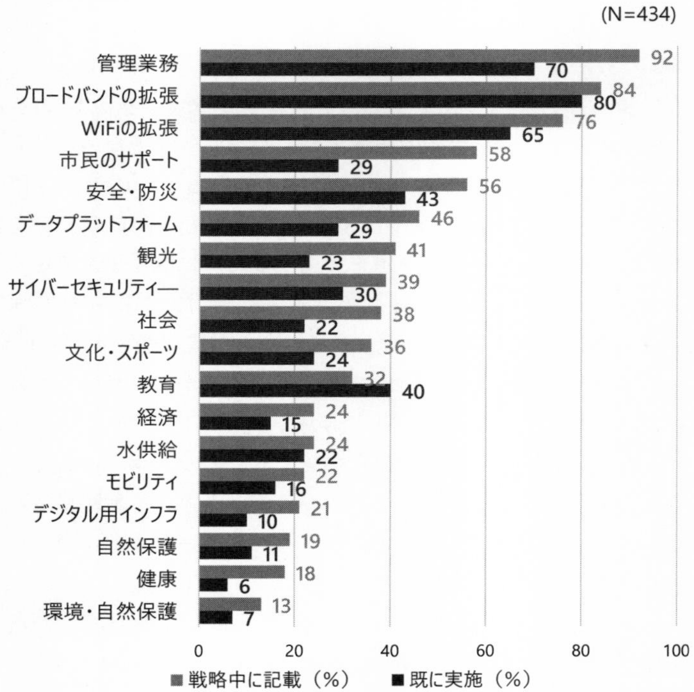

（出所）ドイツ連邦経済・気候保護省アンケート（2022）より野村総合研究所作成

話をデジタル化に戻そう。ドイツの高生産都市（圏）（人口は５万から30万人レベル）では，デジタル化の特徴的な取組みがみられる。その１つは，デジタル技術を用いて，働く人々にとって魅力的な都市空間の整備を進めるという動きである。前述の高い生産性を継続的に達成しているレーゲンスブルクにおけるデジタル化は，すでにその地に立地した企業や事業所が域外に移転しないよう地域として新たな風を巻き起こす，あるいは刺激を与えるために推進されている。これは後ほどの事例でも紹介したい。

また，エネルギーマネジメントや快適な生活環境の支援の実現可能なデジタル

図表２－８　ドイツにおける脱炭素施策とスマートシティの指定状況の概要

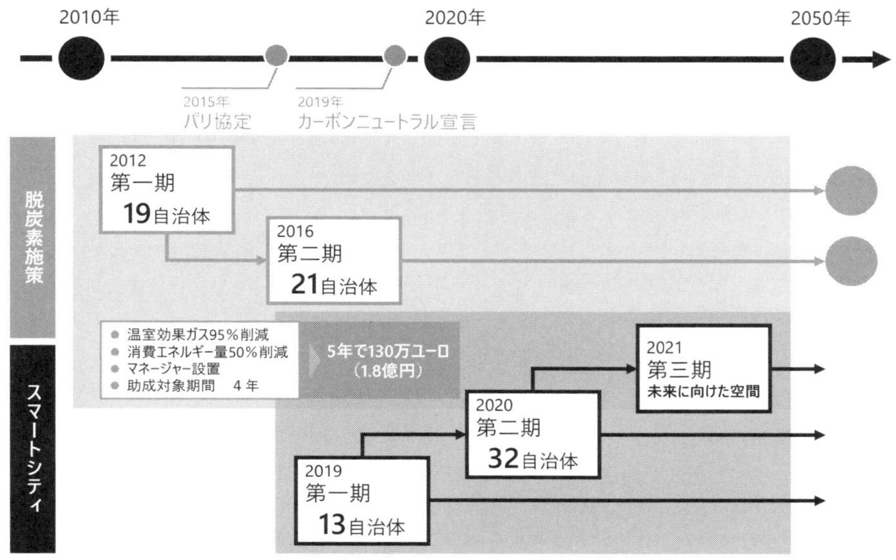

（出所）連邦環境省等資料より野村総合研究所作成

空間の整備にも焦点を当てている。デジタル化は，地域の製造業の生産性や社会的な課題（脱炭素）の解決を支える手段として位置づけられている。

実際，ドイツ国全体で，GDPとCO_2の動きが分離している（デカップリング）ことを先に示したが，それを支えているのは他ならぬ高生産性都市（圏）群である。労働生産性（１人当たりGDP）を縦軸に，炭素生産性（CO_2排出量）を横軸に取ると，両者とも高い水準にあるのは，レーゲンスブルク，エアランゲン，コーブルクといった高生産性都市（圏）のうち，製造業や特定のグローバル企業の依存度が高くない都市（これを後ほど自立経済都市（圏）とみなしている）であることがわかる[2]。このような高生産都市（圏）の存在は，付加価値と脱炭素の両面でドイツ全体の国際競争力を支えている。そしてその背景には効果的で実践的なデジタル戦略の存在がある。

以降では，ドイツにおいて安定的に高い労働生産性・炭素生産性を両立させている都市について，産業別の貢献度，地域的なバランスも配慮しつつ，６都市（ダ

2　都市（圏）別の炭素排出量データの制約から2018年時点のデータとしている。

図表2－9　ドイツ約400自治体の労働生産性と炭素生産性（2018年）

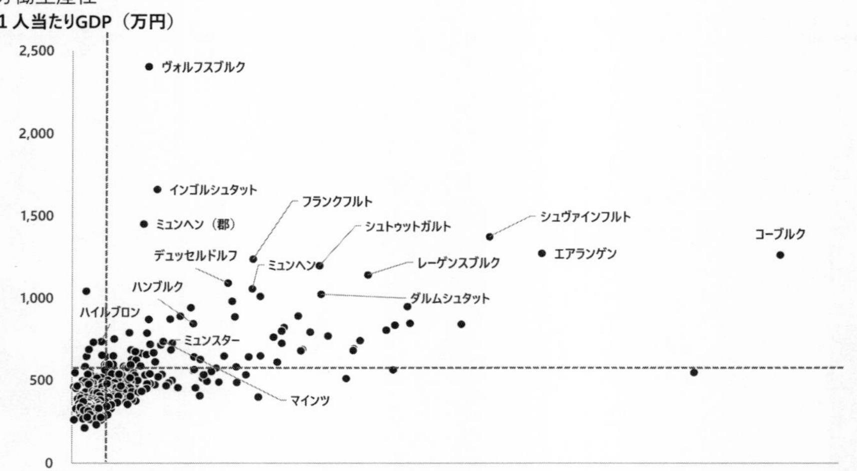

（出所）ドイツ連邦統計等より野村総合研究所作成

図表2－10　ドイツで紹介する都市（圏）の概要

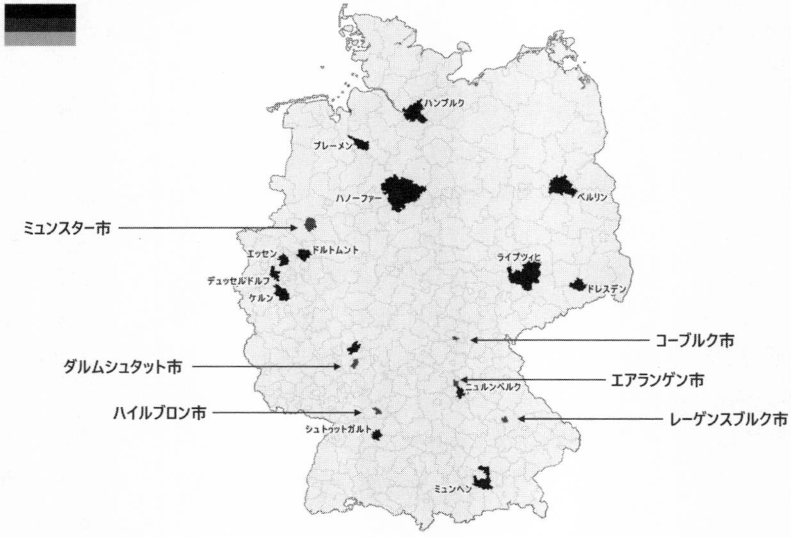

（出所）GADM maps and data より野村総合研究所作成

ルムシュタット，レーゲンスブルク，エアランゲン，ミュンスター，コーブルク，ハイルブロン）選定した。各都市について，高い生産性を示し続ける経済・産業構造の実態とデジタルと脱炭素（グリーン）に向けた取組みを紹介する。

(3)　注目すべき都市（圏）の具体的な取組み

(3)−１　ダルムシュタット市
—学術研究都市として社会課題解決とともに発展する拠点—

図表２−11　ダルムシュタット市の概要

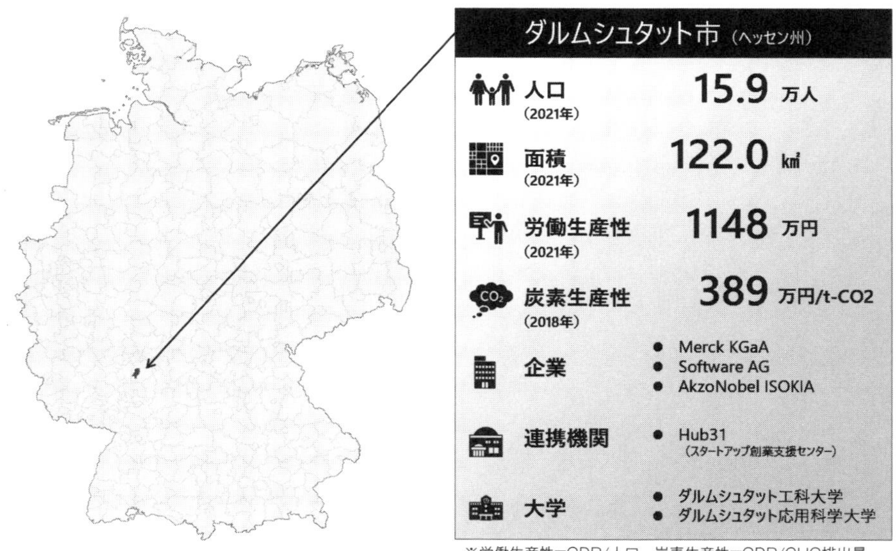

（出所）基礎地図：GADM maps and data，各種資料より野村総合研究所作成

①　研究・技術起点で生産性の高い地域を実現

ダルムシュタット市は，ドイツの金融首都であるフランクフルト市が所在するヘッセン州に位置し，人口約16万人（2021年時点）を抱える街である。2017年にはヘッセン州から学術研究都市の称号を受けた。ダルムシュタット工科大学，ダルムシュタット応用科学大学をはじめとする３つの大学（在籍学生数は約４万人），30以上の応用研究機関が立地し，研究・教育比率が高く，「学術都市」との称号が示すように自立経済都市（圏）「ローカルハブ」としての可能性を秘めている。

図表2－12　ダルムシュタット市の概観

（出所）ダルムシュタット市より

大学や研究機関に加え，Merck KGaA（世界最古の医薬品・化学品製造メーカー），Döhler Group（食品添加物・スパイス製造），Software AG（ソフトウエアソリューション），Carl Schenck AG（鉄鋳物製造），Schenck Process Holding GmbH（産業用機械他）等の著名企業も多数立地している。その中でも特筆すべきは，大学と産業界との連携基盤が整っているという事実である。Hub31と名づけられたスタートアップ創業支援施設にて，産業界に対し必要なデータ等を提供する仕組みが存在する。Hub31は，ダルムシュタット市とダルムシュタット商工会議所が中心となって約4,700m^{2}の敷地を活用したインキュベーション施設であり，専門家やスタートアップ企業を対象とした研修会，講習会が活発に開催されている。これらの講座は，銀行，シュタットベルケ（インフラ・エネルギー公益企業体），不動産管理会社，大学，その他の市内企業等がその運営資金を提供している。このようなイノベーションの「目に見える」拠点は，市の生産性向上を象徴する重要な空間にもなっている。

ダルムシュタット市で取り組まれているデジタルプロジェクトには，２つの特徴がある。１つ目は，インダストリー4.0（ドイツ製造業の革新を目指す国家プロジェクト）に対応した人材・研究資産の充実であり，統合データベースの構築や中小企業のデジタル化支援が主な内容となっている。２つ目は，水環境を通じたサステナブルなインフラの構築支援である。気候変動により，ダルムシュタット市でも真夏日が増加し，降水量の減少が深刻化している。これに対し，デジタル化を通じて水の管理，上下水道管の維持及び補修を続けるプロジェクトへと発展している。このように，生産性とサステナビリティというマルチな課題をデジタルにより解決し，自立経済都市（圏）としての機能を維持・向上させる姿勢が見てとれる。

ダルムシュタット市が位置するヘッセン州には，EUの金融首都としても知られるフランクフルト市がある。しかし，研究開発力やデジタルへの積極的な取組みを武器にするダルムシュタット市は，小売，交通，金融，知的業務支援等の高度な都市機能を併せ持つフランクフルト市とは異なる独特のステイタスを持っていると言える。ドイツ在住の翻訳家からは「ある種の“格”や“品”が感じられる都市」とのコメントがあった。筆者は，その言葉こそダルムシュタット市を象徴するものではないかと思う。

②　デジタル化による都市サービスの向上とクライメートニュートラルの実現

ダルムシュタット市は，bitcom（ドイツ情報技術・通信・ニューメディア産業連合会）が主催するスマートシティコンテスト，「デジタルシュタット」（第１回）のモデル都市として選定されており，ドイツを代表する「スマートシティ」の１つである。前市長のPartsch氏は，「学術都市」，「文化都市」だけでなく，ヨーロッパを代表するスマートシティのモデル都市としての発展を目指していた。市当局からのアンケート・ヒアリングによると，デジタル技術は，既に高い水準にある生産性をさらに高めるだけではなく，経済活動を支える市民の生活の質を高めることに重点を置いているとのコメントがあった。そのようなダルムシュタット市のデジタル戦略における各分野の取組み方針は次のとおりである。

【モビリティ】

市は持続可能なモビリティの確保を一大戦略と位置づけている。これは，都市社会の需要，再生可能なモビリティ，さらには環境保護という３つの要素を調和させたものである。全ての輸送手段を包括的に考慮し，それらをインテリジェントなモビリティソリューションによって相互にネットワーク化することを目指している。

ダルムシュタット市では日々，人口規模とほぼ同水準のおよそ12万人が公共交通機関を利用し，7.5万人が自家用車で移動している。インテリジェントなデジタルソリューションを駆使し，交通を適切に管理し，渋滞を軽減する。同時に，様々な輸送サービスを体系的にリンクし，モビリティチェーンを構築している。

このようなモビリティを，脱炭素の手段として活用している。運輸セクターの電化を推進し，拡大させる一方で，電気自動車や家庭，企業向けのエネルギー供給を持続可能な形で提供するソリューションの提供を模索し続けている。また将来世代のための持続可能な社会の実現を目指すべく，効率的なエネルギー消費，資源の有効活用，及びリサイクルの促進に取り組むことで実現している。インテリジェントな制御システムを構築・活用することで，エネルギー消費とCO_2排出量の削減を図っている。

ダルムシュタット市が2019年に決議した「気候行動計画2035」では，2035年のクライメートニュートラル実現に向けた対策が提示されている。気候変動に対応するため，エネルギー転換，熱転換，輸送転換，消費転換の４つの転換の重要性が提示され，モビリティはその１つである輸送転換を実現する重要な政策対象となっている。

【デジタルサービスと社会】

「デジタルサービスと社会」は現代の重要なテーマであり，自治体サービスがデジタル化へと舵を切る領域でもある。エネルギーや水といったライフラインの供給力を向上させ，行政サービスへのアクセスを拡大し，市民参加と教育水準の向上に貢献している。これは市民のデジタルスキルの向上を必要とし，ダルムシュタットの全住民が参加できるような状況を一歩一歩作り出しているのだ。

行政サービスのデジタル化は市民参画という視点から推進されている。今後は，ダルムシュタット市からのサービスと各種情報が，電子政府ポータルを通じて利用できるようにするとの目標がある。文化分野のプロジェクトでは，ダルムシュタットの文化的資産をデジタル化し，目に見える形を作り出したいとの意向がある。また，ヘルスケアプラットフォームを利用し，ヘルスケア部門のデジタルアプリを束ね，患者とヘルスケア提供者の間で，以前よりも効率的なネットワークの形成を狙っている。さらに，セキュリティと市民保護の分野では，新たな技術を駆使して公共の安全を強化している。その実現にあたっては，専門家や緊急サービスのスタッフに最新の技術を紹介し，防犯対策の改善を図っている。

【経済とテクノロジー】

「経済とテクノロジー」領域は，ITインフラやデータプラットフォーム，インダストリー4.0，商業及び観光，そしてサイバーセキュリティの各分野におけるプロジェクトから構成されている。「経済とテクノロジー」領域の持続的な取組みにより，既にダルムシュタット市はデジタルによる価値創造と新たな技術開発を実現させている。これらを都市全般に導入することにより，研究機関や教育機関，企業に信頼性の高い最新のITインフラが提供されている。さらに，高度なサイバーセキュリティと信頼性の高いITソリューションを有するデジタルハブの建設も進めている。デジタル都市への移行に際し，ITインフラに対する脅威に対抗するために，究極のサイバーセキュリティが必要となるからである。「レジリエントシティ」や「4Dシティ」等の研究プロジェクトには，継続して資金を投入し，地域の商業活動やサービスへのデジタルアクセスを可能にするとともに，デジタルによる配達・物流の最適化にも取り組んでいる。

デジタルプロジェクトの企画・推進に際しては，連邦や地方の補助金を頼りにせず，市費（又は民間企業の資金）で賄うことも視野に入れている。補助金が承認されるかどうか不確定であること，また，連邦政府の補助金の使用範囲がオンラインアクセス法により制限されていることなどが理由となっている。デジタル化を推進・強化するために，未来都市を対象としたイノベーションプラットフォーム「Innovationsplattform Zukunfts-stadt：IPZ」が結成されている。このプラットフォームは，連邦研究省（BMBF）と連邦環境・自然保護・原子力安全・消費者保護省（BMUV）により主導され，連邦経済エネルギー省（BMWi）と連邦交通デジタルインフラ省（BMVI）が参画し，2016年に始まった研究助成事業である。この助成事業は，持続可能な都市開発研究（デジタル化，移民・統合，都市の気候，モビリティ，住宅など）及びそれらの実現に必要な資金を供給している。

③　デジタルを推進するプラットフォームの存在（デジタルシティ・ダルムシュタット）

ダルムシュタット市は，市域のデジタル化を全面的かつ効率的に推し進める目的から，「デジタルシティ・ダルムシュタット」と名づけられた有限会社（Gmbh）

を設立した。わずか8人の職員を擁するこの組織は，14の事業部門（ITインフラ，エネルギー，環境，移動，商業，教育，文化，健康を含む）に対するプロジェクトの円滑な推進を保証するため，助成金の管理や関連機関との交渉を一手に担っている。

デジタル化の推進は重要であるとはいえ，行政が主導して新たな組織を創設することについては，市民から複雑な意見が出されている。しかしながら，それらのコストを負担しつつ，行政各部署の間で横断的に組織化し，民間と相互に協力しながらデジタル化を強力に推進する組織の存在意義は否定できない。当組織は，可能な限りプロジェクトの成果を上げ，市民に納得してもらえるような活動を行っていく，と関係者は述べている。

④ 高生産性を有する都市（圏）の構図

ダルムシュタット市は，ドイツ有数の研究開発都市としてその名が轟いている。もともと大学や高等教育機関，研究開発機関などと連携するかたちでIT系大手

図表2－13　ダルムシュタット市の高生産性実現の構図

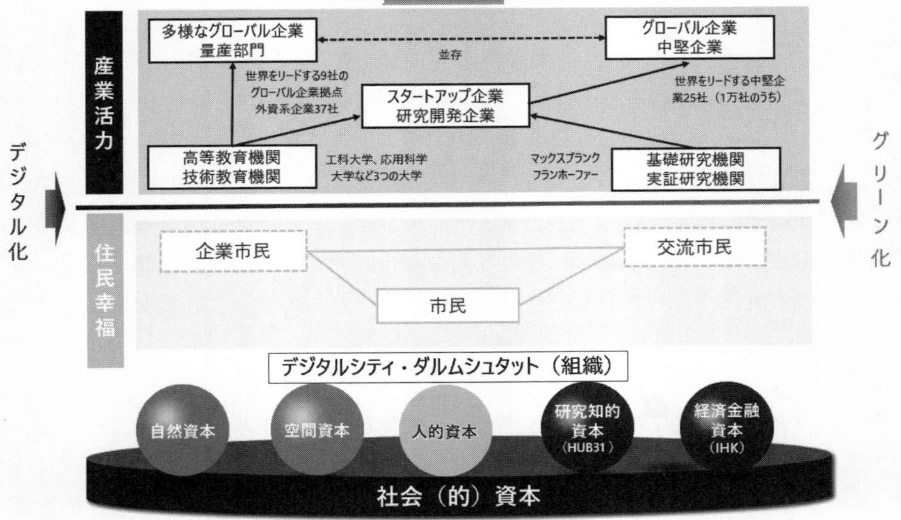

（出所）野村総合研究所作成

企業も立地している。人口10万人規模の都市として，すでに経済の自立化は完成している印象をもつが，デジタル化を通じて更なる地域課題を克服しつつ，市民生活の向上にもつなげようとする姿勢がみてとれる。

(3)－２　レーゲンスブルク市
―製造業を基軸とした自立経済拠点（圏）のロールモデル―

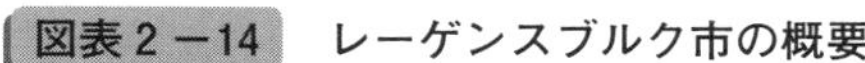
図表２－14　レーゲンスブルク市の概要

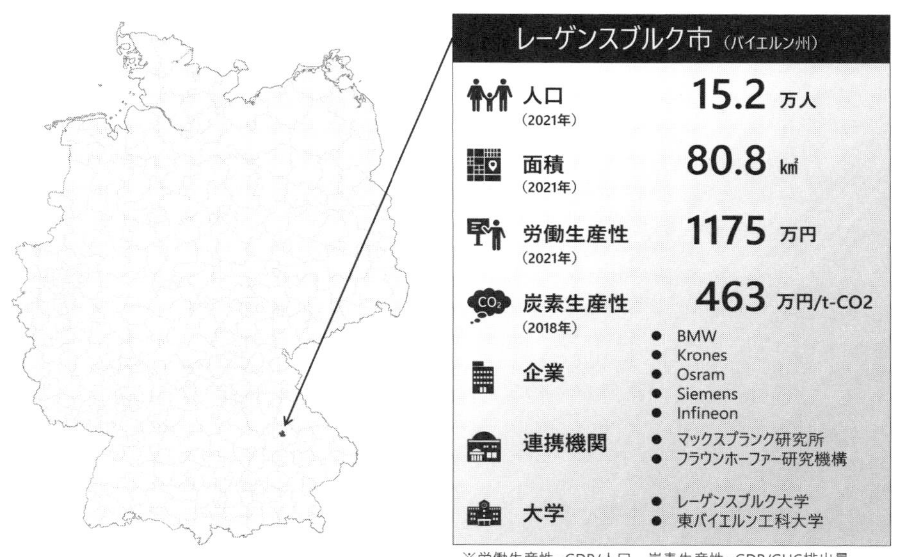

（出所）基礎地図：GADM maps and data，各種資料より野村総合研究所作成

①　生産性の高い構造

バイエルン州のレーゲンスブルク市は自動車及び電機産業が活発な地域で，人口約15.2万人（2021年）を有し，ドイツを代表する高生産性都市の１つと言える。また，高生産性都市としてトップ10にも名を連ね，2021年度にはドイツ連邦内務省の「スマートシティ・モデルプロジェクト」に選ばれた。そのデジタル化への積極的な取組みは多くの注目を浴びている。

レーゲンスブルク市の生産性の高さを支える要因は大きく３つに分けられる。１つ目は市内に多くのグローバル大企業が集積している点だ。BMW 社やコンチ

図表２－15　レーゲンスブルク市の全景

（出所）“Stadt Regensburg, Stefan Effenhauser”

ネンタル社（パワートレイン），クローネ社（機械システム），オスラム社（照明・電灯機器），ラインハウゼン社（高電圧機器製造），シーメンス社，インフェニオン社（半導体）など，自動車や電機産業の大手企業が輸出志向を強めている。それが結果として市内製造業の総売上の73％にあたる106億ユーロを海外から得る結果につながっている。

２つ目の要因は，大企業からスピンアウトした企業が地域経済を牽引している点だ。照明・電灯機器を手掛けるオスラム社は，2014年にシーメンス社から独立してレーゲンスブルク市で活動をする地域発大企業である。また，世界有数の半導体・システムソシューション企業であるインフェニオン社は，レーゲンスブルク市にあった電子製造部門が半導体部門に吸収され，1999年にその部門がシーメンス社から独立して当地にて上場したものである。このようにレーゲンスブルク市において大企業から生まれた会社が成長しつつも，地域外・海外に出ずに地域内で事業を継続する。このことが安定した生産性を維持する理由である。

そして３つ目の要因は，高等教育機関が市内に集積し，国内外の企業と協力して様々なプロジェクトを推進している点にある。レーゲンスブルク市にはレーゲンスブルク大学，オストバイエルン工科大学，レーゲンスブルク大学病院など３つの高等教育機関及び医療研究機関が立地している。

これらの要素が相互に連携し，新規事業創出の仕組みをレーゲンスブルク市内で形成しているのだ。新規事業創出の支援のため，2016年にはサイエンスパーク（Tech Campus）が設立され，ハイテク企業や高等教育機関の研究空間を提供し，また，スタートアップとテクノロジーセンターを創設し，１つの地域で一連のプロセスを進行できるようにした。

これらの取組みにより，過去10年で研究者数が倍増した。地域の企業へ継続的な支援を行うことで地域経済の競争力を向上させ，生産性の増大に寄与してきた。生産性の高い経済構造を創り上げ，維持するまでに，20年～25年の期間がかかっているとのことだ。長期的視点に立った戦略と，政治のサイクルや助成金の期間を超えた長期にわたる継続的な実行力が成果に結びついたと言える。

②　経済活動を活性化させるデジタル化に重点を置く

高い生産性を維持し，さらに向上させるためには，絶え間ないデジタル投資が必要となる。レーゲンスブルク市の市役所関係者によれば，グローバル企業や生産性の高い企業にレーゲンスブルクを選んでもらうためには，長い時間をかけてモビリティの改善や事業用地の取得，あるいは従業員の生活の質や豊かさを向上させていく必要があるという。レーゲンスブルク市のIT戦略テーマは，①行政サービス，②e-ガバメント（連邦レベルの業務，州レベルの業務，自治体（基礎自治体）レベルの業務），③スマートシティプロジェクト（モビリティ，エネルギー，社会政策など）に分けられるが，各施策を検討するべくデータプラットフォームの構築とオープンデータの推進を行っている。デジタルの力を活用して市内企業の高い競争力を後押ししようとする姿勢がみてとれる。

デジタル化はレーゲンスブルク市の経済にとってどのようなインパクトをもたらすのか。その問いの答えを示唆するかのように，2019年（今から約３年前）に，レーゲンスブルク市は，地域の商工会議所（IHK：日本の商工会議所とは異なる制度・権限を有する）と共に「スマートシティへの道－経済的な視点からの要件と手順」というフレームワークを提示した。その内容を精査すると，誠に興味深いポイントが幾つか浮かび上がる。

１つ目は，スマートシティに求められる取組分野が絞り込まれていることである。経済的な要件，すなわち経済発展に必要不可欠な領域が“スマートモビリティ”，“スマート環境/スマート生活”，“スマートエネルギー”，“スマートインフラ”という４つに定義され，経済・産業活動を土台から支えるインフラのデジタル化を積極的に推進すべきとされている。

2つ目は，デジタル化を達成するために必要なテクノロジーが，領域ごとのものと，それらを統合するものに二分されて記述されている点である。前者では，単なる製品（センサー）という観点だけでなく，コンセプト設計，アプリケーションの統合，明確な規則といった幅広い要素が含まれている。後者では，いわゆる「都市 OS」と呼ばれるオペレーションシステムとは別に，オープンなインターフェース（市民との接点）の構築も重要視されている。市の最重要な顧客である「市民」の積極的な参加が求められている点も，見逃せない。

そして3つ目の特徴は，デジタルの地域的な拡がりを強く意識している点である。「スマートシティは都市の境界で終わってはならない」という表現が見受けられる。デジタルとは，空間的な壁を超える力を有しているため，都市の周辺地域（すなわち圏域）も考慮に入れ，その結果，自都市にとって経済的なメリットを生み出すデジタル化の推進が主張されている。

これらの取組みの全てが行政の目標に組み込まれているわけではないが，その考え方に基づき，現在も施策展開されている。

レーゲンスブルク市のデジタル化は，おおよそ3年前，2020年に始まった。同年にレーゲンスブルク市議会が初めてスマートシティ戦略を承認し，続いて2021年には連邦内務省の「スマートシティ・モデルプロジェクト：都市開発とデジタル化」に公募し，同年中に認可を受けた。

2021年～2026年までの助成事業「スマートシティ・モデルプロジェクト」の費用1,700万ユーロのうち，1,100万ユーロ（約65％）が助成金として連邦政府から支給されることとなった。2021年に第3回目を迎えた連邦政府の同助成事業には，ドイツ内の94自治体が応募したが，レーゲンスブルク市をはじめとする28自治体が選出された。

レーゲンスブルクの予算は，約10億ユーロであるが，5年間にわたり投資用の予算として5億ユーロを計上している。この投資用の予算と比べると，スマートシティの費用1,700万ユーロは決して大きくない。何が何でも国の資金助成を受けないとスマートシティが成立しないわけではないのだ。

このため，自治体の経済・学術・財政部門の責任者で同プロジェクトを担当する Barfuß 氏は次のように述べている。「レーゲンスブルク市は，連邦政府からの助成金を受給しなくともスマートシティプロジェクトを進めることができたと思うので，いくら受給できるかはあまり重要ではない。大規模プロジェクトは往々にして遅延しがちだが，助成金プロジェクトに選出されたことで，毎年プロジェクトの進行状況を報告せねばならず，関係者全員に計画遵守に向けたよい意味でのプレッシャーがかかる。行政には常に外部からの圧力が多少なりとも必要である。あとは私たちが行動を起こして成果を出すだけである」と述べている。助成金の支給を金額以外の目的で活かしているのは日本の自治体にはあまりみられないことであり，レーゲンスブルク市の考え方は日本の自立経済都市（圏）構築を進めていくうえで，参考になろう。

１年間の戦略策定期間を経て，４年間に及ぶ（フェーズＢと称される）実施期間に入っているところだが，その中心となるのは，Leopold-Kaserne と称され

図表２－16　レーゲンスブルク市スマートシティ事業の概要

フェーズＡ：戦略策定（１年間：2021年～2022年）	戦略策定と同時に，市民や産業界等，関係者のモチベーションアップを図るため，５つの導入プログラムに着手 ① Co-Creative-Lab ・都市プランナーと伴に，利用可能な都市内の空き地やスペースを特定 ②バーチャル世界遺産 ・世界文化遺産に登録された愛聖堂が位置する旧市街の魅力を体験できるバーチャル空間を構築 ③ Smart Move ・モビリティの課題解消のために，デジタルを活用 ・持続可能なモビリティを実現するため，道路等のインフラ維持管理システムを構築 ④冬季の交通事故防止を目的としたデジタル支援策を推進 ・旧市街の活性化 ・歴史的な旧市街の活性化のためのアイデアとプロジェクトを市民，大学，産業界から募るために，オンライン参加型ワークショップを導入 ⑤デジタルエネルギーツィン ・Prinz-Leopold-Kaserne（郊外の大規模開発事業）及び Margaretenau（市内の建築物改修事業）地区の建築物のエネルギー効率改善のためにデジタルツィンを導入。エネルギーシステムの監視やシミュレーションを活用し，省エネや効率化を図る
フェーズＢ：実施期間（４年間，2022年～2026年）	デジタル化と，持続可能なエネルギーの供給により，都市の課題（経済的，環境的，社会的課題）を克服し，魅力的で住みやすい都市開発を目指す。中心プロジェクトは，Prinz-Leopold-Kaserne 地区の開発事業で，地域エネルギーマネージメントシステムの実証試験を行う

（出所）レーゲンスブルク市資料より野村総合研究所作成

る地区の開発事業である。

2019年に，郊外に位置するPrinz-Leopold-Kaserne（連邦軍の旧駐屯地）を連邦政府から安価に購入。住宅問題を解消するため，同地区に良好な住宅地を大規模供給する事業開発コンセプトを策定した。2019年度の連邦住宅都市開発建築省の助成事業Social Cityに選出され，翌年7月に都市計画案およびエネルギーコンセプトを策定した。開発地域に熱供給を行うため，連邦経済輸出管理庁の助成金プログラム「Heat Network Systems 4.0（第4世代熱供給システム）[3]」に応募し，新しい熱供給システムの実証事業を実施予定である。さらに，連邦内務省の「スマートシティ・モデルプロジェクト」の一環として，デジタル技術を活用したエネルギーシステムの構築を目指している。

一般的にデジタル化の効果は見えにくい。このような都市空間の新設・刷新を象徴的なプロジェクトにすることで，企業・産業関係者を中心とした幅広いレーゲンスブルク市民にデジタル化の意義と目的を共有してもらう効果は大きい。

図表2－17　Prinz-Leopold-Kaserneの開発予定地

（出所）"Stadt Regensburg, Stefan Effenhauser"

3　熱源水として，従来よりも温度の低い70℃の温水を省エネ化の進んだ建物に供給する熱供給システム。低温の温水を利用するので，エネルギー効率が高い。また，温水を加熱する際に，様々な再生可能エネルギー源を利用することができるので，温暖化ガス削減にもつながる。

③ クライメートニュートラルの実現へ

忘れてならないのは，レーゲンスブルク市は人口が増加している成長都市であるということだ。それゆえエネルギー消費量も急増しており，エネルギーの生成及びその消費に伴って発生するCO_2排出量を削減していくのは極めて困難な道のりである。レーゲンスブルク市では，2021年に「Green Deal Regensuburg」という気候とエネルギーの戦略を発表したが，その中で次のような目標を打ち立てている。2030年までにCO_2（温室効果ガス）排出量を1990年比で65％削減，2030年に行政（自治体，自治体所有の財産，自治体出資の会社・組織など）のクライメートニュートラルを，そして2035年には都市全体のクライメートニュートラルを達成する，というものである。2030年から2035年の５年間に市の管轄資産から都市全体のクライメートニュートラルにまで到達するのは容易ではないが，野心的な目標を立て，それをクリアすることで市の経済に刺激を与えるのは，自立経済都市（圏）の地位を確立したレーゲンスブルク市ならではの方法だ。

他都市に比べて事業所・産業領域からのCO_2排出量のウエイトが高いこの市が，成長を実現しながらCO_2排出量を削減していくために，クライメートニュートラルの実行計画「エネルギーと気候の行動計画（APEK）」において，４つの戦略にターゲットにおいた取組みを進めるとしている。

１つは，都市開発において気候変動の適応とエネルギー効率を高めること，２つにはCO_2排出量の３割を占めるモビリティにおいて自転車交通など環境にやさしい交通手段のウエイトを高めること，３つにはエネルギー生産において再生可能エネルギーの導入を進めていくこと，４つには，エネルギー消費を抑えることで，そのためにエネルギー効率の悪い老朽化した住宅や建物の改修を進めること，が提示されている。レーゲンスブルク市は，再生可能エネルギーの施設を整備するだけの用地が不足していることから，市街地での供給拡張は難しい。したがって，都市開発・土地利用においてエネルギー効率の高い利用方法を導入し，空間内にグリーン及びブルーインフラを整備・導入するスペースを確保するなど，いわゆる空間的措置によってCO_2排出量を削減する施策のウエイトが高くなっている。実際，都市開発コンセプト「Regensburg Plan 2040」の中に，公共交通機関強化（自動車交通量の削減）や地区の高密度化（コンパクトシティに近い概念）とともに位置づけられている。

④　高生産性を有する都市（圏）の構図

レーゲンスブルク市は，20年以上の時間をかけて，製造業（輸送機器）からすそ野の広い本社企業を生み出すことで，市域全体で高い労働生産性を達成している。ドイツにおける自立経済都市（圏）「ローカルハブ」のロールモデルとみなされる都市である。そのようなレーゲンスブルク市におけるデジタル化戦略は，長年にわたって高い実績を上げている。（労働）生産性をいかに下げないか，という点を意識している。

ただ高い生産性を維持するのは容易ではない。この点は，レーゲンスブルク市の関係者も語っている。特に加工組立産業はグローバルレベルでのネットワーク化が進む分野であり，企業が経営上の判断で生産拠点をドイツ外に移設する可能性も否めない。このため，市はデジタル化により持続可能な社会や経済システムを実現し，都市に新しい風を吹き込みたいという願望を持っている。またこれ以外にも，中所得者向けの住宅の建設や既存住宅の改修を支援している。

生産性の高い要素が揃っている都市が，デジタルの力をどのように組み入れよ

図表２－18　レーゲンスブルク市の高生産性実現の構図

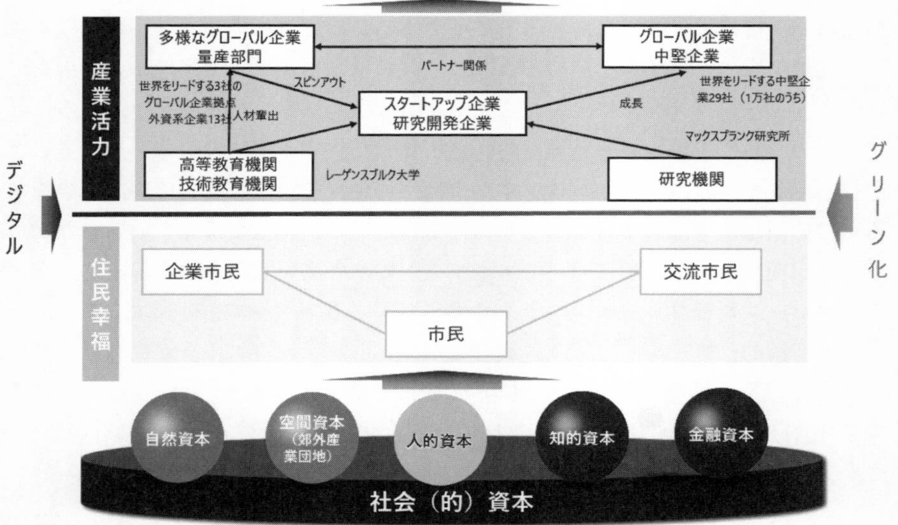

（出所）野村総合研究所作成

うとしているかは，日本の都市にとって参考になるだろう。特に重要なのは，スマートシティは都市の経済や産業の競争力を高めることだけに重きを置いていないという点だ。アンケートによると，スマートシティ戦略は成長戦略ではないと言い切っている。デジタル化の推進に市民を巻き込み，環境にやさしい都市開発を行い，公平で効率的な社会を作ることが真の目的であると市当局は回答している。既に生産性が高い都市では，市民の合意を得てさらなる発展したまちづくりを継続することが重要で，デジタル技術をその実現に必要な手段であることを明確にしている。

商工会議所（IHK）へのヒアリングによると，経済的な観点から行政に明確なスマートシティのKPI（重要業績目標）を定めるべきだとしている。今後デジタルと経済活性化，まちづくりを融合させた施策が展開されていくことだろう。

(3)－3　エアランゲン市　―医療・バイオ起点のイノベーションシティ―

図表2－19　エアランゲン市の概要

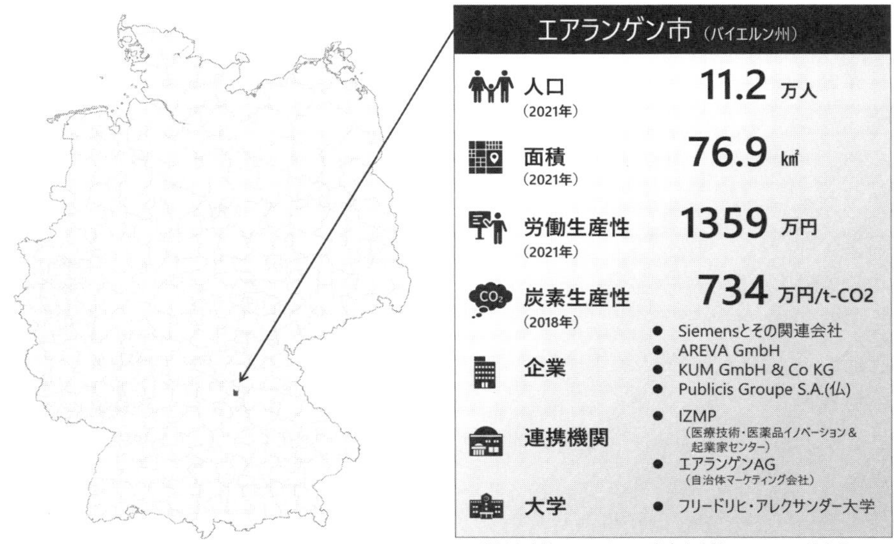

（出所）基礎地図：GADM maps and data，各種資料より野村総合研究所作成

図表２－20　エアランゲン市の中心市街地の風景

（出所）エアランゲン市より

①　生産性の高い構造

エアランゲン市は，ドイツのバイエルン州に位置する人口11.2万人の医療やエネルギー産業，大学・文教都市である。

この都市は，電機大手のシーメンス社と深いつながりを有している。その始まりは約100年前，シーメンス・ライニンガー・ヴェルク社が同地で事業を開始した時に遡る。だが，エアランゲンがシーメンス社の中心地となったのは，第２次世界大戦後のことである。東西に分断されたベルリンのソビエト管理地区近くで事業を展開していたシーメンス・シュッケルトヴェルク社は，他の都市への移転を急いでいた。その結果，すでにエアランゲンで事業を展開していたシーメンス・ライニンガー・ヴェルク社との合併が決定した。それ以降，シーメンス社の様々な部門がエアランゲン市に集約され，市の景観，そして社会経済の構造に大きな影響を与え続けている。

現在，エアランゲン市にはシーメンス社のエネルギー部門や医療部門，インフラ部門などが立地しており（総従業員数約23,000人），シーメンス社の世界最大の拠点となっている。特に医療関連企業のシーメンスヘルシニアーズ社は，エアランゲン市に本社を構えている。同社の工場は，コンピュータ断層撮影装置や医療機器，電車の車両や高効率ガスタービン，ハイブリッド車，電気自動車の駆動部の製造，そして充電技術の研究開発が行われている。また，最新式の建物管理ソリューションを導入した工場は「最高の工場」として，ドイツ国内の複数の賞を受賞している。

シーメンス社は，今後もエアランゲン市を事業展開の拠点とする予定であり，

2030年までには市の南部郊外の新興開発区に移転を計画している。その新地区は「シーメンス キャンパス」と名付けられ，54haの広さを有する。そこでは最先端のオフィスや住宅，そして広大な緑地が整備される予定だ。その建設は7段階に分けて行われ，第1区画は2022年に完成した。シーメンス社は，その新たな開発地で自社の持つ技術を駆使し，クライメートニュートラルの実現を目指しており，そこで得た知見を他の都市開発にも活かすと発表している。

図表2－21　シーメンスキャンパスの概要

（出所）エアランゲン市より

さらに，エアランゲンには，フリードリヒ・アレクサンダー大学が存在している。エアランゲン及びニュルンベルクキャンパスの学生数は約4万人である。この大学はシーメンス社，医療機器メーカー，さらにエネルギー系ベンチャー企業との共同研究を積極的に進めている。

この大学は，シーメンス社にも人員を輩出しているほか，この大学の人材確保を目的にエアランゲン市に立地する企業もある。

エアランゲン市は，シーメンス社及び関連する大手企業の高い生産性で支えられているのだが，その生産性を支えるために，スタートアップ企業・ベンチャー企業が創業・成長できるエコシステム（装置）が備わっている。すなわち，エアランゲン市にあるマックスプランク研究所，フランフォーファー研究機構の実証実験施設などが，当該地域において事業化を志向する企業の事業活動を支援する仕組みとなっている。またいくつかのスタートアップ企業は，例えば新薬開発などに成功した場合，シーメンス社等大手企業に買収されることを条件に，資金（株の取得も含め）や人材をシーメンス社等から提供してもらう契約を結んでいるところもある。

② これから力を入れるエアランゲン市のデジタル戦略

一見すると驚きかもしれないが，エアランゲンのスマートシティへの挑戦は，後発のためにドイツ全体と比べて大幅に遅れをとっている。IT 業界団体 Bitkom の調査によると，エアランゲンのスマートシティプロジェクトは，人口10万人以上の81都市中，54番目の評価に留まっている。現在進行中のデジタル化の取組みをみてみる。行政領域では，オンライン市民サービスの導入を進めている。IT インフラ基盤領域では，ブロードバンドの整備に注力している。またエネルギーと環境の領域では，スマート IoT リサイクルボックスの実証試験を行っている。ここで言うスマート IoT リサイクルボックスとは，IoT センサーを内蔵した古紙回収のゴミ箱を使用し，ゴミ回収のタイミングを把握し回収ルートを最適化するものである。

③ 力を入れるクライメートニュートラル戦略

デジタル化と対照的に脱炭素に向けた戦略は極めて先進的で実効性のあるものだ。2019年5月，エアランゲンはバイエルン州の自治体として初めてクライメートニュートラルを宣言し，気候保護が最優先課題であることを明確にした。事前調査「気候緊急事態」の調査結果を受け，市議会は2020年11月に，1.5℃目標を遵守し，2030年までにクライメートニュートラルを達成することを決定した。気候保護に積極的に取り組むため，市当局は「至急に取り組むべき52の対策」を策定した。

2022年のロシア・ウクライナ戦争の勃発により，気候保護だけでなく，エネルギー政策の推進も重要視されるようになった。天然ガスは，長きにわたり，移行期の技術として受け止められていたが，調達可能量が限られていることもあり，産業界，一般家庭，ひいては社会全体の危機感が高まっている。このため，今後さらに迅速に化石燃料への依存から脱却していかなければならない。このような背景により，市議会は，クライメートニュートラル達成に向けたプロセスに関する最終報告書（41の施策が記載）を受け，2022年10月にさらなる取組みを決めた。それは2023年にCO_2排出量の迅速かつ大幅な削減を確実なものとするために，14の施策（12のパイロット施策と２つのその他施策）をスタートさせることである。2030年のクライメートニュートラル達成は非常に困難な道のりであり，自治体，産業界だけでなく，市民，社会全般の協力が必要不可欠である。そのため，地域の活動家，協会，学術界（学識経験者），企業，行政等気候変動の専門家で構成された有識者会議の他に，無作為に選ばれた市民評議会を設置して検討を進めたことが特徴である。ちなみに両会議の意見を踏まえ市議会が戦略策定の意思決定を行った。

エアランゲン市における2019年のCO_2排出量は89.2万トンであるが，その内訳は，運輸部門が全体の39％に相当する35.2万トン，事務所・商業・サービス部門が24％（21.1万トン），家庭部門が22％（19.5万トン）の順となっている。産業部門は12.2万トン（14％）と相対的に低く，自治体関連施設はわずか1.2万トン（１％）に過ぎない。

これらの排出量削減に向け，エネルギー，建物，モビリティ，食料及び建物及びその共通分野ごとに主要戦略が策定されている。大きくエネルギー転換，建

図表２－22　エアランゲン市のクライメートニュートラルに向けた部門別戦略

	主な対策
エネルギー供給	・石油とガスによる暖房すべてを廃止 ・地域暖房の導入に伴いガスを段階的に廃止 ・ヒートポンプと地域暖房を熱供給のベースとする ・太陽光発電の導入を年間14MWpに拡大する
建物	・エアランゲンの全建物の10％を毎年改修する ・改修の程度は，最低でも建築物のエネルギー効率基準70（KfW70）をクリアする ・効率性と省資源性に優れた新しい建物を建築する
モビリティ	・公共交通機関の需要を４倍にする ・自家用車を75％削減し，100％電気駆動とする
食物と消費	・包括的な共有インフラ（シェアリングインフラ）を構築する ・気候と環境に優しい食物
部門間を超えた施策	・2030年までにクライメートニュートラルを達成することを浸透させる ・実施に必要となる十分な熟練労働者を確保する ・アドバイスやサポートを通じ，社会的かつ公正な実施を確保する ・インセンティブ，広報，市民参加

（出所）エアランゲン市資料より野村総合研究所作成

物・建築物の改修，そしてアドバイスや広報の活動が中心になっていることがわかる。

自治体が自ら排出量を削減してクライメートニュートラルを実現する役割は小さいと思われるが，自ら所有する設備あるいは出資する公営企業の再生可能エネルギーへの転換を進めることでクライメートニュートラルに貢献することを狙っている。

エアランゲン市では，30.5万 m^2計143の建物を保有している。地域冷暖房に占める割合は44%であるため，建物の地域冷暖の再生可能エネルギー化を進める必要がある。建物の改修率年間12%という目標に向けて，改修を急ピッチで進めることとしている。

もう1つは，シュタットベルケ（自治体のインフラ・エネルギーを担う公益事業体）だ。エアランゲン市の公営部門の CO_2排出量は市全体の約20%を占めており市内の約11.4万人に電気，熱，天然ガス，水を供給している。地域の冷暖房供給全体の脱炭素化をする必要があるが，シュタットベルケはその中心的な役割を担っている。シュタットベルケエアランゲンは，エアランゲン市が100%の株主であるため，行政としてシュタットベルケを通じて，エネルギー部門の再生エネルギー転換を通じてクライメートニュートラルに貢献しようとしている。

アドバイスやインセンティブを通じて排出削減を実施する効果が大きいことがわかっている。2022年のエネルギー環境研究所（Ifeu）によると，エアランゲン市の排出量のおよそ3分の2の約68%がアドバイスやインセンティブによって削減される可能性があることを示している。エアランゲン市自身もやや控え目であるが25%～40%の削減が自らの働き方によって実現できると考えている。

これらのクライメートニュートラル施策に要する費用は，幅があるものの，年間1.74億ユーロ（人口1人当たり1,550ユーロ）から6.06億ユーロ（同5,400ユーロ）になると予想されている。このうち収入を差し引いた追加費用は，2023年時点では約2,300万ユーロだが2027年には6,400万ユーロに拡大する見込みだ。そのため，例えば自動車交通を減少させるために，駐車場料金を引き上げるなど CO_2排出削減と市収入の増加を両立する施策を盛り込んでいる。

長期にわたって計画的に施策を実行し，その状況をモニタリングすべく，エアランゲン市では気候予算という枠組みを作った。これはドイツの自治体では初である。前年度の CO_2排出量，今年度及び将来の CO_2排出量の予測を盛り込み，計画された気候保護計画の目標達成に必要な投資予算，必要な人員，人事，実施スケジュールが示されている。実際，2023年に取り決めた14の施策を実施するためには，31人の職員が必要となるが，17.5人の職員を配置する予算を承認した。

このようにエアランゲン市という自立経済都市（圏）が，国，州よりも前倒したクライメートニュートラルの目標を掲げ，それを都市レベルで展開し，機動的に予算化していることは大いに注目すべきであり，日本の脱炭素地域の取組みにも重要な示唆を与える。

④　高生産性を有する都市（圏）の構図

エアランゲン市は，医療系の名門フリードリヒ・アレクサンダー大学と，医療系のシーメンスヘルシニアーズ社の“ビッグツイン”で発展してきた街である。ただ通常の企業城下町と異なり，起業の力・創業のエネルギーを都市内で生み出すエコシステムを創り上げている。そのため，常に新たな事業が生まれ，それを取り込むことでシーメンス社他グローバル企業の競争力も維持（向上）できる効

図表２－23　エアランゲン市の高生産性実現の構図

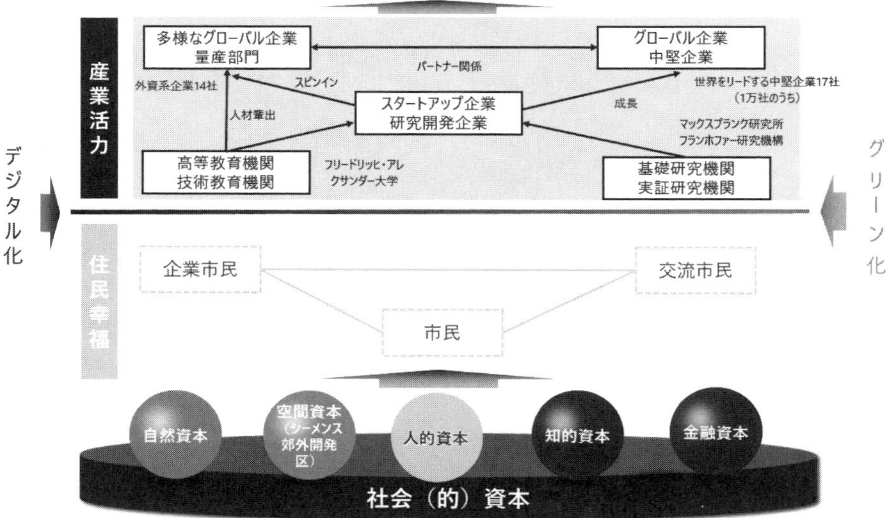

（出所）野村総合研究所作成

果的な仕組みができている。デジタル化や脱炭素化についても，シーメンス社などを中心とした民の取組みが都市全体に波及していくものとみられる。シーメンスというグローバル企業の力が強い都市において，イノベーションをデジタル化によってどう加速化させていくか，エアランゲン市の今後の取組みは注目に値する。

(3)－4　ミュンスター市
—デジタルとサステナビリティでサービス業中心の生産性向上を狙う—

図表２－24　ミュンスター市の概要

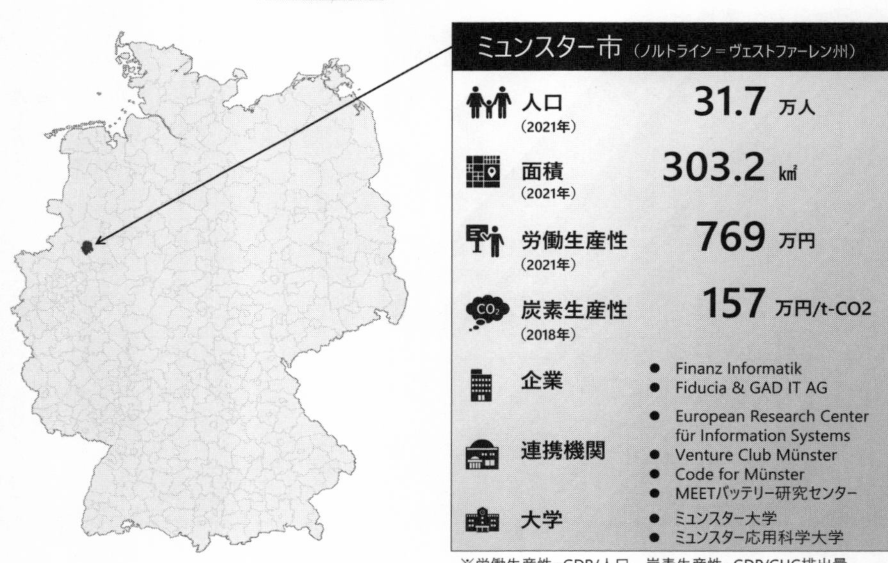

ミュンスター市（ノルトライン＝ヴェストファーレン州）
人口
（2021年）
31.7 万人
面積
（2021年）
303.2 ㎢
労働生産性
（2021年）
769 万円
炭素生産性
（2018年）
157 万円/t-CO2
企業
Finanz Informatik
Fiducia & GAD IT AG
連携機関
European Research Center für Information Systems
Venture Club Münster
Code for Münster
MEETバッテリー研究センター
大学
ミュンスター大学
ミュンスター応用科学大学
※労働生産性=GDP/人口　炭素生産性=GDP/GHG排出量
※企業，連携機関，大学は主要なもの

（出所）基礎地図：GADM maps and data，各種資料より野村総合研究所作成

①　研究・サービス業を中心とした高生産性を維持している

ミュンスター市は，2021年時点で人口31.7万人を抱えるノルトライン＝ヴェストファーレン州の群独立市（群から独立した行政権限を有する都市）である。大学や研究機関の活動が目立ち，中規模の中心都市としての存在感を示している。その都市としての特性は，サービス業中心になっている点にあり，「ノルトライ

図表２－25　**ミュンスター市の都市景観**

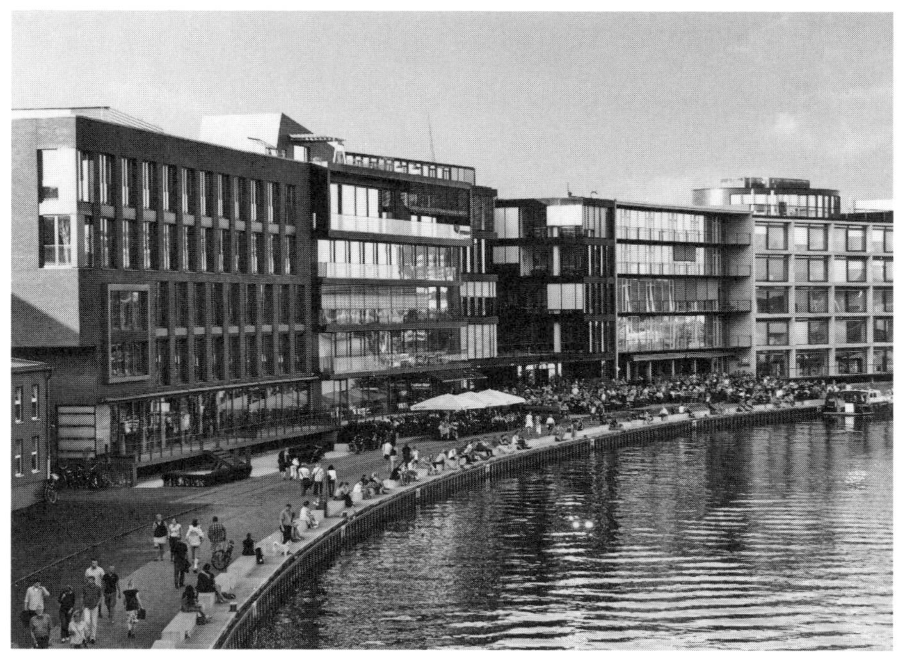

（出所）ミュンスター市より

ン＝ヴェストファーレン州のデスク」と称されている。2021年度の粗付加価値額（GDP に相当）は約188億ユーロで，そのうち87.7％がサービス部門から生まれている事実が，その証となっている。

経済動向としては，ミュンスター市及びその周辺地域は好調を保っている。約6.6万人の学生は，そのほとんどが市内で就業できている。2022年度のミュンスターの平均失業率（4.4％）は，ノルトライン＝ヴェストファーレン州全体（6.8％）に比べて低い。

ミュンスター市の最大の特徴の１つは，レーゲンスブルク市やエアランゲン市などにみられる大手の産業系グローバル企業の存在ではなく，中小・中堅企業が主体となっていることである。その中心的存在となっている企業は以下のとおりである。

・BASF Coatings GmbH（BASF の塗料部門）

・Brilliant Lacke- und Farbenwerke（塗料）
・Westfalen AG（ヨーロッパでガソリンスタンド事業を展開する企業）
・Hengst SE & Co. KG（自動車用フィルターとフィルターシステムのメーカー）
・Armacell（断熱材メーカー）
・Agravis Raiffeisen AG（ドイツで重要な役割を果たす農業分野の商社）

市の主要企業である Finanz Informatik 社は，2008年に Sparkassen Informatik 社と FinanzIT 社が合併して誕生した貯蓄銀行向けの IT サービスプロバイダーである。本社はフランクフルトに置かれ，2021年度の売上は21.7億ユーロを記録した。

また，Fiducia & GAD IT 社は，1924年にカールスルーエ市で設立された銀行の会計・コンサルティング会社である。初めはバッチ処理システムを導入していたが，そのノウハウを活かし，他のビジネス支援に乗り出した。その後2021年に GAD IT 社と合併し，公共機関や民間企業への IT サービスの提供を開始し，結果，2020年度の売上高は13.7億ユーロを上回った。

European Research Center für Information Systems 社は，2004年にヴェストファーレン・ヴィルヘルム大学ミュンスター内に設立された研究施設であり，アプリケーションシステムを中心に国際共同研究ネットワークを構築している。その一方で，新進企業家と投資家のマッチング，スタートアップコンテストの企画など，技術の創出とその実用化にも力を注いでいる。

ミュンスター周辺では，ベンチャークラブミュンスターやコードフォーミュンスター等の新たなビジネスネットワークや，デジタルハブ・ミュンスターランド等がある。これらはデジタル化を追求するスタートアップを支援するプログラムとして存在しており，地域経済の活性化に寄与している。

② 広範かつ綿密に設計されたデジタル戦略

ミュンスター市がデジタル化を検討し始めたのは，今から５年前の2018年のことである。その年の３月，市議会がデジタル戦略と市のチーフ・デジタル・オフィサー（以下，「CDO」という）の役職を創設することを承認した。2018年後半，市議会がスマートシティミュンスターに関する公開対話イベントを開催させるよう行政に申し入れ，行政中心のチームが戦略の策定に取り組むこととなった。議会が行政を動かすという流れは日本ではそれほど見かけないものである。2020年の５月になると，CDOを中心にスマートシティ担当室（コアチーム）が設立され，連邦政府の「スマートシティ憲章」を参考に初めての戦略（戦略ベータと称する）が策定された。その翌年の2021年５月には，連邦住宅都市開発建築省（BMWSB）の助成事業「スマートシティモデルプロジェクト」に選出され，６月にはミュンスター市の都市計画及び都市開発委員会が暫定戦略（戦略ベータ）を認可した。続いて６月９日には市庁舎で市民と基本戦略に関する対話が行われた。

スマートシティプロジェクトは，2022年から2026年までの４年間にわたって行われる予定で，その工程はフェーズＡ（戦略策定期間：2022年～2023年）とフェーズＢ（戦略実施期間：2023年～2026年）の２つに分けられている。期間中の2022年から2023年の間に「スマートシティ戦略1.0」の策定が行われ，これには改訂版を基にした拘束力のあるものにすべく，市民や社会関連組織，行政などが協力し，スマートシティを実現するための課題・ビジョン・目標・対策が検討されている。主な戦略分野ごとの内容をそれぞれ示したい。

まず，行政分野では，ジオ・ポータルというウェブサイトによって，幅広い地理情報を提供している。この成果は，デジタル技術の活用により，多様な行政サービスを市民に提供し，その利便性を向上させる努力の一環である。同じく，opendata.stadt-muenster.deというオープンデータポータルは，ミュンスター市やその周辺地域における重要な「データプール」に発展しつつある。

環境，エネルギー・気候分野では，環境保護とクライメートニュートラルが重要なキーワードとなっており，その達成のためデジタル化を推進している。具体的には，環境にやさしいモビリティ，エネルギーや熱の有効利用，水道事業の効率化といったものである。

モビリティ分野では，ミュンスター市が目指す都市形成には，市民の快適なモビリティが不可欠との考えが反映されている。「統合都市開発コンセプト2030」には，その実現に向けた様々な策が盛り込まれており，一部は既に実施されている。具体例として，「LOOPmünster」という巡回交通サービスや，自転車利用者向けの新型信号機「Leezenflow」の試行が挙げられる。そして現在，一貫性を保ちながらモビリティマスタープラン2035＋に基づく新たなプロジェクトが進行中である。

住まいと暮らし分野では，ミュンスター市では学術的な活動が活発で，環境保全やライフスタイルを重視している。市内中心部や地域の商業にデジタル化がどのように影響を及ぼすか，また近隣開発にデジタル化の機会をどう活用するのかは大変重要な課題である。しかし，それが地域のライフスタイルを尊重したものでなければならない。ドイツ各都市で住宅不足が深刻化する中，ミュンスター市でも住宅の量的拡大に取り組むことが求められている。このため，市内旧ヨークとオックスフォードの兵舎跡地に住宅地を造成する計画が進行中である。

市民参加・文化分野では，市民参加型の都市開発を推進している。その一端として，デジタル技術を利用した市民参加の仕組みづくりが進められている。具体的には，2020年11月17日に初めて開催されたウェブ上のフォーラム「町づくりへの参画，もっとデジタルで考える」や，「MÜNSTERHACK」と題したイベントにより市民のコミュニティ形成を図る取組みがなされている。これらの動きは，市長の Markus Lewe 氏が後援者となることで，市民にとってより共感しやすいものへと深化している。

ミュンスターの経済は好調ではあるが，将来にわたって事業立地を継続的に開発することが重要となる。経済・学術分野では，特に，新興企業や若い創業者が，デジタル技術を用いて持続可能な社会づくりに取り組むことを期待している。また，通常は独立して事業運営を行う企業が，共通の利益を求めて連携している。MEET バッテリー研究センター（ドイツを代表するバッテリー研究施設）は，その優れたクラスター形成により，ミュンスター市の経済資源を産出する重要な拠点として機能している。

③　デジタル化に先行し CO_2削減に向けた広範な取組みを推進

ミュンスター市がCO_2削減に乗り出したのは，現在から30年近く前の1990年代であった。その後，2008年には2020年を目標年とする CO_2削減目標を設定し，脱炭素政策の推進に一層力を注いできた。その取組みは，2016年に European Energy Award の金賞を受賞するなど，欧州全体から見ても高く評価されてきた。近年では，地域特性の調査を徹底的に行い，それに基づく広範な分野でのCO_2削減策を進めることで，早期のカーボンニュートラル達成を目指している。これは，学術・研究都市であり，サービス拠点都市でもあるミュンスター独自の先駆的な取組みである。その活動は国内外から多くの視察や研究活動の要請を呼び，その結果，市の経済や生産性の向上に一定の貢献をしていると見られている。以下では，５つの視点から取組みの概要を整理する。

まず，建築物及び地域分野では，４つの戦略的プロジェクトと１つの市民プロジェクトが進行中である。これらは既存の建築物の省エネ改修工事に関する知識を広め，助言を強化し，地域の省エネ改修工事を展開している。また，新築の建築物に対しては高い省エネ基準を適用し，カーボンニュートラルな行政を推進。市役所や学校などの公的機関の建築物では，通常の省エネ基準よりも厳格な基準を適用し，省エネ改修工事を順次実施している。

エネルギー供給及び再生可能エネルギー分野では，５つの戦略的プロジェクトと３つの市民プロジェクトに取り組んでいる。具体的には，太陽光発電の導入計画の立案，同発電の候補者との契約，地域暖房の拡大と都市部での熱供給の増進，さらには熱供給計画の策定とエネルギーパークの建設推進などである。

モビリティ分野では，２つの戦略的プロジェクトと３つの市民プロジェクトが実施されている。コンセプトの策定と公的機関の車両を電気自動車へ順次転換を行っている。

仕事及び経済活動では，２つの戦略的プロジェクトが進行中である。産業，商業，サービス部門におけるエネルギー効率の改善を目指す助成金プログラムと通信網の拡大強化を推進している。

ライフスタイル及び充足性では，４つの戦略的プロジェクトを行っている。社会への広報活動，市民ネットワークの活性化，市民プロジェクトの支援，そして12世帯への特別プロジェクトである。この特別プロジェクトでは，12世帯が１年間，省エネ生活を実践し，二酸化炭素排出量の削減効果を測定する市民プロジェクトで，文字どおり12のプロジェクトが進行中である。

マスタープランのプロセス管理及びコントロールでは，３つのプロジェクトがある。それぞれ，プロジェクトポートフォリオ管理システムの導入，気候とエネルギーのためのコーディネーター事務所 KLENKO の設立，2020年から2030年までの行動計画の策定が盛り込まれている。

④　高生産性を有する都市（圏）の構図

ミュンスター市は，行政・管理機能，研究開発機能を中心に経済発展をした都市である。ドイツ南部地域の高生産性都市が製造業起点のものが多いのに対し，研究やサービス支援といった機能起点で自立経済を築き上げた点に特徴がある。その経済を加速化するために，デジタル化及びグリーン化を精力的に進め，市の経済・産業全体に“力”を注入しようとしている戦略は，日本の県庁所在都市でサービス業の一定の集積がある都市にとって参考となる。

図表２－26　ミュンスター市の高生産性実現の構図

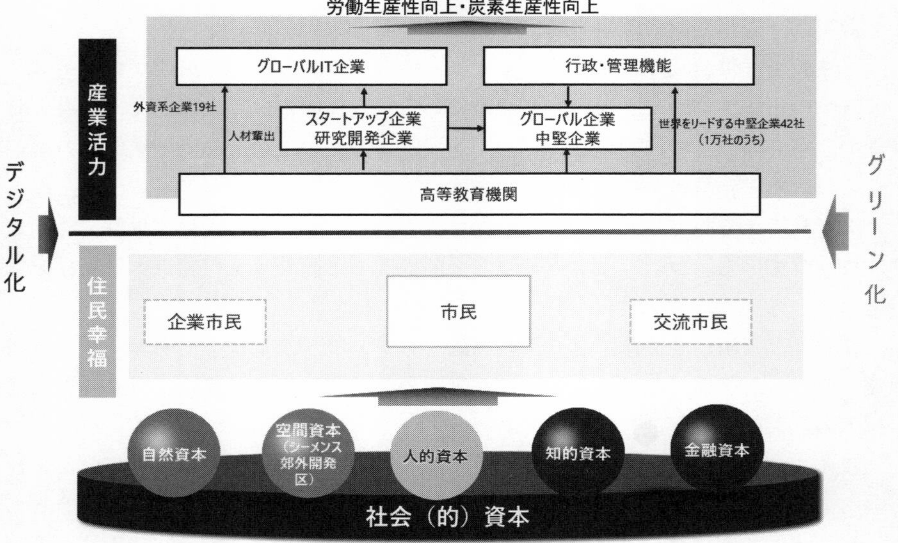

（出所）ミュンスター市各種資料，ヒアリング等より野村総合研究所作成

(3)－5　コーブルク市
―小規模ながら，金融・製造・サービスのバランスが取れた高生産性都市―

図表2－27　コーブルク市の概要

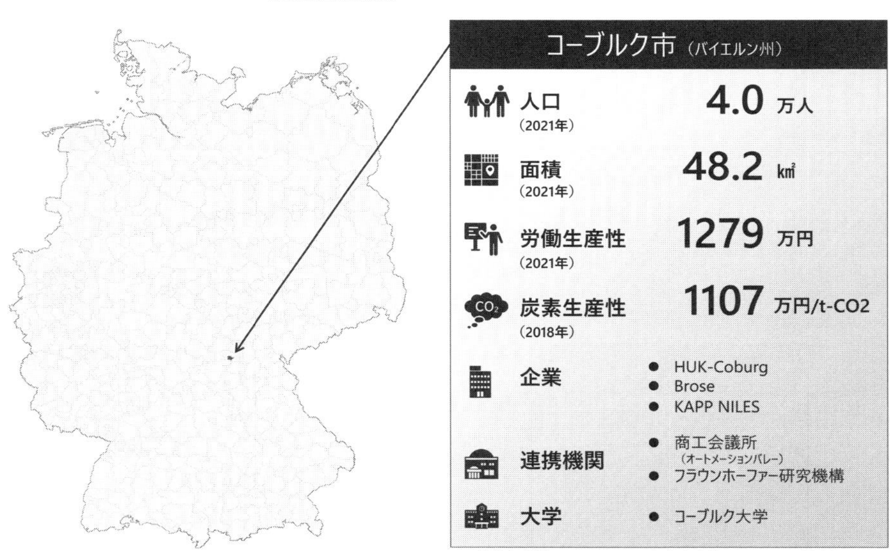

コーブルク市（バイエルン州）
人口（2021年）4.0 万人
面積（2021年）48.2 ㎢
労働生産性（2021年）1279 万円
炭素生産性（2018年）1107 万円/t-CO2
企業
HUK-Coburg
Brose
KAPP NILES
連携機関
商工会議所（オートメーションバレー）
フラウンホーファー研究機構
大学
コーブルク大学
※労働生産性=GDP/人口　炭素生産性=GDP/GHG排出量
※企業，連携機関，大学は主要なもの

（出所）基礎地図：GADM maps and data，各種資料より野村総合研究所作成

①　労働生産性の高い背景

バイエルン州・コーブルク市は人口わずか4万人（2021年）でありながら，1人当たりGDPは，ドイツ400都市圏の中でもトップ10に常に入る高生産性都市である。高生産性を実現している理由は2点ある。1つは，金融業と製造業の2つの領域で，コーブルク市に本社及び重要拠点を有している企業があることだ。1つはHUKコーブルク社だ。この会社は，コーブルク市で創業した損害保険会社である。当時は地方都市に本社を置きながらも，労働集約型の保険営業で実績を積み，近年ではICT・ネット販売に重きをおいて効率的に保険営業実績を伸ばしてきている。もう1つはブローゼ社というシンガポール系製造業企業の重要拠点もある。この二大企業が，コーブルク市においてハイレベルの雇用の多くを提供している。

図表2－28　コーブルク市の中心広場（左）とHUKコーブルクの本社建物（右）

（出所）野村総合研究所撮影

②　生産性を維持している2つの戦略

ゴーブルク市は，グローバル企業の活動が市内経済に組み込まれているのだが，このような要素だけで1人当たり生産性を高いレベルで維持することは難しい。コーブルク市は，人口が極めて小さい都市であることに加え，レーゲンスブルク市やエアランゲン市にみられた研究開発，インキュベーションを支える基礎研究施設，応用実証研究施設も多く立地していない。そのため，製造技術，要素技術を中心に，新しい事業の種を次々と生み出せる状況にない。ではどのように1人当たり生産性の高さを維持しているのか。それは，付加価値の高い新しい事業を生み出すのではなく，その時代時代に即した高い生産性を持った産業に転換・更新し続けることだ。コーブルク市は，産業の新陳代謝を地域全体で支援・応援する基盤が整っているのである。

高い生産性を維持し，高めるためのコーブルク独自の仕組みが主に2つある。1つは，ターゲットを明確にした経済持続化戦略である。コーブルクは，新しい事業を次々と生み出すことや，大規模な企業誘致をする戦略を前面に押し出してはいない。あくまでもコーブルクは，市域で活動する既存事業者の競争力を維持する戦略に絞っている。そのためには，時代が要請する業種へとスムーズに展開してもらうための施策を常に考えている。例えば古くから家具の製造を手掛けた手工業者の業績，生産性が落ち込んでいるとする。この場合家具業のまま再生を図るのではなく，例えばバルブメーカーとして再生を図り，またデジタル化の加速化を見越し，センサーメーカーへと生まれ変わる，このような事業変革を後押しする戦略や支援策を講じてきた。体力のある大企業・グローバル企業であれば，時代の要請にあわせて，あるいは先取りして事業の多角化で対応すればよいが，コーブルク市内に多く存在する中小・中堅企業の場合はその体力も乏しい。そこで，経営者には業態変革のノウハウを伝授し，一方で従業員は定年時を契機とした新規・中途採用者によるスキルの入れ替え，既存従業者の再教育を組み合わせ，企業体質そのものを変えることを指導・支援している。ここまで述べて疑問が湧く。どのようにコーブルク市に新規の従業者（就職希望者）を呼んでくるのか。同市は，徹底的にＵターン予備軍に呼びかけを行っている。もちろんＵターン人材以外の人材誘致戦略を講じているが，「コーブルクの魅力」と称されるコンパクトにまとめた冊子を作成し，徹底的なマーケティング戦略を実施しているのが印象的だった。このような戦略を継続的に実施しているのが，コーブルク市の経済振興公社だ。コーブルク市の商工部局の外局であり，十数名の規模ながらも，経済，経営，IT，マーケティングなど経済・産業戦略を策定・支援するにふさわしい専門家を揃えている。さらに特徴的なのは，コーブルク市自体には経済商工部門は存在せず，すべてこの経済振興公社に吸収されているという点だ。コーブルク市の経済振興は，この経済振興公社とIHK（商工会議所）が連携しつつ担っている。

では経営者の事業転換教育，従業者の再教育をどのように実践しているのか。ここに２つ目の特徴がある。ホッホシューレという州立の高等職業訓練大学がその役割を果たしているのだ。ホッホシューレは，実務的研究をテーマとし，各種研究成果をいかに実際の事業や経営に役立てていくか，というコンセプトで運営されている。その整備・運営は，コーブルク市ではなく，所属するバイエルン州が行っている。学生数約4,890人（男女比率50：50），教員数約520人，予算は4,318万ユーロとなっている。指導者は，主に学識経験者と企業の経営者の双方で構成されている。経営者は，コーブルクに本社が所在し，事業変革の経験を有した経営者のOBも含まれている。教員に非常勤講師のウエイトが高いのもその背景がある。日本の高専や専門職大学と重なるが，技術と経営の双方を実務的に指導し，対象分野も最先端（デジタル等）かつ幅広いのが特徴である。

図表２−29　コーブルク市の高等職業訓練大学の概要
（左：校舎，右：学科・カリキュラム）

学　士
・建築＆デザイン（建築士，省エネ等） ・社会労働と健康（統合検討，国際社会労働等） ・技術と情報学（ロボティクス，バイオ，自動車工学，機械工学，電気工学，エネルギー工学等） ・経済学（経営，産業，保険等）
修　士
・建築＆デザイン（記念碑保全，デザイン） ・社会労働と健康（健康促進，社会労働） ・技術と情報学（分析ツール，センサー技術） ・経済学（経営学，保険・金融マネジメント） ・学際（未来デザイン）

（出所）野村総合研究所撮影（左），ホッホシューレ資料より野村総合研究所作成

③　エネルギー領域と空間改善に重きを置いたカーボンニュートラル

２章の冒頭に示したが，コーブルク市は，ドイツの都市（圏）の中でも炭素生産性（付加価値額/CO_2排出量）が高い。これは2010年に統合気候保護コンセプト（IKSK）を策定し，2030年までに１人当たりCO_2排出量を2010年当時の年間11トンから2030年までに５トンまで削減する目標を着実に推進しているからである。ちなみに2020年のCO_2排出量は９トンであり順調に目標を達成している。

2020年時点のコーブルク市のCO_2排出量は約36.5万トンであり，最大の排出部門は産業部門（43％）で，家庭部門・運輸部門（各22％）が続いている。非製造業（保険業）の本社機能が立地するものの，全般的に製造業が多く集積していることが産業部門の高排出につながっている。このため，産業部門に提供するエネルギー部門の脱炭素化に重きが置かれている。例えば，市の電力と熱生成に関わる分野では，100％地域生産，100％再生可能エネルギーという長期目標が設定されている。そのための戦略的目標の第一番目にエネルギーの再生可能転換を進め，それに向けた市と地元企業による投資を拡大し，エネルギー転換にあたって市民参加を支援することが盛り込まれている。さらに空間的な対応も重視しており，新しい建設エリアや開発計画策定に際し，常に再生可能エネルギーや地産エネルギーの利用を心がけるとともに，資源を節約するエネルギーの使用を最優先するようガイドラインで定められている。また再生可能エネルギーと分散型エネルギーの利用を徹底するために，利用可能なスペースが限られているコーブルク市では，自治体間の協力・連携のもと，再生可能エネルギーを広域調達することも促している。

④　高生産性を有する都市（圏）の構図

コーブルク市は，デジタル化を強力に推進するというよりも，デジタル化に対応した事業の新陳代謝やそれを牽引するデジタル経営人材を域内で教育，伝承する仕組みを整えているという印象だ。

このような活動を継続していることで，コーブルク市は，人口５万人前後の規模ながら，ドイツトップクラスの高い生産性を維持する仕組みがあり，日本の小規模自治体にも参考にすべき点が多い。

図表２－30　コーブルク市の高生産性実現の構図

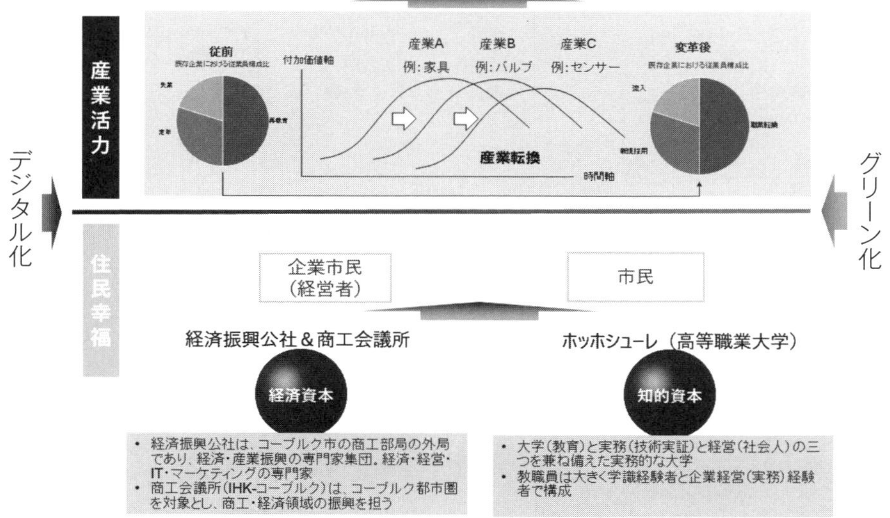

（出所）コーブルク市経済振興公社ヒアリング等より野村総合研究所作成

(3)−6　ハイルブロン市　―ハイテク産業中枢機能の集積で高い生産性を実現―

図表２−31　ハイルブロン市の概要

ハイルブロン市（バーデン＝ヴュルテンベルク州）
人口
(2021年)
12.6 万人
面積
(2021年)
99.8 ㎢
労働生産性
(2021年)
782 万円
炭素生産性
(2018年)
46 万円/t-CO2
企業
Unilever（Knorr）
Robert Bosch GmbH
Audi AG
Läpple AG
連携機関
IPAI
(イノベーションパーク人工知能キャンパス)
大学
ハイルブロン専門大学

※労働生産性=GDP/人口　炭素生産性=GDP/GHG排出量
※企業，連携機関，大学は主要なもの

（出所）基礎地図：GADM maps and data，各種資料より野村総合研究所作成

①　労働生産性の高い背景

バーデン＝ヴュルテンベルク州に位置するハイルブロン市は，面積100平方キロメートル，人口12.6万人（2021年）を擁し，物流や自動車産業，工具や機械，化学産業などが集積している典型的な産業都市である。私が以前「地方創生2.0」で紹介したこの市は，バーデン＝ヴュルテンベルク州の州都であるシュトゥットガルト市とマンハイム市/ルートヴィヒスハーフェン市のちょうど中間に位置している。発達した鉄道網や高速道路などの交通インフラの恩恵を受けて，近隣のマンハイム市やルートヴィヒスハーフェン市と同様に，第二次産業の割合が高い都市となっている。

しかし，ハイルブロン市は産業構造を多様化することを目的に，同市では初めての試みとして，2009年からテクノロジーパーク「Zukunftspark Wohlgelegen」の開発に着手している。自治体政府の子会社である wtz Heilbronn は，ネッカー川に隣接する新開発地区で先端技術産業や研究機関，IT サービスプロバイダを呼び込むために，大規模な開発事業に意欲的に取り組んできた。すでに23社がこの開発地に進出しているが，さらに企業を引き寄せるために，立地の利点をアピールしている。さらに2021年７月，バーデン＝ヴュルテンベルク州の大臣評議会は，同市にヨーロッパ最大の人工知能開発拠点（イノベーションパーク：広さ約23ha）を建設することを発表している。産業界や経済界で利用可能な AI 技術の開発を目指すことを目的とし，AI ベースのソフトウエア開発・研究，AI エンジニアの養成に取り組むことになっている。スタートアップ資金は，約１億ユーロであり，その半分を州議会，残りの半分をディーター・シュバルツ財団（小売業者シュバルツグループの親会社から資金を受けて設立された民間の教育支援財団）が提供することになっている。

このように製造業の高い生産性に甘んじることなく，世界最高峰の教育・研究機関の集積を通じて，デジタル・AI を通じた新しい付加価値の高い事業を生み出す方向に舵を切ったと言える。

図表２－32　イノベーションパークの構想図

（出所）©IPAI/MVRDV，Stadt Heilbronn より

②　デジタル戦略の推進へ

2017年７月には，都市開発及び未来課題対策のタスクチームがハイルブロン市

のデジタル化戦略「デジタルシティハイルブロン2030」を策定した。この戦略は2019年３月に「ハイルブロンのデジタル都市構想」として市議会により承認され，それにより連邦内務省や州政府の補助金プログラムに応募するための準備が整った。

「デジタルシティハイルブロン2030」は，大きく「教育及び学術都市」，「都市社会への参加」，「将来を見据えたモビリティ」という３つの重点分野を掲げ，それを支えるものとして「デジタルシティ－管理とインフラ」の戦略分野が位置づく構造である。その戦略には，現在までに行われてきた取組みのほか，2030年までに実施すべき15のプロジェクトが明記されている。

図表２－33　デジタルシティハイルブロン2030の体系

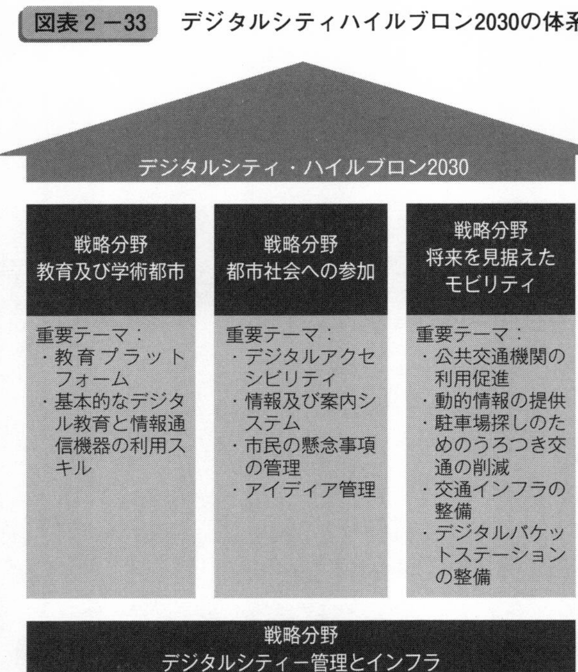

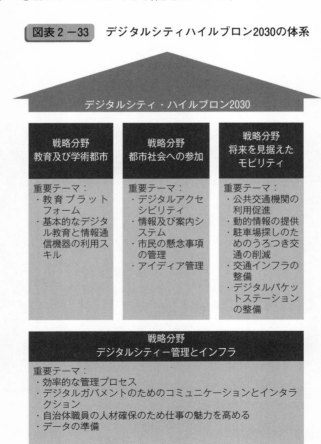

（出所）ハイルブロン市資料より

主な特徴について示したい。インダストリー4.0の推進に向けて，公的職業訓練の充実，デジタル知識の習得支援，スマートパーキング等，15のプロジェクトが推進中であり，これらの中で特に重要視されているのが「e-Akte（電子ファイル）」及び「Human Resources Marketing（人材マーケティング）」の２つである。

まず，" e-Akte"（電子ファイル）について見てみる。これは，2027年までに自治体政府内に電子ファイルを導入するという計画である。現場の利便性に合わせた使い勝手が重視され，活用領域の拡大を図ることが目指されている。

次に，「Human Resources Marketing」（人材マーケティング）である。これは，ハイルブロン市が高度な人材を引きつける魅力的な都市づくりに力を注いでいることが背景にある。職能訓練や人材育成といった重要課題に対して，各種プロジェクトが計画されている。

具体的には，求人ポータルの構築や地域ブランディングの確立による地元企業のイメージアップのための支援が主な取組みである。また，ハイルブロンのハイテク産業に従事するエンジニアの事例紹介，管理職要請プログラム及び管理職研修プログラムの支援も重視されている。さらに，Y 世代（1980年～1995年生まれの世代）や Z 世代（1995年以降の世代）の要望の把握と，同世代を対象とした文化・社会活動の提供が行われている。

この他にも IT の資格取得と職能訓練の支援，ソーシャルメディアを活用した情報発信，テレワーク推進のための普及活動（パイロットプロジェクト）など，幅広い取組みが行われている。

③　温室効果ガス削減の先ークライメートニュートラル

2020年，ハイルブロン市では，既存の（2010年12月に決議・承認された）気候保護基本計画に定性的・定量的な目標を加えることになった。これはドイツ連邦及びバーデン＝ヴュルテンベルク州のカーボンニュートラル目標年次に呼応したものである。その内容は，2023年までに持続可能な気候を重視した都市づくりを目指し，2030年までに行政のクライメートニュートラルを実現し，2050年までに都市全体のクライメートニュートラル達成に近づく，というものである。先ほど連邦・州の目標に呼応したと述べたが，実際は連邦・州の目標よりも前倒しで温室効果ガスのネットゼロを目指すものだ。この目標を達成するため，大きく建物・建築物のエネルギー消費を抑えること（そのための改修を進めること），再生可能エネルギーへの切り替えや導入拡大を進めていくことが重要である。CO_2排出量の割合をみると，エアランゲン市などと異なり産業部門の割合が相対的に高い（2015年で約32％）ことから，これらに供給するエネルギーの再エネ化を進めることが急がれる。ただ実際に効果が現れるのは運輸部門，家庭部門であることは他都市とあまり変わらない。

主な施策としては以下のとおりである。企業・産業界との丁寧な対話（コミュニケーション）を行うのは，産業領域でのCO_2排出量が相対的に高いハイルブロン市の特徴である。

- 建築物への太陽光発電の設置を拡大
- 未利用地への太陽光発電及びアグリ-PV の拡大
- 風力発電プラントの拡大
- 既存建物の省エネ改修
- 気候に優しい新しい建物
- 脱炭素化暖房ネットワークの拡大
- 運輸部門における温室効果ガス排出量の削減
- 行政部門におけるロールモデル
- 広報とコミュニケーション（市民協定と経済協定）

④　高生産性を有する都市（圏）の構図

ハイルブロン市は，農産物の集積拠点として発展し，世界に冠たるグローバル食品企業であるクノール社も輩出してきた都市である。しかしながら労働生産性の高さは，ポルシェ社，ボッシュ社などグローバルな輸送機械系，電気機械系企業の基幹工場が立地したためである。市はその拠点で集積してきた人材，その後世の人材に，ハイルブロン市で働いてもらえるような教育・啓発に熱心である。実際当地で新たな経営者が生まれている。デジタルやクライメートニュートラルの施策は，企業活動の水準を損なわず，当地の企業活動のイメージアップを後押しするものとして機能している。

図表２－34　ハイルブロン市の高生産性実現の構図

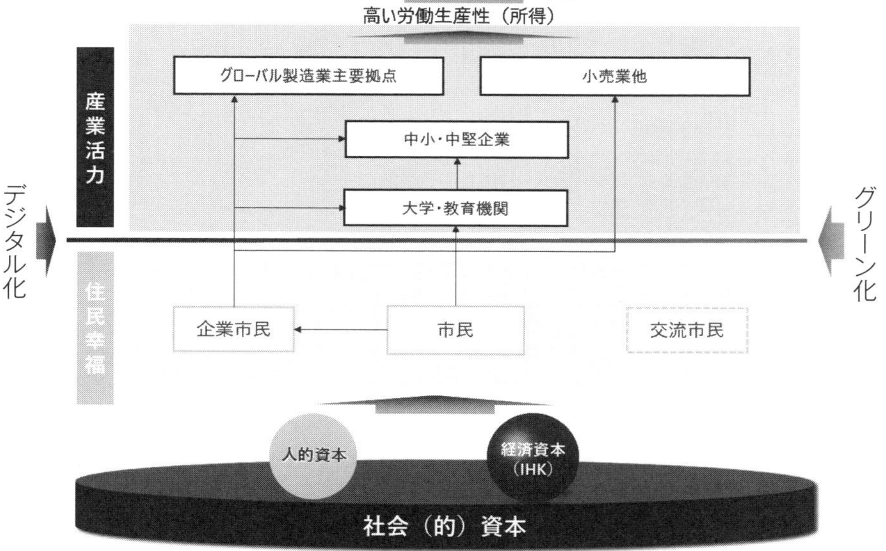

（出所）ハイルブロン市各種資料，ヒアリング等より野村総合研究所作成

（補足）食・農による拠点地域の取組み

ドイツには，農業を基盤としつつも高い生産性を持続している都市や地域がいくつも存在している。コンサルティング会社であるContorと雑誌Kommunalによれば，彼らは2021年に農業志向の中規模市町村（人口２万人から7.5万人の587コミュニティ）のランキングを公表した。この調査結果からは，農業が特に活発な市町村が多く，ノルドライン＝ヴェストファーレン州の大都市圏とニーダーザクセン州に分布していることが明らかとなっている。特に興味深いことに，トップ10の市町村中，６つはニーダーザクセン州に位置しているため，その結果，ニーダーザクセン州がランキングを席巻する結果となった。

ニーダーザクセン州にあるオルデンブルク・ミュンスターラント（Vechta郡やCloppenburg郡），エムスラント（Emsland郡。オルデンブルクからドイツとオランダの国境地帯に位置する西区）並びにアマーラット（Ammerland郡）は，その養豚，酪農，養鶏を中心とした畜産，飼料作物の生産，園芸（ツツジ苗）の

図表２－35　農業で成功している都市

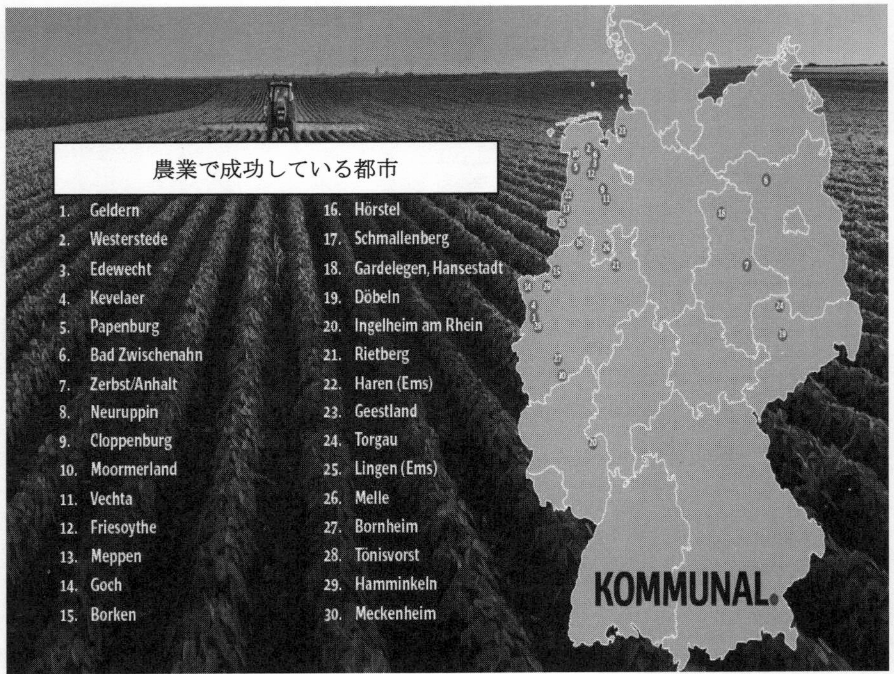

農業で成功している都市
1. Geldern
2. Westerstede
3. Edewecht
4. Kevelaer
5. Papenburg
6. Bad Zwischenahn
7. Zerbst/Anhalt
8. Neuruppin
9. Cloppenburg
10. Moormerland
11. Vechta
12. Friesoythe
13. Meppen
14. Goch
15. Borken
16. Hörstel
17. Schmallenberg
18. Gardelegen, Hansestadt
19. Döbeln
20. Ingelheim am Rhein
21. Rietberg
22. Haren (Ems)
23. Geestland
24. Torgau
25. Lingen (Ems)
26. Melle
27. Bornheim
28. Tönisvorst
29. Hamminkeln
30. Meckenheim
KOMMUNAL.

（出所）Web マガジン kommunal.de＜http://kommunal.de/＞＜https://kommunal.de/staedte-ranking-landwirtschaft＞

盛んさで知られている。

オルデンブルク・ミュンスターラントには，農業技術のシリコンバレーとする試みが存在し，飼料，種畜，飼養，屠畜，加工等，食肉加工のサプライチェーンを支える企業が集積している。この地域は農業の歴史的な豊かさから，食品加工業者が地域経済に大きな影響を与えてきた。このため，ここでは原材料に依存したクラスターが形成され，グローバル競争の進展に伴っても，そのクラスターが移動する危険性は低い。すでに，ドイツ国内外の大手食品加工業者が地元の中小企業を次々に買収し，生産規模を拡大している。新たに立ち上げられる企業，例えばバイオガスプラントのような施設も，この地を目指して立地を計画している。

こうしたクラスターを形成している市町村の発展は，PROGNOS 社による都市ランキングで確認されている。特に，オルデンブルクやエムスラント郡は，前回の調査から格段に順位を上げており，企業立地の魅力が増している。よって，農業のローカルハブとして，オルデンブルクの南部に広がるオルデンブルク・ミュンスターラントは，注目すべき地域である。

(4) ドイツ６都市の事例からわかったこと

事例で取り上げたドイツの都市では，デジタル化への取組み以前に高い生産性を生み出す仕組みを持っているため，デジタル化・デジタル戦略の重きは，①立地企業・産業にとって当該都市で活動する意義を認識してもらうためのデジタル投資，②地域（の企業）で生活する市民に認識してもらうための活動，③カーボンニュートラルやソーシャルレジリエンスといった地球環境上（クライメートニュートラル）・社会生活上の課題克服，に置かれていることがわかる。都市の発展において，課題が残されているところをデジタル化（DX）で補完する役割を期待しているのである。そのため，デジタルそのものを技術的に展開していくような話はあまり関係者から聞かれなかった印象がある。

またデジタル戦略推進全体にわたって，組織横断的にプロジェクトが推進できる体制整備に重点が置かれているとともに，戦略立案は行政内部人材，デジタル技術者などは外部人材で調達する方向も概ね共通している。分野は横断で，専門性はメリハリをつけた推進体制を構築しようとしていることがわかった。

3 デンマークにおける高生産性都市（圏）の概要とデジタル化等の取組み

(1) 複数の都市規模で高い生産性をもつ都市を有する

デンマークは，言わずと知れたデジタル大国である。DESI（欧州委員会によるデジタル経済・社会指数）は，2022年は惜しくもフィンランドに次いで第２位であったが，2021年まで３年連続 NO.1の称号を取得している。ただデジタル大国としての実績だけでない。国としての実力・競争力も高い。2021年度の１人当たり GDP は68US ドルであり，世界第９位であるものの，日本の１人当たり GDP（約33.8US ドル）の約２倍，北欧ではノルウエーに次いで第２位の水準である。

1人当たりGDP（労働生産性）が高いのは，分子であるGDP，分母である労働時間の双方に強みがあるからだと考えられる。GDP（の伸び）でいうと，力強いスタートアップ企業が多く生まれ育っていることが大きい。また労働時間でみると，ワークライフバランスが徹底され，デンマーク人の年間労働時間は1,563時間とOECD平均の1,739時間よりも短い。つまり，より少ない労働投入量で，高い付加価値額を生み出す社会経済構造が創られていると言える。端的に言うと，バランスがよいのである。

実はこのような国レベルの生産性の高さを支える要因としていくつかあるが，詳細はここでは述べない。むしろここで注目したいのは，デンマークの国の競争力は，地域・都市の生産性の高さに支えられているという点だ。

ドイツで示したように，デンマークでも都市別の人口・生産性の分布に特徴がある。労働生産性の高い都市は，大きく3つの都市規模グループそれぞれに存在するという点だ。1つは，全都市におけるコペンハーゲン都市圏（グレーターコペンハーゲン）のウエイトがダントツで高い。これは人口（約64万人：第1位）に加え1人当たりGDP（生産性）も約1,040万円でデンマーク全都市の中で4位

図表2－36　デンマーク自治体の1人当たりGDPと人口・増減率（2021年）

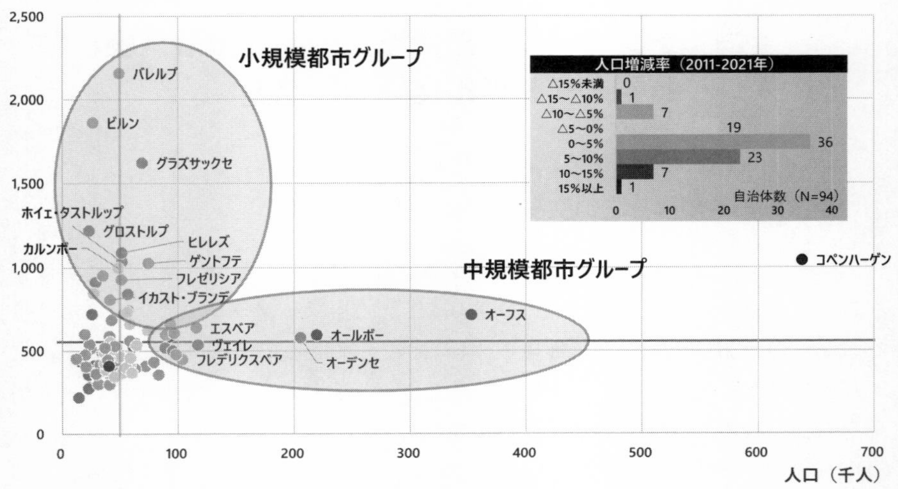

（出所）デンマーク統計局等資料より野村総合研究所作成

であり，主要都市圏（50都市圏）の中でも２位の水準だ。これは東京都及び東京23区が，日本の中で人口規模（そのシェアも），労働生産性，いずれも高いという都市分布構造と類似している。第２のグループは，コペンハーゲン都市圏以外の中核的な都市である。デンマークの各地域の中核的な拠点であるオーフス市，オーデンセ市，オールボー市は，人口20～30万人とデンマーク第２～第４の人口規模を有しつつ，１人当たりGDP（労働生産性）もデンマーク平均以上の500～600万円/人の水準を保っている。第３のグループは人口５万人前後の小規模都市である。通常このクラスの都市規模で高い労働生産性を有する都市はあまりないのが通例だ。しかしながらデンマークでは，このグループに高生産性都市が集中する。１人当たりGDPが全国平均を大きく凌駕する都市も10都市ほど存在している。

都市（圏）の構造をみると，ドイツにおいて20万人前後の都市（圏）で労働生産性が高い都市が10数都市ある点に類似している。数だけでなく，分布の形状も似ている点は新たな発見であった。

のちほど事例で紹介するが，人口20～30万人を擁する３都市については，社会

図表２－37　デンマーク都市別の労働生産性と炭素生産性（2021年）

労働生産性
１人当たりGDP（万円）

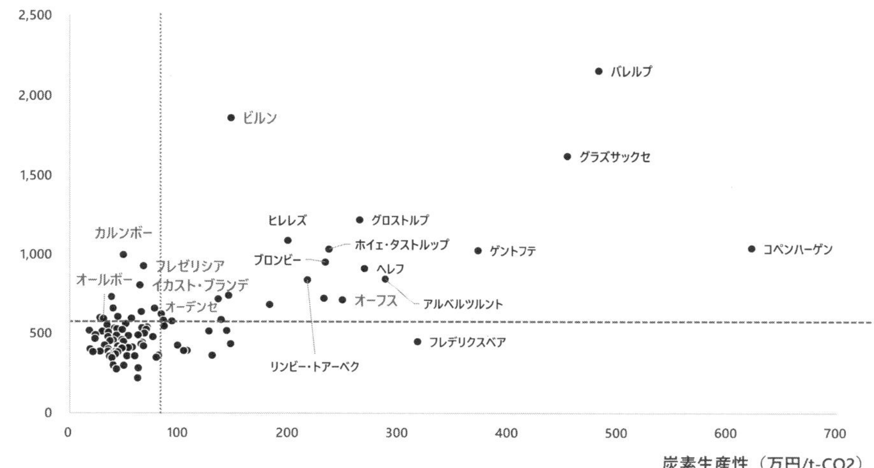

（出所）デンマーク統計局等資料より野村総合研究所作成

課題の研究と実証を軸にIT・デジタル・ロボット等の技術集約型産業の活性化を促している。また，それ以下の小都市については，グローバル企業の本社や重要生産拠点が存在し，それらが地域経済を牽引している構造がみてとれる。

もう1つの観点をみてみる。労働生産性と炭素生産性の関係である。この2つが両立してこそ，付加価値が高い産業が，気候変動への影響をなるべく抑えつつ実現されている都市であり，世界的にみて存在する価値のある都市として認められ，世界的にみたある種の「都市ブランド」を形成することになる。

デンマークの各都市について労働生産性と炭素生産性で示してみると，労働生産性が高い都市は，炭素生産性も高い傾向にあることが確認できる。ただし，労働生産性の水準が同一の都市でも，炭素生産性には一様に差が見受けられる。都市のスマート化が進んでいるコペンハーゲン市（大都市圏）は，デンマーク最大の人口規模を誇りつつ，労働生産性と炭素生産性の両方が高いという，他を圧倒する水準を示している。人口で第2位のオーフス市も，これら2つの生産性を両立させている。

図表2－38　デンマークで紹介する都市（圏）の概要

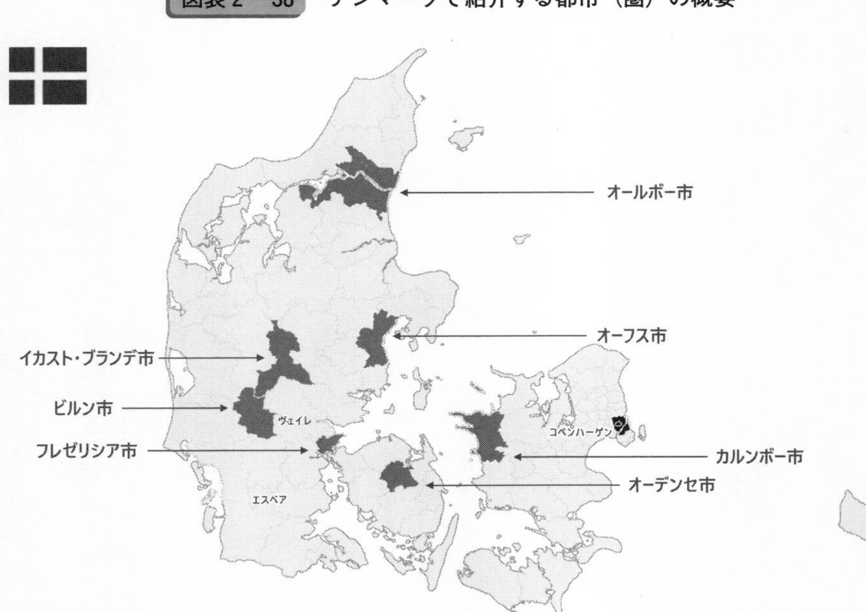

（出所）GADM maps and dataより野村総合研究所作成

しかし，反対にオールボー市，カルンボー市，イカスト・ブランデ市といった都市は，炭素生産性が比較的低い状況である。これらの都市は今後の取組みにより，脱炭素投資が進むことが期待され，それが労働生産性にも高まりをもたらす可能性を秘めている。地方圏の小規模都市の中で，特に労働生産性が高いビルン市は，炭素生産性も高いレベルを持ち，小都市の範疇で注目に値する存在といえるだろう。

ドイツと同じく，デンマークでも労働生産性及び炭素生産性の高い都市を選出し，その取組みを示していくというスタンスを取りたい。都市の特性を考慮に入れ，中規模都市（圏）と小規模都市（圏）という２つの視点から６都市の紹介を行う。

(2)　中規模拠点都市における取組み

ここでは，首都コペンハーゲン市（都市圏）に次ぐ人口規模を持つオーフス市，オーデンセ市，オールボー市の三都市について紹介する。

(2)－1　オーフス市
—デジタル化を多産業の生産性向上に直結させる中核都市—

図表２－39　オーフス市の概要

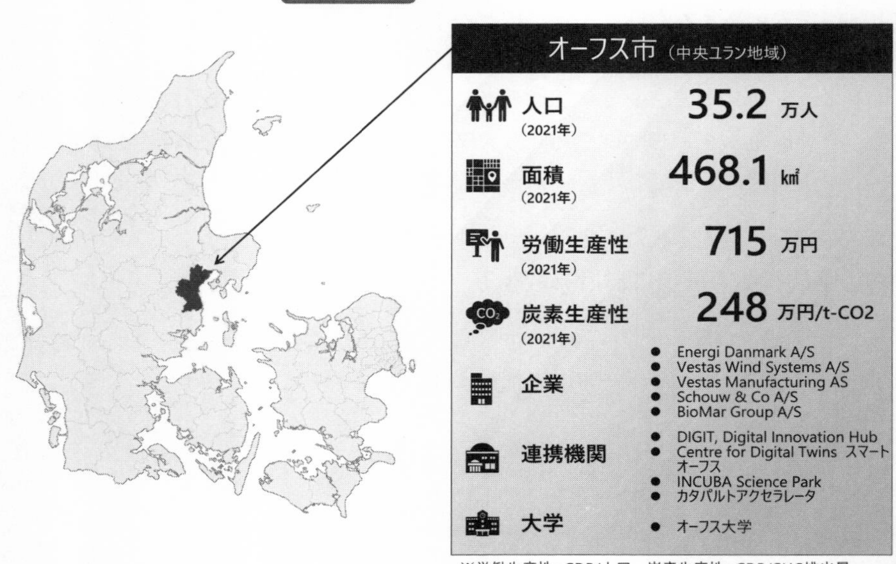

オーフス市（中央ユラン地域）
人口
(2021年)
35.2 万人
面積
(2021年)
468.1 km²
労働生産性
(2021年)
715 万円
炭素生産性
(2021年)
248 万円/t-CO2
企業
Energi Danmark A/S
Vestas Wind Systems A/S
Vestas Manufacturing AS
Schouw & Co A/S
BioMar Group A/S
連携機関
DIGIT, Digital Innovation Hub
Centre for Digital Twins スマートオーフス
INCUBA Science Park
カタパルトアクセラレータ
大学
オーフス大学
※労働生産性=GDP/人口　炭素生産性=GDP/GHG排出量
※企業，連携機関，大学は主要なもの

（出所）基礎地図：GADM maps and data，各種資料より野村総合研究所作成

①　大学を起点に付加価値の高い研究活動を事業化

オーフス市は人口35.2万人を抱える（2021年時点）拠点都市であり，自然科学，水管理，環境アセスメントの分野での強力な研究とイノベーションで名が知られている。また，学術を起点とする産業創出のシステムが確立していることでも有名だ。市に立地するオーフス大学は，約3.7万人の学生数を誇るデンマークを代表する高等教育機関として，自然科学，コンピュータサイエンス，エンジニアリング，ビジネスといった分野で，ヨーロッパだけでなく世界でも一流の実績を有している。

さらに，大学内部にはデジタル化とイノベーションに特化した研究センターや研究活動が数々存在している。オーフス大学のデータ分析センター（DIGIT），デジタルイノベーションハブ，デジタルツインセンター（大学内の組織），スマー

図表２－40　オーフス市の新旧建築物とARoS美術館

（出所）Photo by Madara Moroza on Unsplash

トオーフスなどがその一例である。また，オーフス市は活気に満ちたスタートアップのエコシステムを作り上げており，インキュベーター（起業家の育成/支援を行う人材・組織），アクセラレーター（起業家の事業成長を促進させる人材・団体・プログラム），コワーキングスペースなど，起業家やイノベーターを支援するためのネットワークが数多く存在している。主なものとしては，オーフスの大学と企業のイノベーションネットワークセンター（INCUBA）サイエンスパーク，カタパルトアクセラインキュベータ，スタートアップラボ，デジタルゲームや映画，XR，アニメーションのアイデアラボ，欧州宇宙機関（ESA）在デンマークビジネスインキュベーションセンター，アイエヌオーファウンダー（大学と自治体との間のコラボショーン組織）などがある。

加えて，市内を見渡すと様々なプラットフォームやプロジェクトが存在し，これらは研究分野間的及び地域間の連携や知識交換を促進している。そうした取組みは，オーフス市が国際的な視野と野心を抱き，デジタル化とイノベーションの主要都市の１つになることを志向していることを示している。海外の人材，投資，パートナーシップ，代表団を引きつけ，自国のデジタルソリューション能力をアピールするための研究・ビジネスネットワークが多数形成されている。

特に，福祉機器，福祉技術の分野では，デンマークあるいはEU・世界レベルの大クラスターを形成している。オーフス大学，VIAユニバーシティーカレッジ，デンマーク中部地域（Da：Central Denmark Region），及び12の自治体が連携して，メドテック（医療DX）イノベーションのコンソーシアムが形成されている。このコンソーシアムは，デンマークの国家レベルのクラスターであるデンマーク ライフ サイエンス クラスターの一部に組み込まれるなど，オーフス市は名実ともに福祉産業の中核となっている。

【パートナーシップによる持続可能な成長　オーフス市事業計画　2020-2023】

オーフス市の多くの経済活動は，ビジネス，デジタル化，持続可能性に関する戦略や方針に基づいている。その最たるものが，「パートナーシップによる持続可能な成長　オーフス市事業計画　2020-2023」である。この戦略は，デンマークのビジネス環境を強化する目的で，パートナーシップを通じたビジネスプランの策定を強調している。特に，西デンマークのオーフス市におけるビジネス課題を重視し，競争力の維持と成長センターの確立を目指している。

このビジョンを具現化するため，以下の５つの主要な課題解決に焦点を当てている。第一に，国際競争力の向上と，投資と事業展開の魅力を増す取組みの必要性を認識している。第二に，高品質な生活環境を創造するための，持続可能で魅力的な都市開発が北欧で進行中である。さらに，2050年までの成長に対応すべく，ソリューションの開発，テスト，デモンストレーションのパートナーシップを強化（第三）し，住宅とビジネスエリアとのバランスを保持し（第四），交通渋滞問題の解決（第五）に努めている。

ビジネスプランの構築にあたっては，６つの成長創出要素と７つのクラスターを基盤に据えている。成長創出要素とは，「教育と労働力の強化」「インフラストラクチャーの整備」「都市開発の推進」「スタートアップ」「スケールアップ」「企業家・投資家への支援」「スマートシティの展開」，そして「都市のデータ収集とステイタスの向上」が挙げられる。また，クラスターが対象とする分野は，「テクノロジー産業」「クリエイティブ産業」「観光・小売業」「食品・ガストロノミー」「エネルギー」「気候・水・環境，健康」，そして「製造業・建設・工事」である。

計画期間中には，これらに加えて追加のイニシアティブも実行される予定である。オーフス市のビジネスと持続可能性を向上させるための戦略的な取組みが，今日もなお着実に進行中である。

強固なパートナーシップを築くことが，この戦略を成功に導く主要な要素であると確信している。公立の教育機関・高等教育機関や研究所との連携による人材育成・研究開発も積極的に推進している。また，民間企業との協力を通じて，新たなビジネス手法の開発やイノベーションを促している。

②　デジタル戦略は市民目線での競争力強化を目的としている

オーフス市は「スマートオーフス」を通じて，デジタル変革のリーダーシップを強化することを目指しており，これは市内の部門間，そして官民横断のコミュニケーションと調整を行うことによって達成されると認識している。さらに，市はデジタル技術を福祉サービスをはじめ市民生活のあらゆる分野で活用し，品質を向上させ，プロセスを効率化し，より民主的にすることにも努めている。また，市は市内及び市民からのより多くかつより良いデータが品質の向上，効率的な運用，透明な意思決定につながると考えている。

さらに，市民，企業，専門家と協力して「良い生活」の枠組みと課題を定義し，市のプロジェクトを通じて市民と協力している。オーフス市は成長する都市を持続可能にするため，市の品質，気候，福祉，将来の労働力などと調和する方法を見つけようとするとともに，市民と企業と協力して都市の品質を定義し，デジタル技術を活用して都市の発展を視覚的に示すことを意識している。

加えて，採用とスキル，気候と持続可能性，持続可能な成長，全ての健康，民主的対話，多様な地域との統合，そして若者の精神的健康等の問題にも焦点を当てている。これらがオーフス市のデジタル化戦略の要点である。

③　気候変動の影響を受けにくい経済産業システムの構築を目的に戦略を構築

オーフス市は，「The Road to Fossil Freedom」と称する気候戦略2020-2030を展開している。この戦略の主眼は，2030年を目途に気候変動の影響を受けない社会を実現することである。既に，オーフス市の市民と企業は，2008年から温室効果ガスの排出量を半減させてきた。この戦略は，共創と国際パートナーシップの有効性を強調しており，その結果としてオーフス市は，世界各地での排出量削減にも積極的に取り組んでいる。具体的な方法としては，建築資材や商品の購入，輸送に関する要件の設定と，オーフス市が進めている解決策が含まれている。

この戦略の具体的な取組みは以下の６つの分野に分けられている。第１にエネルギー分野では，建物のエネルギー節約とインフラへの投資が行われている。第２に交通とモビリティにおいては，高速充電ステーションの設置やカーシェアリングの促進が進んでいる。第３として，建設と都市開発分野において，建材の再利用とエネルギー生産に焦点を当てている。

第４の産業と農業では，専門家による支援と共に，スマートエネルギーポート（港湾における再生可能エネルギーを導入）の開発が進行している。第５のオーフス市の変革においては，市とビジネスセクターの協働が強調されている。特にベスタス社はClimate Alliance Aarhus（2030年のカーボンニュートラルの目標に向けた自治体，団体，企業の協力）の一部として，充電ステーションの設置などに取り組んでいる。そして，クライメート照明という名の環境配慮型の行動も推進されている。

最後に，オーフス市の環境対策において，“クライメート同僚賞（オーフス市内で気候のために特別に努力をしている人に贈られる賞)”の設立やエネルギーコンサルタントによる電動スクーターの利用が奨励されている。これらの取組みを通じて，オーフス市は気候変動への積極的な対策を市民発のボトムアップ型で推進し，持続可能な未来への道筋を切り開いている。

④　高生産性を有する都市（圏）の構図

コペンハーゲン市に次ぐデンマーク第二の都市であるオーフス市は，地理的にもコペンハーゲン市から一定の距離がある場所に位置しており，その状況は日本の大阪市などに似ている。ただし，人口規模はコペンハーゲン市の３分の１強であるため，広範な経済圏の構築よりは，自身の都市内での気候変動を中心とした社会課題の解決に挑戦し，関連する産業の育成を進める自立した経済圏の構築に力を注いでいると言える。

また，オーフス市は高度な研究都市として，研究開発型の企業が多数存在し，同市経済を支えている。デジタルそのものを産業化するとともに，脱炭素化を大きな産業上の契機と捉え，市の様々な分野でグリーントランスフォーメーションを実現するための投資を促し，それが経済の好循環を生み出している。オーフス市の人口規模である30万人台半ばと言えば和歌山市，いわき市，前橋市などが該当する。この規模の都市で全方位的な研究開発・デジタル化・グリーン化を進められていることは特筆すべきである。

⑵－２　オーデンセ市
—デンマークのみならず欧州随一のロボット拠点を目指す都市—

図表２－41　オーデンセ市の概要

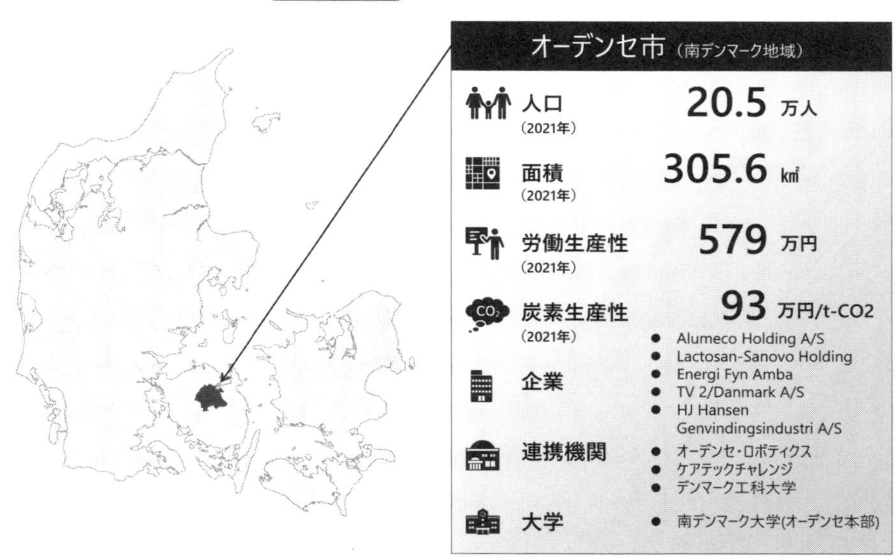

※労働生産性=GDP/人口　炭素生産性=GDP/GHG排出量
※企業，連携機関，大学は主要なもの

（出所）基礎地図：GADM maps and data，各種資料より野村総合研究所作成

①　ロボットを基軸にした高生産性都市

オーデンセ市は人口約20.5万人（2021年）を抱え，175のスタートアップを擁し，40の高等教育プログラム，10の研究機関が所在し，ヨーロッパにおけるロボット工学集積地として一際目立つ存在である。教育機関と産業の連携，投資と人材の確保，生活環境の改善と社会的チャレンジへの取組み，国際的な認知度の向上とパートナーシップの構築により，高い生産性を維持している。1900年代にデンマークで２番目に重要な産業都市としての地位を築き，高い都市成長を遂げたオーデンセ市の生産性は依然高く，多くの製造業の大手企業が市内に拠点を持つものの，その業態は往年とは異なる。文化センターや大学都市などとしての位置づけを受け，ビジネス革新と教育の推進に貢献している。

南デンマーク大学（SDU：デンマークで３番目の規模を誇る）はオーデンセ

図表２－42　オーデンセの新旧住宅街

（出所）［左］Photo by Lasse Jensen on Unsplash
［右］Photo by Magnus Hasberg on Unsplash

に本部を置き，さらに南デンマークのエスビエル，コリング，スラゲルセ，ソーンダーボルの４つのキャンパスとコペンハーゲン分校で教育と研究を続けている。SDUは，世界最大のシェアを持つ革新的な協力型ロボットの企業であるユニバーサルロボット社と共に主要な研究開発プロジェクトを進めている。

近年，オーデンセ地域には130社以上のドローン及びロボット会社が設立されているが，これらの企業の多くは南デンマーク大学の研究環境から独立して事業を興したものである。

②　イノベーションと緊密に連携したデジタル化を推進

オーデンセ市はデジタル化とイノベーションを同時に進めており，その成果と影響を判断する指標をいくつも設けている。その１つは，ロボット技術分野での雇用や企業の増加，投資と人材の誘致。２つ目は，ヘルスケア，教育，モビリティ，持続可能性などの社会的課題に対してロボット技術とデジタルソリューションを活用し，市民の生活品質と幸福度を高めること。３つ目は，大学，事業体，公共機関，エンドユーザーといったロボティクスエコシステムに関わる全てのステークホルダー間で協力し，情報を交換し合うこと。最後に，オーデンセ市をロボット工学のハブとして認知させると同時に，その競争力を高める一方で，欧州や世界の他のクラスター，地域との協力の形を整えることだ。これらの目標を達成するため，オーデンセ市はオーデンセ・ロボティクス，ケアテックチャレンジ，デンマーク工科大学を構成する組織など，数多くのインキュベータやアクセラレータの活動を支援している。

さらにオーデンセ市は市民中心のスマートシティを推進していることにも特徴がある。WeGO（World Smart Sustainable Cities Organisation）は，官民パートナーシップの促進を通じて持続可能なスマートシティー実現に向けて取り組んでいる地方自治体，スマート テクノロジー ソリューション プロバイダー等200を超える機関で構成される会員制の国際協会である。この協会は，人間中心のスマートシティを推進するために「ソウルスマートシティ賞」を創設した。2023年９月にこの賞の第１回の受賞者が発表され，21の都市，企業，機関，及び個人が選出された。

オーデンセ市は，LEAP（Leadership, Empowerment, and Advocacy for the People）デジタルプラットフォームプロジェクトが，社会的弱者のデジタル・インクルージョンに焦点を当てた人間中心都市プロジェクト（Human-CentriCity Project）部門で金賞を受賞した。

LEAP デジタルプラットフォームプロジェクトは，市民のデジタル化における包括性を重視し，デジタルデバイドの解消又は緩和を目標としている。LEAP デジタルプラットフォームで福祉を改善するための新しい方法論を，オンラインアンケートや公開会議を通じて創出したことが高く評価された。

③　野心的・挑戦的なグリーン戦略の策定

2020年６月全会一致で採択されたオーデンセ市のグリーン戦略「クライメートニュートラル2030」は極めて野心的である。オーデンセ市の1990年の CO_2排出量は約140万トンであり，2019年のそれは76.5万トンと半減している。その CO_2排出量を2030年にゼロにするという目標を掲げているのだ。2045年にカーボンニュートラル達成を目標としているデンマーク国よりも15年も早い設定だ。

これを実現するために大きく４つの重点分野と10の行動計画を策定している。これをみると，より早期にカーボンニュートラルを達成するための要素が詰まっている。

（重点分野）

１．環境にやさしいエネルギー：持続可能で再生可能なエネルギー源を増やすだけでなく，公共部門と民間部門におけるエネルギー消費量の削減，エネルギー効率の高い改築と建設，生産における太陽光と風力の役割の増加

2．持続可能なモビリティ：環境にやさしい公共交通機関，自転車やE-Carのためのインフラ整備，化石燃料で走る自動車の削減，自動車交通量の削減，新しい燃料タイプ，シェアカーの選択肢の拡大

3．緑豊かなオーデンセ：緑地の増加，植林，持続可能な農業，野生の自然など。“デンマークで最も緑豊かな都市”

4．最後のカテゴリーは，以下のような他の削減分野をひとまとめにしたものである：持続可能な公共調達，循環型思考（既存資源の再利用と修理の増加），持続可能な消費の増加，自治体組織内の削減（公共事業の所有者として，また市における地方政治のリーダーシップを通じて）

（行動計画）

1．フィン発電所（デンマーク語：Fynsværket）にCO_2回収システムを設置する

2．オーデンセ市の全てのエネルギー消費をCO_2ニュートラルにする

3．ゼロ・エミッション・ゾーンを導入する。内燃機関－遅くとも2030年までに

4．アクティブでグリーンな交通行動を促進するオーデンセの交通計画。例えばウォーキング，サイクリング，公共交通機関を優先したプランニング

5．自然界でCO_2を最大限に取り込む

6．オーデンセ市は，野心的なグリーン調達方針を定めるなど，先導的な役割を果たさなければならない。これは，より循環型の製品，ソリューション，ビジネスモデルを推進するものである

7．オーデンセ市は，地元企業，農業，教育機関，市民社会間のグリーン・パートナーシップのリーダーであり，促進者としての役割を果たさなければならない

8．オーデンセ市はグリーン・アジェンダの認知度を高め，行動変容を促す必要がある。公共教育と活動を通じて実現していく

9．2025年までの拘束力のある目標を設定し，気候変動対策のための強力な組織的基盤を確立する。市の取組みを監視，計画，推進し，プロジェクトのための資金を確立するための事務局を設置する

10．市域外で発生したCO_2排出量の追跡と削減を実現する

これらの行動計画は，一見するとバラバラのように見えるが，エネルギー領域のカーボンゼロを優先的に実現し，交通や自然界も巻き込んでCO_2排出削減を行い，調達のグリーン化を進めると共に，行動変容を促していく。それらを推進するためにパートナシップを構築する点も重要なポイントだ。かなり拘束力強く運用をし，市域外の排出量も削減するという広域的な見地も含まれていることが特徴だ。

実施の一例として，2023年10月１日に低排出ガス区域が設定され，ディーゼルを燃料とする古い乗用車は，周回高速道路リング２内の道路を通行するために，パティキュレート（粉じん除去）フィルターの装着が義務づけられている。これは通常，2011年以前に登録されたディーゼル乗用車に適用されるもので，オーデンセ市には最大2,000台が存在する（他都市からオーデンセに流入する車は含まれない）。

2022年，市議会は，継続的な気候変動対策のため，気候変動対策計画を毎年改訂することを決定した。オーデンセ市はCO_2排出量を把握し，施策の効果をモニターするツールとして炭素会計を使用している。これに伴い，最新のCO_2排出量と2030年のCO_2排出量の予測は毎年作成されなければならない。計画の年次更新は，オーデンセ市が炭素会計を更新し，市内の様々なステークホルダー（市民，企業，教育機関，サプライヤー，組合，業界団体，NGO等）と民主的な対話をすることによって行われる。2030年までに気候変動に左右されない都市になるという目標を達成するために，関係者全員がアイデアを出し合う器を作っているのだ。

④　高生産性を有する都市（圏）の構図

オーデンセ市は，自らのデンマーク国内，あるいは世界における存在価値（強み）を明確に意識し，ロボットの産業・技術・研究の集積とイノベーションを促進する政策を推進する一方で，市民のウエルビーイング実現にデジタル技術を効果的に活用することで，デジタル施策の実効性を市民に理解してもらえるよう努力している。まさに，デンマークでは，デジタルによる「ローカルハブ」実現のロールモデルとなっている都市ではないだろうか。

(2)ー3　オールボー市
―デジタル化をイノベーションの原動力に変えて高い生産性へ―

図表２－43　オールボー市の概要

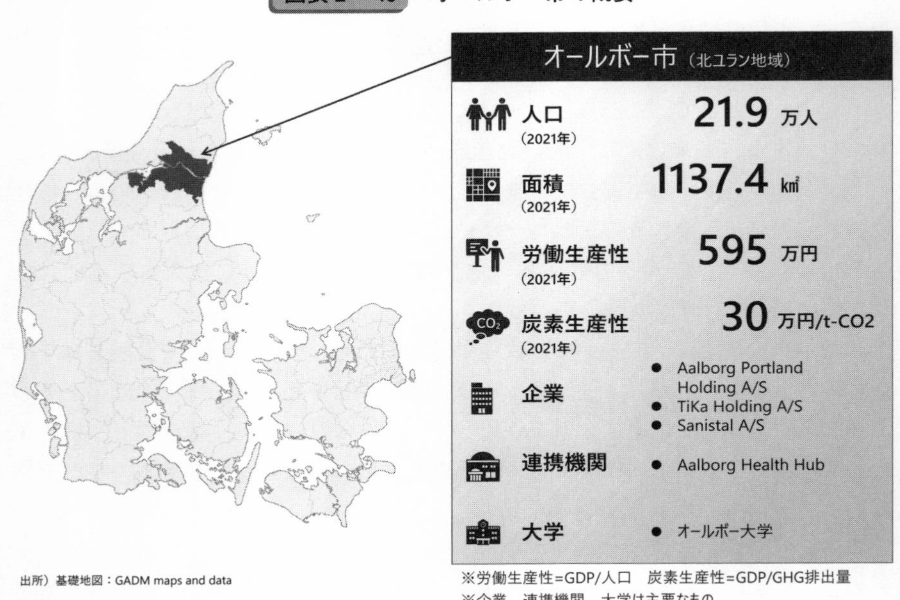

オールボー市（北ユラン地域）
人口
(2021年)
21.9 万人
面積
(2021年)
1137.4 ㎢
労働生産性
(2021年)
595 万円
炭素生産性
(2021年)
30 万円/t-CO2
企業
Aalborg Portland Holding A/S
TiKa Holding A/S
Sanistal A/S
連携機関
Aalborg Health Hub
大学
オールボー大学
出所）基礎地図：GADM maps and data
※労働生産性=GDP/人口　炭素生産性=GDP/GHG排出量
※企業，連携機関，大学は主要なもの

（出所）基礎地図：GADM maps and data，各種資料より野村総合研究所作成

①　デジタ“リ”ノベーション（デジタル＋イノベーション）を基軸に産業形成

オールボー市は人口21.9万人（2021年）を有する北部デンマークの拠点都市であり，デジタルソリューションの開発を推進する企業やプロジェクトが数多く存在する。例えば，コルムナ・フロー・クリニカル・タスキング（Columna Flow Clinical Tasking）というソフトウエアプラットフォームは，救急科の医師がアプリを利用して仕事のコミュニケーションと調整を行うためのものである。この技術により，電話や中断の回数が減り，同僚や患者の把握が可能となる。同市ではまた，オールボーヘルズハブ（Aalborg Health Hub）という健康データの収集・統合・解析を行うデジタル基盤を提供するコラボレーションも活動しており，個別化医療，遠隔医療，健康増進等の健康分野の研究・イノベーションプロジェクトの支援に取り組んでいる。

図表２－44　オールボー市の全景

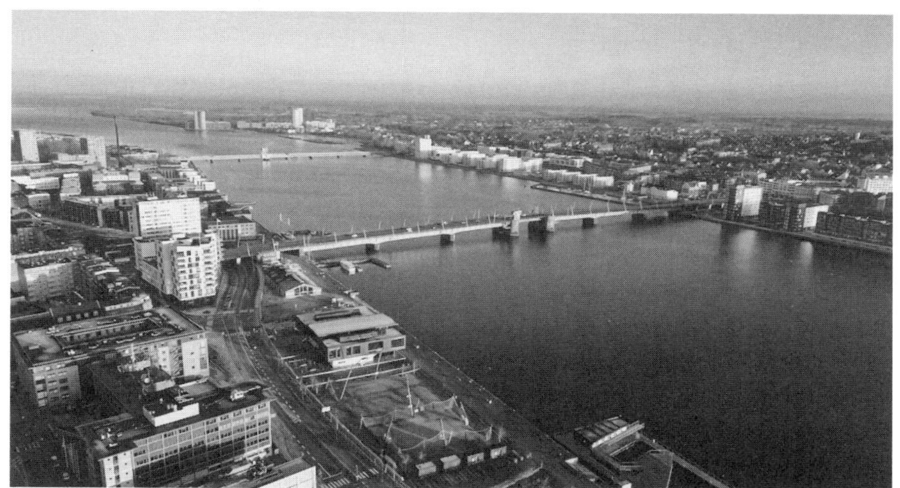

（出所）Photo by Absent Wall on Unsplash

同市は，市民の健康の増進を目指して，デジタル技術とデータを活用し，エネルギー，モビリティ，廃棄物管理，市民参加等の都市機能を最適化するソリューションの展開を積極的に行っている。これにより持続可能で快適な都市の実現を試みつつ，同時に関連産業の集積と活性化を促進している。

②　デジタルと気候変動に関する戦略

オールボー市においては，気候，自然，生物多様性，持続可能性に関わる数々の戦略や方針が存在する。デジタル戦略と脱炭素（グリーン）戦略が緊密に連携しているのが特徴だ。

2023年から2025年にかけてのデジタル戦略は，公共的な戦略を共有し，気候戦略等，市の課題を解決するベースとなる枠組みとしての役割を果たしている。この戦略は，デジタル化を通じた課題解決と共に，デジタル化についてのビジョン，方向性，取組みを明示することを目指している。戦略の中心は，労働力の不足解消，公共サービスの向上，地域福祉の育成，そして環境問題への対策を重視した，倫理的で責任感のあるデータと技術の利活用である。労働力不足の解消，市民や企業の公共サービスへのアクセス容易化，責任あるデジタル開発，地域福祉の増進，環境対策，既知のソリューションの効率的な普及，デジタル化に必要なリーダーシップの確保の７つが主要な指針として設定されている。

【オールボー市のデジタル戦略　2023-25】

オールボー市のデジタル戦略の要旨は，デンマーク政府，全国自治体連合会(KL)，デンマーク地域（Danske Regioner）が2022年に発行した「社会を向上させるデジタル化：公共デジタル化戦略　2022-2025」という公共戦略の中に示されている。デジタル化を活用して市の課題に取り組むと同時に，市のビジョンや方向性，そしてデジタル化に対する全面的な取組みが描かれている。戦略の核心部分は，データと新しい技術の責任ある活用であり，労働力不足，公共サービスの改善，近隣の福祉の発展，さらには環境問題への対策が重視されている。

一方，オールボー市の2023-25年気候戦略は，グリーン転換の促進とパリ協定への対応を目的として立案されている。具体的には，市民，企業，団体と協力し，2050年までに自らが気候変動による影響を中立化することを目標としている。この目標自体はそれほど意欲的・挑戦的ではないが，2030年までに温室効果ガス排出量を70％削減するという目標はややハードルが高い。そのための戦略として，エネルギー供給，輸送，農業と自然，産業，都市開発，自治体の取組み，という６つの主要テーマで具体的なCO_2減少策を提示している。ここで重要視されているのは，農業，企業，供給業者との連携である。これらの関係性を通じて，市民との対話を重視し，継続的なコミュニケーションを取りながら温暖化防止計画を推進している。具体的なCO_2削減目標については，上記の６つの主要テーマごとに設定されている。その中でも，エネルギー供給と農業・自然分野に重点が置かれているのが特徴である。

③　高生産性を有する都市（圏）の構図

オールボー市の特徴は，大きな企業の本社等が多く存在しなくとも，社会，市民のデジタル化を強力に進めることで，デジタル関連産業の育成を図る戦略が貫かれていることである。気候変動（グリーン）戦略についても，デジタルによる経済活性化の一ピースとして位置づけられている。市・行政の戦略がオールボー市の高生産性経済を創造している事例と捉えられる。

⑶　小規模都市における経済構造とデジタル化・グリーン化への取組み

人口５万人前後のいわゆる小都市のクラスでも，全国平均をはるかに上回る労働生産性を示す都市が複数ある。この中から，特徴ある産業構造の構築，地理的拠点性の活用，グローバル企業の本社の存在など特徴ある４都市の事例・取組みを紹介する。

(3)−１　カルンボー市
―デジタルの力で産業（製品）間連携を進め，高い生産性に結びつけている高度循環都市―

図表２−45　カルンボー市の概要

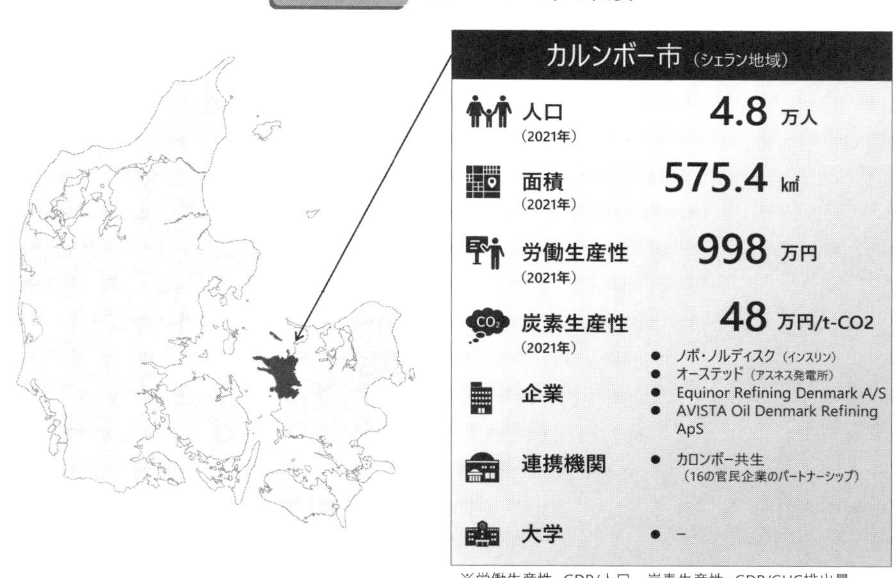

（出所）基礎地図：GADM maps and data，各種資料より野村総合研究所作成

①　リサイクルネットワークが高生産性を促している

カルンボー市は，人口約4.8万人（2021年）という小規模都市のカテゴリーに入るが，１人当たりGDPは998万円と，デンマーク全体の平均を大きく上回っており，この規模の都市としてはトップクラスだ。

地理的には，シェラン島の海岸に位置し，長い歴史を持つ工業都市としての伝統を維持しながら，製薬及びバイオテクノロジー分野への注力によって大きな成

図表２－46　カルンボー市の遠景

（出所）カルンボーシンバイオシスより　https://www.symbiosis.dk/　Photo by Erhvervshus Sjælland

長を遂げている。12世紀に建設された教会，美しい港，そして歴史的な旧市街の建造物など，モダンで魅力的な港町としての要素が揃っている。また，近隣のロスネース半島とアスネース半島は，自然環境を楽しむ絶好の機会を提供しており，自然資源に富んだカルンボー市は，生産性を高め，持続可能な経済及び産業システムを築いている。

②　高い生産性を実現する産業間連携の仕組み

カルンボー市が高い生産性を誇る理由は，端的に言えば，街全体が糖尿病や関連する製薬の製造に関して強力な産業連携を形成していることにある。世界のインスリン生産量の半分を担っているグローバル企業，ノボノルディスク社の主力工場はカルンボーに位置している。その工場は敷地面積120万 m^2，従業員数約3,200人で，カルンボー市全体の従業者の約40％を占めている。いわゆる企業城下町であるが，単一の企業が単独で所在しているわけではない。ノボノルディスク社を軸に，他の複数企業と共にバイオテクノロジーのクラスターが形成されているのである。

また，これらの生産施設の運営を支えているエネルギー事業も注目すべき特徴を持つ。製油所や発電所が立地し，確実なエネルギー供給を続ける一方で，時間と共に知識とイノベーションを元に新製品を開発し，クラスターを継続的に成長させている。この10年間で，新製品を持つ新たな企業が加わり，より多くの企業や製品が誕生しているのだ。これらの産業活動のダイナミズムは，同領域における先端的なデータが支えている。

カルンボー市の経済構造が成り立っている背景には，特有の経済活動が寄与している。もっとも存在感を発揮しているのが，独自の産業間のコミュニティネットワークである。カルンボー市は自治体と多くの大企業とが緊密に連携し，企業にとって最適な環境を確立するために互いに協力している。この相互協力の仕組みが具現化されているのが，50年以上にわたりカルンボー市の成長を支えてきた「カルンボーシンバイオシス」である。このパートナーシップは17の官民の企業から成り，市内の大企業がセクターを超えて連携し，エネルギーや水，残材などの余剰物資を互いに分け合い，材料のリサイクルを行っている。ある企業の余剰物資が別の企業の価値となるよう，公共企業と民間企業が巧妙に結びついているのである。現在では，20種類以上の利潤を生む流れが構築されている。

1972年以降，彼らは，世界初となる循環型アプローチを用いた産業共生を推進してきた。この共生体制ではすべての企業が１つの生態系として相互に関連していることが大原則とされている。例えば，ある企業が排出する廃棄物や残留物を別の企業が資源として利用する。この原則に従って，各社間のバリューチェーンは密に連携しており，企業間の開発や研究協力も非常に密接なものとなっている。この共生体制は，とりわけ環境と企業の経済両方に利益をもたらすものだ。

この地域の企業同士はパートナーシップを組み，資源を共有し再利用することで節約を図り，廃棄物の量も抑えている。この共生体制が地域社会の成長を生み，グリーン・トランスフォーメーションを支えている。逆にグリーン化への試みが，この地の経済・産業をより強固なものに導いているとも言えようか。

2021年12月，カルンボー市において，1,700億デンマーククローネの投資がなされ，大規模工場の建設がはじまった。その後第２工場を建設し，既存の２つの生産施設を拡張し，2023年半ばに完成する予定である。既存の生産施設２カ所の拡張により，ノボノルディスク社の現在と未来の経口及び注射剤の原薬（API）製造のための容量が確保された。

図表２－47　カルンボーシンバイオシスのパートナー17企業・機関

17パートナー企業・機関		産業
APM Terminals	エーピーエム ターミナル	港湾運営会社
ARGO	アルゴ	バイオガス
Avista Green	アビスタグリーン	廃棄物管理
Boehringer Ingelheim	ベーリンガー·インゲルハイム	バイオ製薬会社
Chr Hansen	クリスチャン ハンセン	バイオサイエンス企業
Gyproc Saint-Gobain	ジプロック·サン·ゴベイン	建材
Comet	コメット	健康で持続可能な成分の製造
Intertek	インターテック	多国籍保証·検査·製品試験·認証会社
Kalundborg Bioenergi	カルンボーバイオエナジー	バイオ燃料
Kalundborg Forsyning	カルンボーユーティリティ	水と熱の供給
Kalundborg Kommune	カルンボー自治体	行政
Kalundborg Refinery	カルンボー製油所	石油の精製
Meliora Bio	メリオラバイオ	バイオエタノール，リグニンなどのためのバイオ精製
Novo Nordisk	ノボノルディスク	製薬産業
Novozymes	ノボザイムズ	生化学
Unibio	ユニビオ	生化学
Ørsted	オーステッド	エネルギー

（出所）カルンボーシンバイオシス（https://www.symbiosis.dk/en/）より野村総合研究所作成

さらに，ノボノルディスク社の未来の製造ラインの開発を支えるために，新たな原薬製造能力を実装する新工場の建設も計画されている。この新工場は新しい生産技術の開発を補佐するイノベーションセンターとしての機能も果たす予定である。

2000年から今日に到るまで，ノボノルディスク社はカルンボーの生産施設に1,800億デンマーク・クローネ以上を投資してきた。そして2021年12月に宣言された1,700億デンマーク・クローネの追加投資によって，過去20年間の投資額は約倍増し，全従業員の約１割に相当する400人の新たな雇用が創出される見込みである。

この連携を支える施策として特徴的な試みが，下請け企業を創出・育成する環境整備に取り組んでいることだ。カルンボー市のスタートアップ施策の主要な目

図表２－48　共生企業の集積とエネルギー・資源循環構造

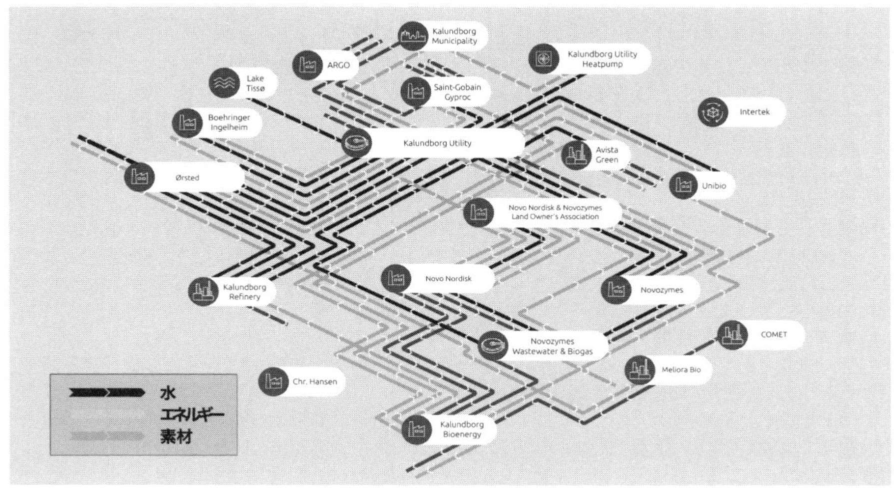

（出所）カルンボーシンバイオシス（https://www.symbiosis.dk/）より

的は，大企業の下請け企業を育成することにある。下請け企業は材料や資源，サービスの供給に特化したものであり，その業種やスキルに長けた創業や成長を支援するものだ。はじめから下請け企業になりたいと思う経営者はあまりいない，と思われる方も多いと想像できる。ただ新規のスタートアップ企業も，大企業との密接な協力関係の中で収益基盤を構築することで，成長軌道に乗る可能性もあるのだ。

③　ビジネス環境，市民の双方に配慮したデジタル戦略を推進

カルンボー市のデジタル化戦略（2022年12月14日発効）は2035年までの期間とし，自治体の開発戦略と連動していることが特徴である。新しいテクノロジーを活かし，デジタル化の新しい可能性を引き出すという野心的な目標を掲げ，６つの戦略目標と４つの優先実施分野が提示されている。

高齢化社会と労働人口の減少という２つの大きな課題を解決すべく，①少ない労働力で高齢者社会に必要なサービスを提供すること，②魅力的なビジネス環境を維持すること，③将来の労働者を教育するための学校と高等教育を推進するエコシステムを提供すること，④何よりも市民にとって魅力的な生活環境を創造す

図表2－49　カルンボー市のデジタル戦略の6つの目標と4つの重点分野

6つの目標	4つの重点分野
目標1：市民と企業の満足度向上 ・自治体は，市民サービスを提供するための新しい方法を模索する。例えば，チャットや音声ボット技術，あるいは完全に自動化された申請プロセスは，市民や企業とのやりとりの効率を向上させることができる。 **目標2：デジタル・リーダーシップの育成** ・自治体は，管理職がデジタル・リーダーとして，職員に戦略的方向性を示し，デジタル開発の責任を負うことができるようにする。 **目標3：自治体の積極的な発展の維持** ・デジタル・トランスフォーメーションは，カルンボー市の継続的で前向きな発展をサポートするものでなければならない。 **目標4：人材の確保・定着のためのツールとしてデジタル化** ・自治体は，現在及び将来の従業員のデジタル・コンピテンシーに注目する。RPA（ロボット・プロセス・オートメーション）やChatGPTなどの人工知能ツールを活用することで，仕事の計画や進め方に影響を与えることができ，これは従業員のスキルを継続的に開発するための強力な枠組みを確保することにつながる。 **目標5：自治体資源の効率的利用の拡大** ・福祉の分野では，新しいテクノロジーは従業員を支援し，従業員が自分の仕事に集中する時間を確保することができる。 **目標6：共通の公共的な協力関係を活用することに重点を置く** ・自治体は，デンマークのITプロジェクト組織KOMBITや，自治体や地域と共同開発されたいくつかの標準的なソリューションを提供する。	**1．福祉技術** ・タブレットを使ったデジタル訪問，タブレットを使った機能訓練，計画作業の自動化，インテリジェント・オムツ，医療用ロボット，天井走行リフトなどの利用を模索し，効率を高め，より良い職場環境を作り，専門職がより質の高いケアを提供できるようにする。 **2．テクノロジーでリソースを解放** ・RPA，AI，音声ボット技術などの活用を探り，公共部門の効率を高める。 **3．学校部門** ・VRやAR技術，バーチャルクラスルーム，学校間でのバーチャル授業など，教育の向上と将来の有能な労働力確保のための活用を探る。 **4．グリーンな移行** ・建築物の運営管理，エネルギー最適化，ITインフラ，SMARTテクノロジーの探究など，グリーンな移行を推進する。

（出所）カルンボー市のデジタル化戦略より野村総合研究所作成

ること，を目標としている。ビジネス環境と市民の双方，現在と将来の課題の双方に配慮していることが特徴であると考える。

この戦略には，「デジタル化は今の（社会）課題をすぐに解決できるものではなく，導入にあたっては現在の仕事の進め方を見直し，必要に応じて再考が必要である」と示されている。ある意味当たり前ではあるが，デジタル化の本質を突いた戦略である。

④　脱炭素・グリーン化を起爆剤として成長を実現

カルンボー市は脱炭素・グリーン化にも積極的な自治体である。

カルンボー市の住民１人当たり総エネルギー消費量が1,395kWh とデンマークで最も単位電力消費が多い自治体だからである。これはデンマーク全体の平均的な単位エネルギー消費量が524kWh であることと比べると，その２倍以上の消費がなされていることになる。その部門別の構成は**図表２－50**のとおりである。

図表２－50　カルンボー市における部門別エネルギー消費量

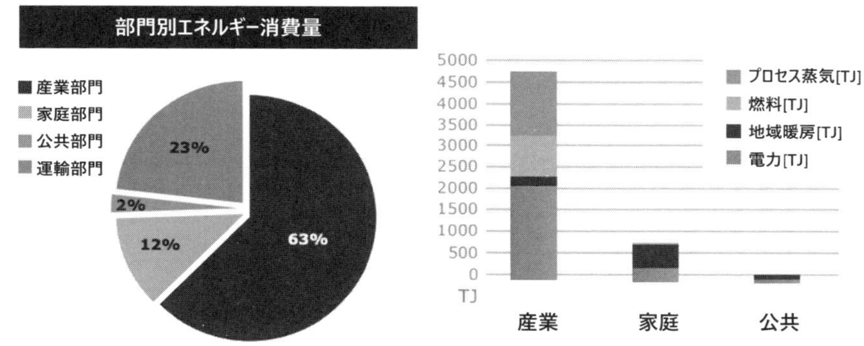

（出所）Strategisk Energiplan 2035より野村総合研究所作成

このエネルギー消費のほぼ３分の２は産業部門における消費であり，それはこの地域が大規模な製造業や重工業の集積地であることに起因する。これらの企業は旅客運送と貨物運送の両方でエネルギーを多く消費するため，輸送部門は２番目の消費者となっている。一方で，住宅地域は地域暖房の大部分を占めており，公共エネルギーの消費は全体のエネルギー消費に占める割合は少ない。

このような背景のもと，市では数年かけて，気候・エネルギー計画の策定を行ってきた。その内容は，合計４つの独立した計画や戦略（気候計画，気候適応計画，戦略エネルギー計画，開発戦略）と，それに伴う背景レポートや分析で構成されている。

2018年３月21日に市町村議会で採択された戦略的エネルギー計画2035は，持続可能なエネルギーシステムへの移行を目指し，その全体的な枠組みや戦略的な方向性を設定することをその目的としている。さらに，イノベーションと雇用ビジネスや雇用創出は，市の将来の発展と持続可能な成長のための重要な要素である。この観点から，2020年１月29日に市議会で採択された「2030年に向けたカルンボー市の開発戦略」では，エネルギーと環境におけるビジネスコミュニティの強みを明らかにしている。

2010年からみると，カルンボー市は全体として42.7％のCO_2削減を達成している。当初削減はゆっくりとしたものだったが，近年はペースを上げ，2010年から2020年までの年間目標である２％の２倍以上の削減を達成したといえる。2020年のCO_2排出量を前年比で17.6％削減し，近年でも毎年最低でも２％の削減目標を果たしている。

アスネス発電所の木質チップ燃料への転換が，2020年のカーボンフットプリント縮小に寄与し，電力や暖房，輸送における節約効果が表れている。2010年以降，暖房は最大で74.9％という割合での削減が達成された。これは主に，カルンボーユーティリティ（カルンボー市の公共公益事業体）の地域暖房の排出係数が95.1％減少した結果であるといえる。この削減はアスネス発電所の転換が大きく影響していると考えられている。しかし，暖房部門では依然としてエネルギーの消費量が多く，改善の余地が存在している。また，運輸部門でもCO_2排出量の削減が可能であり，2021年にはカルンボー市内の島（セイエロ）に行くフェリーにおいて対策が講じられる予定である。

さらに，オーステッド社はカルンボー市のアスネス発電所とコペンハーゲン大都市圏にあるアヴェレ発電所の藁焚きボイラーにて炭素回収を確立する計画を立案している。CO_2の排出を行う，これら２つの発電所からの炭素回収及び貯蔵のための技術的・物流的な準備は既に整っている。現在行われているCCS入札による十分な資金援助が確保できれば，オーステッド社は2025年まで，最大40万トンのCO_2の回収・貯蔵を実現できる。電力網と地域暖房網に接続され，専用の港を持つこれら２つのCHPプラントは理想的なインフラを持っている。このため，彼らはCO_2とグリーン燃料の両方を処理し，輸送するハブとして機能することが可能である。さらに，オーステッド社は自社の工場が自社だけでなく，他のプレーヤーからのCO_2を輸送するハブとしても機能するように計画している。カルンボー地域では，オーステッド社はカルンボー製油所と協力し，製油所からCO_2を回収，アスネス発電所に輸送すること，さらにその輸送・貯蔵の可能性について交渉中である。

⑤　充実している連携の仕組み

カルンボー市には，大学同士，あるいは産業界と研究者を結びつける連携組織・施設が機能している。

[ナレッジハブ・ジーランド]

ナレッジハブ・ジーランドは自治体と大学を対象に広域な研究連携を進める協会である。理事会は広域自治体のシェラン島，カルンボー自治体やノボノルディスク，ノボザイムズ，ロスキレ大学，南デンマーク大学，アブサロン教育センター大学，シェラン島ビジネスアカデミーから構成されている。同協会は，ナレッジハブ・ジーランドセンターをカルンボーに建設するために活動している。バイオテクノロジー生産のための先端開発センター，バイオテクノロジー新興企業のためのイノベーション環境，バイオテクノロジー，生産プロセス等を学ぶ教育センターが入る予定である。

[バイオマニュファクチャリングプロジェクトハウス]

バイオマニュファクチャリングプロジェクトハウス（BPH）は，産業界と研究者間の連携を強化することを目指し，最新の学術研究を産業界におけるグリーン化の具体的なソリューションに活かす役割を担っている。バイオ分野の世界的な知識センター的機能を担うことを目的としている。

BHPは目下の目標として，カルンボー市にある産業界のパートナー１社以上と共同で事業を進行することを掲げている。中長期的には同センターにバイオプロダクション，循環型生産，インダストリー4.0など関連分野の博士課程の学生や研究プロジェクトを集めることを予定している。また，カルンボーで学生が産業関連の修士課程を学び，研究・実証機関やスタートアップ企業で働くことを狙っている。

⑥　産業界による研究開発・人材育成投資

2021年，ノボノルディスク社はバイオテクノロジー産業に焦点を当てたカルンボーの新しいキャンパスに投資した（**図表２－51**）。

これは2017年以降，カルンボー市におけるエンジニアリングとバイオアナリティクス教育の枠組みを構築しているキャンパスへの追加投資である。国内のいくつかの大学から関心が寄せられ，今後数年でより多くの教育プログラムが生まれると想定されている。具体的には，大学院エンジニアの機械技術，電気工事士，エンジニア，バイオマニュファクチャリングの修士号，インダストリアルデザイ

図表2－51　キャンパスカルンボー

（出所）キャンパスカルンボーより
https://en.phabsalon.dk/campus-kalundborg

ン修士号，アーキテクトなどの教育プログラムなどである。

また，2022年にはカルンボーにバイオ産業研究教育センターであるヘリックスラボ（Helix Lab）が設立され，デンマーク国内外の大学の修士課程の学生がカルンボーの産業界と連携して研究を行い，論文等の作成を行うことが可能となった。ヘリックスラボにおいて，カルンボーバイオ産業クラスターと協力し，学生がバイオクラスター企業を見学する，逆に企業関係者が学生に講義を行う，さらに企業が研究の個人指導教官を務めるなど，多彩で緊密な連携がなされている。企業からみると国内外の大学院生がカルンボー市に集まって企業と連携して研究することがステイタスになる。新しい人材を募集しやすくなる効果がある。

さらに，研究者・学識者を誘致するために，自治体の主要企業と協力して採用同盟を立ち上げ，資格を持った労働者を誘致している。

⑦　成長における自治体の役割

自治体もまた，カルンボー市の成長維持と一層の発展のために重要な役割を果たしている。そこでは，市の成長のあり方を探り，検討する専門チームを構成し，新規事業の誘致や地元企業の成長支援に取り組んでいる。この専門チームは各専門組織から選ばれた6～7名の職員で構成され，それぞれが異なる責任を担って活動している。これらの職員は，「共生」の実現に取り組み，事業者と日常的に対話を行い，将来の成長を確保するために直面する課題に耳を傾けているのである。

例えば，市がカルンボーに進出を希望するグローバル企業に対し，企業との対話の仕組みを作り，問い合わせに対して迅速に応じている点を挙げることができる。

図表2－52 カルンボー市が有する8つのビジネス重点分野

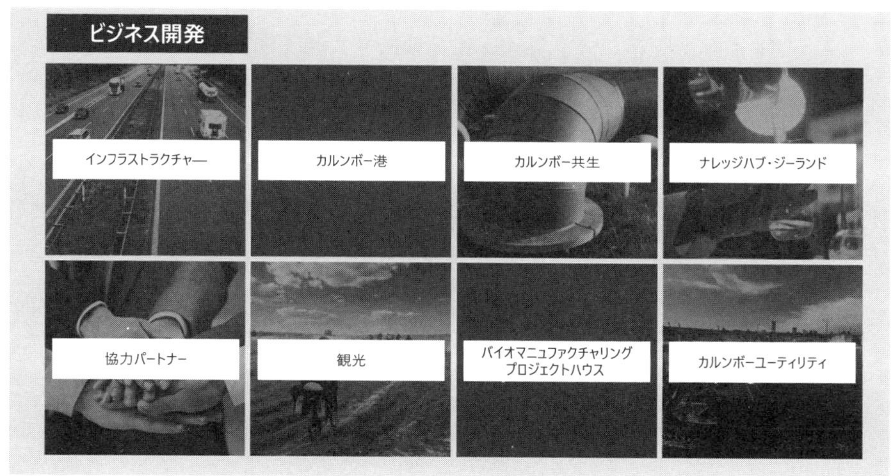

（出所）カルンボー市のホームページより
https://kalundborg.dk/erhverv/erhvervsudvikling

また，公益サービス・インフラサービスを提供する主体としてカルンボーユーティリティが存在している。同ユーティリティは家庭や企業に飲料水と地域暖房を供給し，市全体から集めた廃水の処理も行っている。加えて，現在は飲料水，プロセス水，冷却水の3種類の水を供給し，プロセス水と冷却水は湖の地表水として，市内の産業界に供給されている。ユーティリティは，水・エネルギー供給に関する新しい手法の開発や実証プロジェクトの推進に積極的である。

⑧ 高生産性を有する都市（圏）の構図

カルンボー市は，企業の本社が牽引することこそないが，複数のグローバル企業の製造拠点の連携を講じ，付加価値の高い製品と，サーキュラーシステムに関する独自の知的資産の蓄積を進め，同産業に必要な優秀な人材を育成・供給するシステムをも作り出している点で，興味深い高生産都市のモデルである。大学や研究機関主導ではなく，産業連携主導で生産性が高い都市を創り上げ，それを維持するためにデジタル化と脱炭素化を活用している。人口５万人規模でありながら戦略的な取組みは質・量ともに他都市を凌駕していることに驚かれるだろう。グローバル企業の拠点が複数連携しながら立地することでこれだけの力が発揮されることは，わが国の製造拠点都市にとって参考になると考えられる。

(3)－２　フレゼリシア市　―グリーン化を輸送・物流産業の活性化に活かす―

図表２－53　フレゼリシア市の概要

フレゼリシア市（東ユラン地域）
人口
(2021年)
5.1 万人
面積
(2021年)
133.6 ㎢
労働生産性
(2021年)
928 万円
炭素生産性
(2021年)
67 万円/t-CO2
企業
Orsted A/S
トリニティ・シナジーズA/S
Dansk Landbrugs Grovvareselskab Amba
Oersted Wind Power A/S
連携機関
Everfuel Hy24 A/S
(Everfuel:51%、Hy24:49%)
大学
フレデリシア工科大学
※労働生産性=GDP/人口　炭素生産性=GDP/GHG排出量
※企業，連携機関，大学は主要なもの

（出所）基礎地図：GADM maps and data，各種資料より野村総合研究所作成

①　拠点性を活かした高生産性の実現

フレゼリシア市は，ユトランド半島の東岸に位置し，人口は約5.1万人（2021年）とデンマーク国内で38番目の規模だ。しかし，１人当たりGDPは928万円と，デンマーク一国の平均値を上回る生産性の高い自治体の１つである。

フレゼリシア市の一番大きな産業は輸送・物流業である。それはデンマークのほぼ中心部という地理的な位置にあり，国際的な輸送・物流の中心地として機能しているからだ。例えば，自動車道や鉄道，大規模な工業港への行き来がしやす

図表２－54　フレゼリシア市街俯瞰

（出所）VisitFredericia, The Municipality of Fredericia より
https://www.visitfredericia.dk/turistinfornation-og-konakt

く，多くの企業にとってわかりやすい，拠点機能・結節点機能が充実しているためだ。主な企業の本社はフレゼリシア市に置かれていないものの，エネルギー企業の支社や子会社などが所在している。

例えばアメリカのエネルギー企業のクロスブリッジエナジー社はデンマークにおいてコペンハーゲンとともにこのフレゼリシアにオフィスを構えている。また，2021年に世界で最も持続可能なエネルギー企業と評価されたオーステッド社は，本社をフレゼリシア市内に置いている。木質ペレットと木質チップから発電や地域暖房を実現している中央熱力発電所（７つある発電所のうち１つがフレゼリシアに立地）を所有・運営しており，2023年までには全ての発電所で石炭の使用を廃止する計画が立てられている。さらには，データセンターなどの大規模デジタルインフラを運営するグーグル社もフレゼリシア市に進出している。このようにこの都市で活動する企業の顔が見えることが特徴である。

②　再生可能エネルギーを中心とした脱炭素戦略の推進

フレゼリシア市の経済を象徴するキーワードとして挙げられるのは，エネルギー，特に「再生可能エネルギー」である。当市は，将来のグリーンエネルギー発展の中心地になることを志向していて，2030年までにカーボンニュートラルを実現することを目指している。これを叶えるために，2030年までに市内の自動車の20％を再生可能エネルギー由来で走らせ，2050年までには100％再生可能エネルギー由来に切り替えるという戦略が考えられている。さらに，2030年までにトラックとバスの40％を水素系，電気系，あるいはその他の再生可能エネルギーに切り替えるという計画もある。また，2030年までに全ての石油焚きボイラーを廃止するという政策も進行している。

これらの施策を推進するため，市で排出されるCO_2排出量の１％にも満たない自治体自らが，自らのオペレーション全体をエコに優しいシステムにする“義務”を負っている。まず隗より始めろだ。加えて，脱炭素・エネルギー戦略を域内企業が先導して実現し，その経済的な効果を市域・圏域に波及させようとしている。

象徴的な取組みを紹介したい。脱炭素社会への移行を目的とした「グリーントランスフォーメーション」の一環として，エバーフュエル社とHy24社は２億ユーロを投資し，新たなジョイントベンチャーを設立した。この合弁企業の目的は，とりわけフレゼリシア市の水素工場を取得し，北欧地域におけるグリーン水素インフラの開発を加速させることにある。

エバーフュエル社が持つ欧州におけるグリーン水素プロジェクトのパイオニアとしての地位と，Hy24社の豊富な産業経験と強固な資金力が相まって，新設された合弁企業はグリーン水素分野において強い地位を築くこととなる[4]。

一方，トリニティ・シナジーズA/S社は，風車から出るエターニットやミネラルウール，ファイバーグラスなど，通常は埋立処分される鉱物を新しい技術を用いてリサイクルする企業である。この企業がこのたび10万トンの埋立廃棄物を新しいセメントに変えるグリーンソリューションを開発し，製油所と水素工場との間で画期的なエネルギー連携を実現することに成功した。また同社は，石油精製を行うクロスブリッジ社と水素製造プラントを持つエバーフュエル社をパートナーとし，ゼロエミッションプロセスで鉱物をリサイクルする環境に優しい技術を開発している。セメント代替材の製造につながる技術である。

4　デンマークのラース・ローケ・ラスムセン外相は次のように述べている。
「エバーフュエル社とHy24社によるこの重要な投資とジョイントベンチャーを温かく歓迎する。グリーン水素とe-fuelsは，海運，航空，重輸送などの産業の脱炭素化において大きな役割を果たすことになるだろう。従って，これはデンマークにおけるグリーンエネルギーの生産にとって良いニュースであるだけでなく，CO_2排出量を削減するための世界的な取り組みにとっても重要なことだ。」

エバーフュエル社とトリニティ・シナジーズA/S社の取組みは互いにリンクしバリューチェーンを形成している。トリニティ・シナジー社が必要とする酸素は，エバーフュエル社が手掛ける水素プラントから供給される。そして，生成されたCO_2は，製油所で使用されてより環境に優しい燃料に生まれ変わる。これにより，脱炭素・CO_2フリーな蒸気を生み出し，それが一連の産業活動を支えるエネルギー源となる。このような産業間の融合は，都市全体の生産性の向上に大きな影響を及ぼす。複数の地域に大手企業が集結することで，コンビナートのような大規模な基盤が形成される。これはカルンボー市で形成された産業コンプレックスと同じ効果を市内経済に与えるだろう。とにかく域内企業が元気なのである。

③　ビジネスコミュニティ向上のためのイニシアティブの構築

フレゼリシア市では，成長を確実に実現するための様々な取組みやイニシアティブが存在している。いくつか紹介したい。

[エネルギー・クラスター・デンマーク]

その中でも，交通物流とグリーンという2つの強みに結びつくネットワークとエコシステムの構築に焦点が絞られている。その代表的な取組みが「エネルギー・クラスター・デンマーク」である。

「エネルギー・クラスター・デンマーク」は，エネルギーセクターを対象としたデンマーク国のクラスター組織であり，フレゼリシアを含む7つの部門が，イノベーション活動の促進や資金調達を支援している。400のメンバーと631億円のプロジェクトポートフォリオに取り組み，デンマークを革新的でグローバルなエネルギーソリューションの開発と，実証におけるリーディング・グリーン国家と位置づけるというビジョンを追求している。そのため，「エネルギー・クラスター・デンマーク」は，中立的な立場から価値を創造し，メンバードリブンのイノベーションプラットフォームとして，大小の企業，学術機関，公的機関の間のイノベーション・コラボレーションを確立・促進している。

[トライアングル・エナジー・アライアンス]

「トライアングル・エネルギー・アライアンス」は，フレゼリシアとその地域の理想的なエネルギーインフラを基に，デンマーク中心部で野心的なエネルギー提携を進める枠組みである。その目的は，家庭と輸送，そして産業向けのグリーンで持続可能なエネルギーを生産する北欧のエネルギー拠点となることである。

この地域は，エネルギー企業の緊密な協力関係を構築するのに理想的な立地にある。現在は28のパートナー企業や自治体が既存のインフラ，知識，技術，組織の拡大・調整に取り組み，相互に連携を深めるという野心的な目標を掲げている。2020年からのデンマークの気候協定，自治体の気候戦略，そしてEUのセクター統合というトピックにおいて再生可能エネルギーへの転換（Power-to-X）は優先度が高く，それゆえ，この地域の水素製造が注目を浴びている。

[ビジネス・フレゼリシア]

「ビジネス・フレゼリシア」は，フレゼリシア市と共同で2015年に設立したビジネス推進組織です。約800社が加盟し，活動している。この組織は，民間と公共の代表者が集う理事会によって運営されており，その中にはフレゼリシア市長も名を連ねている。その目指すところは，フレゼリシアをデンマークの成長の中心地とすることだ。「ビジネス・フレゼリシア」の活動内容は，大きく３つに集約される。第一に，自治体との緊密な連携により地域のビジネスコミュニティに最適な条件を整備する。第二に，開発活動やプロジェクトの開始を通じてこれらの取組みを強化する。第三は，フレゼリシア地区におけるビジネスサービスの主要な事業者として活動することだ。

[タウロフ・トランスポート・センター（Da：Taulov Transport Centre）]

デンマークの中心部に位置するという，輸送と物流のビジネス優位性を強化することを目的とした利益団体である。政治家と代表的な企業との間で協力や活動の調整を進めている。

④　産業基盤を支えるインターナショナル教育の推進

フレゼリシア市は教育の街である。広範な教育プログラムと実力派の教育機関が集まり，市民の教育や能力開発に力が注がれている。フレゼリシアのさらなる成長を促すためにも，これらの教育分野を更に充実させる必要があると認識している。

フレゼリシア市の全ての小学校では，生徒たちに起業家精神とイノベーションを教育し，全ての子供たちが最大限に学びを広げられるように努力している。小学校卒業後には，高校であるフレゼリシア・ギムナジウム，IBC国際ビジネスカレッジ，専門学校であるEUCリレベルトなど多彩な教育機関が存在している。さらに，社会保健学校やフレゼリシア工学学校，そしてデンマークで唯一のミュージカルアカデミーでは，未来のミュージカルスターを国際レベルで育成している。IBC，(International Business College）は国際的，地域的，そして地元を最大限に活かすことを誇りとしている。多様なプログラムとターゲットグループを持つ教育機関としての活動を展開し，発展を遂げている。IBCの３つの主要な焦点は，革新，国際性，デジタルであり，これらは世界の発展と学生達の能力向上につながるよう設計されている。

IBCでは，IBCのプログラムと海外での滞在を組み合わせられるプログラムも存在する。また，フレゼリシア自治体の地域的取組みに加えて，「トライアングル地域教育協議会（デンマークのユトランド半島とフュネン島にある７自治体（ビルン，フレゼリシア，ハダースレブ，コリング，ミデルファート，ヴェジェン，ヴァイレ）で構成される協力団体）」に属する他の６つの自治体との連携も進めているのだ。ここでは，トライアングル・リージョンとしての教育地域の強化，この地域に存在する魅力的な高等教育プログラムの認知度向上，新しいプログラムの追加などに重きを置いている。また，教育環境と青少年環境の強化，住民の教育水準の向上，労働力の確保などを行って人材ストックの充実に注力している。

⑤　高生産性を有する都市（圏）の構図

フレゼリシア市は，交通の要衝という地理的メリットを最大限活かし，輸送・物流業を基軸に強い経済を構築してきた。その経済にさらなる“力を注ぐ”ために，グリーン・再生可能エネルギー確保に向けた産業投資を促し，さらにその連携を進めることで，自立経済化を確固たるものにしている。もちろんビジネス・フレゼリシアといった強い経済組織の存在も重要であるうえ，国際人材の育成プログラムの存在も，日本の港湾・交通拠点都市にとって参考になる。フレゼリシア市は，主たるデジタル戦略・計画はないとされるが，むしろこれらの経済構造をデジタルの力でどのように実現していくか，日本の都市にとっても真剣に考えていかなければならない課題である。

(3)－3　イカスト・ブランデ市
―ファッション企業の多角化・サービス化・輸出化による高生産性を実現―

図表2－55　イカスト・ブランデ市の概要

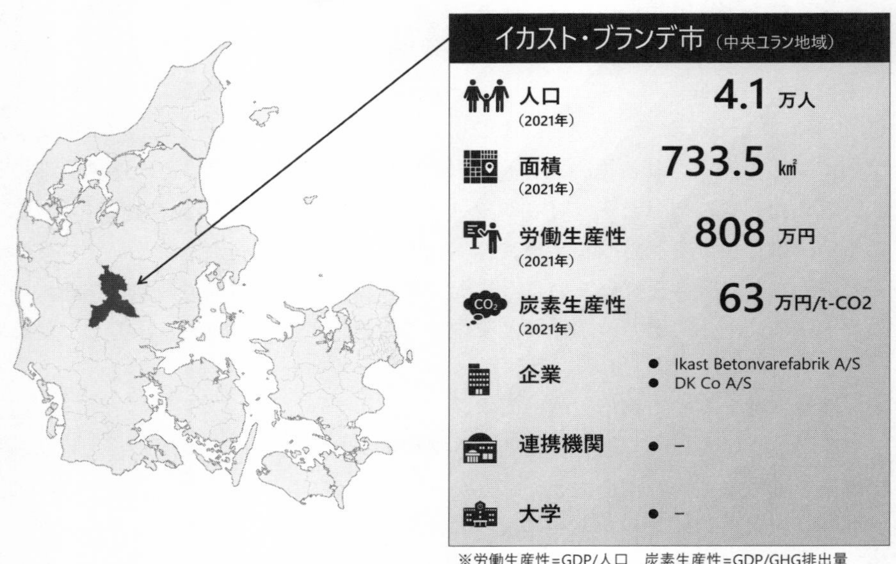

イカスト・ブランデ市（中央ユラン地域）
人口
（2021年）
4.1 万人
面積
（2021年）
733.5 ㎢
労働生産性
（2021年）
808 万円
CO_2
炭素生産性
（2021年）
63 万円/t-CO2
企業
● Ikast Betonvarefabrik A/S
● DK Co A/S
連携機関
● –
大学
● –
※労働生産性=GDP/人口　炭素生産性=GDP/GHG排出量
※企業は主要なもの

（出所）基礎地図：GADM maps and data，各種資料より野村総合研究所作成

①　繊維からファッションへの産業脱皮が高い生産性を実現

イカスト市と隣接するブランデ市は，合わせてイカスト・ブランデ自治体を形成しており，その活発な繊維産業から顕著な経済発展を遂げてきた。イカスト・ブランデ自治体の人口は約4.1万人（2021年）であり，デンマーク全土の都市順位においては54番目の位置づけとなっている。1人当たりGDPは約808万円で，国内平均である646万円を上回っている。地理的にイカスト市がイカスト・ブランデ自治体の一部を形成しているため，マクロ的な統計・指標はイカスト・ブランデを一体的に捉えることを了承いただきたい。

中央ユトランド地域に位置するイカスト・ブランデ市は，多数の輸出産業企業が集積しており，そのためにプロダクション・デンマーク（デンマークの生産基地）として言及されることが多い。イカスト・ブランデ市はこのような地域の特

図表2－56 イカスト・ブランデ市の特徴：衣料品工場（左）と開墾された草原（右）

（出所）［左］Photo by SI Janko Ferlič on Unsplash
［右］Photo by John Mark Arnold on Unsplash

性を存分に生かしており，デンマーク全98自治体中でイカスト・ブランデを上回る産業雇用率を示す自治体は1つしか存在しない。

イカスト・ブランデ市は製造業における雇用が全体のおよそ3分の1を占める。特に衣料品やエネルギー・環境に特化している点がその特徴である。加えて，イカスト・ブランデ市は輸出比率が非常に高い自治体であり，大抵の企業は輸出活動を展開している。繊維とファッション産業の中には，市全体の成長を牽引する大企業も存在している。

イカスト市は，繊維産業とファッション産業で訓練を受けた多くの労働者を抱えている。そのため，熟練労働者を確保することから利益を得られる企業が集まる。またブランデ市には世界的な企業であるベストセラーの本社がある。ベストセラーはイカスト市にも深く根づいており，複数のオフィスと生産施設を有している。同社によって地域内で数千人が雇用され，経済成長の大きな原動力となっている。

また，イカスト市にはメンズとレディースの衣類やアクセサリーを生産するDK カンパニー社が存在している。同社はオフィスと生産施設をイカスト市に設けることで，地域の重要な雇用主の1つとなっている。

② 農業に焦点を充てたカーボンニュートラルの推進

イカスト・ブランデ市が策定した初めての気候行動計画は，農業と自然環境にスコープをあてている。当該地域では畜産，作物栽培，土地利用からそれぞれ年間で114,542トン，67,126トン，148,412トンの CO_2 排出があり，これを抑制するための施策が必要となる。

この計画には，２つの主要な目標が設定されている。第一の目標として，イカスト・ブランデ市は，農業と自然環境に対する気候変動の影響への対応を推進することを掲げている。第二の目標では地元の農業セクターと協力し，農業生産におけるCO_2排出の削減を目指す。最終的には，2030年までに1990年比でCO_2排出量を65％削減することを掲げている。

それを達成するための具体的な措置としては，農家との連携，炭素を多く含む湿地の保護，肥料を用いたバイオガス製造，炭素貯留の促進，土地利用戦略の策定，畜産におけるCO_2排出削減技術の導入，森林造成など，11の活動が計画されている。

具体的な行動としては，農業関係者とのパートナーシップ形成，炭素豊富な湿地の保全，肥料からのバイオガス製造，パイロリシス[5]等への利用，炭素蓄積の促進（例：バイオガス製造の残渣や他の有機材料の熱分解），土地利用戦略の策定，家畜生産に関連する低CO_2排出技術の導入，森林の造成など，11の活動が含まれ，これにより目標達成を目指すとされている。

③　議会の支援を受けたビジネスコミュニティの存在

2020年に，イカスト・ブランデ市は，10回目のデンマークで最もビジネスフレンドリーな街に選出されるという快挙を成し遂げている。これは，イカスト・ブランデ自治体が持つ強力なビジネスコミュニティが不可欠であるとの考え方に基づき，行政と企業が一丸となってその構築に取り組んだ結果だろう。2021年６月，市議会は「デンマークのビジネス自治体」と称される新戦略を採択。自らを最もビジネスがしやすい街と宣言する一方で，行政だけでなく市議会自らが，次の５つの重点分野を掲げ，ビジネス志向を示した。それが，まず，⑴企業と自治体との協力関係を支援・応援し，イカスト・ブランデ市がデンマークでNo.1のビジネス自治体としての地位を維持し続けるために，企業が最も重視する取組みに力を注ぐこと，⑵企業の多様性を推進し，幅広い業種の大企業，中堅企業，中小企業からなる事業構造を支援すること，そして，⑶グリーン・トランジション（CO_2排出削減に向けた投資・事業・経営改革）に取り組む企業との協力を行うこと，⑷環境と気候の課題を先導し，持続可能性，循環型経済，水と廃棄物管理に焦点

5　熱分解法。バイオマスから液体燃料へ変換する方法の１つ。

を当てること。そして最後に，⑸市議会がデジタル化とテクノロジーに焦点を当てながら，起業を奨励するインセンティブを強化することである。このように議会自体がビジネス推進に向けリーダーシップを発揮することは，日本の地方都市ではあまりみられないと思われる。

さらに，イカスト・ブランデ市は，起業家支援によって経済成長と雇用の増加に貢献可能な施策を展開する予定だ。具体的には，すでに存在する企業から新たにビジネスを立ち上げる“スピンアウト”に加え，既に起業して立ち上げた事業を元の企業が買収する“スピンイン”も支援することで，起業をさらに促進しようとしている。

④　企業を軸とした人材誘致・教育システムが展開

イカスト・ブランデ市は，企業を通じて国内外の労働力を取り込んでいる。イカスト・ブランデのギムナジウムが運営するインターナショナルスクールやIBプログラムは，海外の家族が，この市で生活する意向をもつある種の呼び水となっている。イカスト・ブランデ市の労働力の教育水準は，当然のことながら，その地域のビジネス構造と連動している。また，この自治体は技術教育にも積極的である。これまでで提供されているのは，数少ない職業プログラムだけであったため，若者が地域の企業を対象とした論理的な職業プログラムを受けるには，ヘアリング市への長距離移動が必要であった。このたびイカスト市では，高等学校のギムナジウム（STX）と教育学プログラムの受講を可能とした。

また，隣接するヘアニング市との協力により，当該市のオーフス大学の卒業生や学生を地元企業で働いてもらう取組み，さらにはイカスト市の高校生を地元企業のプロジェクトに参加させる企画も進行中だ。ヘアニング市は卒業生の採用を進めるためデジタルプラットフォームを導入しており，この取組みをイカスト・ブランデ市でも採用する予定となっている。

⑤　高生産性を有する都市（圏）の構図

イカスト・ブランデ市は，多面的な顔をもつ高生産性都市である。すなわちファッション産業でサービス業の高生産性を実現しつつ，農業部門と自然環境領域を対象とした脱炭素化を率先することでCO_2の大幅削減も両立しようとしている。その背景には，ビジネスしやすい環境をいかに整えるかというポリシーが，行政だけでなく議会主導で行われている点に注目すべきである。スタートアップ・インキュベーションを後押しする施策も充実していて，既存企業との関係を重視した“スピンアウト”“スピンイン”双方の施策を講じているのは印象的である。イカストとブランドという隣接自治体同士で，企業活動の連携がなされているだけでなく，人材やエネルギーなどをうまく融通しあっている点は，日本の広域自治体の高生産性・自立経済（圏）化に参考となるだろう。フレゼリシア市と同様にイカスト・ブランデ市にもデジタル戦略はないが，この市の成功を参考に，デジタルによってこのモデルをどのように推進・強化できるかを考えてみることが必要である。

(3)－4　ビルン市
―農業都市でありながら巨大企業城下町としての要素を有する―

図表２－57　ビルン市の概要

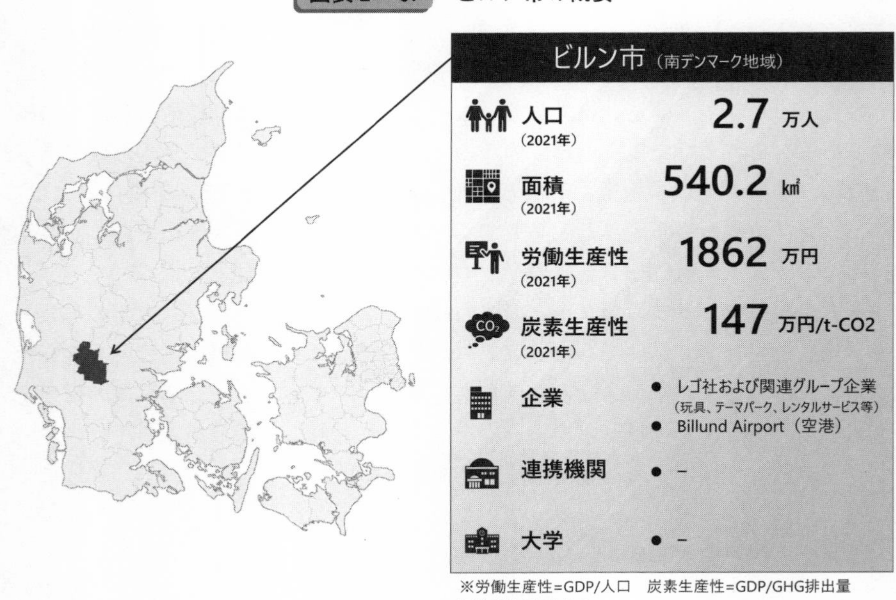

（出所）基礎地図：GADM maps and data，各種資料より野村総合研究所作成

①　概要と高い生産性を保っている背景

ビルン市は，人口2.7万人（2021年）で，94都市中80位に位置する小規模な都

市だ。一方で市の面積は540平方キロメートルと広大で，農村自治体にも分類されている。この都市はローカルハブとしてはあまり大規模ではないが，デンマークの都市の中で２番目に労働生産性が高い。１番目の都市は実際にはコペンハーゲン大都市圏内に位置しているため，地方の都市としては実質的に１番目と言える。ただし，単に一時点での労働生産性が高いだけでなく，2008年から2018年までの１人当たりのGDPの年平均成長率が6.6％で，この期間においてデンマーク内で最も経済的に成長した都市と評されている。

では，なぜ労働生産性がこれほどまでに高く，成長しているのであるか。その背後には，世界的な玩具製造企業であるレゴ社がこの地に本社を構えていることが大きな要因である。実際，レゴ社はビルン自治体の従業者のおよそ22％を占めており，一般的な企業城下町を考えると非常に大きな割合である。しかしながら，

図表２－58　ビルン市の企業リスト　ビルン自治体の上位10社（従業員数順）

会社名	従業員数（人）	産業
LEGO SYSTEM A/S （レゴ社）	5,229	玩具製造会社
LEGOLAND ApS （レゴランド社）	1,315	テーマパーク
Billund Airport （ビルン空港）	971	空港
Lalandia Billund A/S （ラランディア・ビルン社）	541	テーマパーク
DUPONT NUTRITION BIOSCIENCES APS （デュポン栄養生物科学APS（ダニスコ支社））	512	食品成分，産生酵素類
SAGRO I/S （サグロ社）	412	農業コンサルティング
Zizzi Denmark ApS （ジジデンマーク社）	404	アパレル，ピースグッズ，コンセプトマーチャント卸売業の一部
Hotel Legoland （ホテルレゴランド）	295	ホテル，レゴの一部
Koldingvej 2, Billund A/S （コリング道２）	254	レンタルサービス，レゴの一部
LEGO House A/S （レゴハウス）	253	展覧館，レゴの一部

注）2022年時点，2024年２月６日にデンマーク商業登記簿（CVR/Virk）から取得
（出所）Danmarks Statistik（デンマーク統計局）より野村総合研究所作成

これに加えて，関連の下請企業が集積し，玩具の原料となるプラスチックの研究開発部門が存在し，資源を集める人材が誘致されている。これにより，レゴ社全体の業績を支える産業インフラが整備されていると言えよう。

もちろん，レゴ社のグローバルな企業活動を支えるために，この規模の都市には空港が存在している。空港自体の従業員は約1,000人であるが，空港関連の産業を含めるとその数は3倍に増加する。この点においても，レゴ社と同様に空港は大きな産業として成長している。

このように，農業に加えて，レゴ社と空港関連の3つの異なる業種が共存することで，ビルン市は高い生産性を安定的に実現している。

図表2－59　ビルン市の市街地とレゴハウス

（出所）Billund Photo v/Hugo Sørensen

②　農業の脱炭素を通じた炭素生産性の向上

ビルン市のカーボンニュートラルは主に農業を中心に実現しようとしている。ビルン市は，砂質で部分的に開墾された草原からなる農地で，植林地，ジャガイモの栽培地，そして牛の放牧地が広がっている。この美しい風景の中で，農業は2030年までに温室効果ガス排出を60％削減し，2050年までには85％削減することを目指している。具体的な取組みとして，有機農業を行う農地の削減が挙げられており，これにより，重要な温室効果ガス排出の削減が実現され，同時にレクリエーションエリアとしての付加価値も提供される。有機農地は農業の排出の約３分の１を占め，自治体の面積の約17％を占めており，そのうち約6,000ヘクタールが潜在的に運用から外される可能性がある。これらの土地は川に近く，かつて湿地帯であった地域でもある。

また，森林の再植林も重要な取組みであり，大気中の炭素固定と持続可能な建材の供給が期待されている。自治体計画では，再植林が許可されているエリアは4,000ヘクタール以上あり，ただちに森を植えることができる。

③　高生産性を有する都市（圏）の構図

ビルン市は，農業と製造業が並存した日本の地方圏でよくみられる農工都市である。ただ特徴的なのは，製造業でも巨大グローバル企業であるレゴ社の本社が存在しているということだ。イカスト・ブランデ市などと同様に，脱炭素は農業部門を中心に進めつつ，レゴ社の生産活動を支える関連製造・サービス業の集積・育成を支援することで，労働と炭素の高生産性を生み出すモデル，３万人規模の街で実現できていることは非常に驚きである。小さい街でこそ可能な経済戦略（集積・立地している産業の強みを活かしたもの）は日本の小都市でも大いに参考となろう。

⑷　デンマーク７都市からみたまとめ

カルンボー，フレゼリシア，イカスト・ブランデの１人当たりGDPは，様々な要因が重なり，デンマークの他の多くの都市と比較して高い水準にある。その理由は次に示す３つにあると言えよう。

１つは強い産業と雇用があること。これら３つの都市は強力な産業基盤を持ち，住民に雇用機会を提供するいくつかの大企業の本拠地となっている。例えば，カルンボーには大規模な石油精製所があり，フレゼリシアには重要な海事産業がある。イカスト・ブランデは繊維産業で知られ，いくつかの大規模な製造業者がある。２つにはインフラと交通が揃っていることである。３都市はいずれも優れたインフラと交通網を備えており，企業や産業にとって魅力的なロケーションとなっている。例えば，フレゼリシアは三角地帯にあり，E20高速道路に近く，コペンハーゲンやオーフスなどの主要都市に簡単にアクセスできる。３つには歴史的に大企業の本社が輩出されてきたことである。例えば，イカストは20世紀初頭，デンマークの繊維産業の拠点となった。この都市は繊維製造業が盛んで，経済成長に大きな役割を果たした。繊維生産は雇用機会を生み，投資を呼び込み，地域の富を増やすことにつながった。

全体として，カルンボー，フレゼリシア，イカスト・ブランデの１人当たりGDPが高いのは，強力な産業基盤，優れたインフラと交通網，革新と起業の文化，歴史的理由などの要因が組み合わさっているためと考えられる。

加えて，これらの生産性の高い都市を支えているのは，デンマーク特有の産業クラスター戦略である。

デンマークの高等教育科学省とビジネス振興庁が共同で出資しているクラスタープログラムによると，全国に13の知識・ビジネスクラスターが指定・認定されている。

クラスター政策と都市政策の融合，すなわち産業間連携による生産性向上，そして都市内での知的連携や産業連携による雇用創出が融合することで，地方圏においても，人口規模が小さい都市であっても，高生産性を有した都市を生み出すことができていると推察される。

4 海外自立経済都市（圏）にみるデジタルローカルハブの条件

(1) ドイツ・デンマークにおける高生産性都市（圏）の４つのタイプ

事例を見ていただいておわかりになると思うが，一国の平均以上の高い労働生産性が実現されているのは，大きく４つのタイプがある。改めて整理したい。

１つは行政拠点あるいは政策の中枢として歴史的に発展してきた街である。もともと一定規模の人口を抱え，それを支える事業所・生活サービス業の集積も進んできた都市である。生産年齢人口の修正も他都市よりも多く，それゆえ都市全体の労働生産性も高くなる傾向にある。このような都市が，他に誇れる産業集積を手に入れた時，自立経済都市（圏）は確固たるものになる。

２つには，グローバル企業の本社・重要生産拠点が外貨獲得を行い，それを地域内に富を配分するいわゆる“企業城下町”の形態をとっている都市である。ただの企業城下町ではない。立地するグローバル企業が，常に高いレベルで安定した業績を残し続けていくことが重要である。ただ１つの企業グループだけに依存するのは都市として危うい面がある。業績が落ち込み雇用が削減されることになっても，その都市内で別の職場を見つけることは困難になる。そのため，複数の企業の生産・事業拠点を誘致・立地させる動き（エアランゲン），あるいは都市の中で生産拠点を連携させる動き（カルンボー）などがある。

３つには，大学・研究機関など知と育成の拠点が中心となって，新たな生業を創るシステムが内在している都市である。昔から言われている内発発展型モデルである。複数領域の企業，あるいは多様な人材，さらには自治体間のネットワークが緊密に張り巡らされ，技術起点のビジネスの種を見つけ，その創業あるいは

図表２－60　ドイツ・デンマークにみる高生産性都市（圏）の類型

	概　要	鍵（起点）	経済発展プロセス
行政・経済拠点型	●政府中枢基幹，魅力的な都市機能を備え，人口が増加し，GRP が拡大し続けられる都市	●行政 ●国際機関	●調達・アウトソーシング ●政府活動の後方波及
世界企業けん引型	●実力のある企業が，そのサプライヤーとともに都市経済をけん引する都市。労働生産性は極めて高いが安定性が欠如	●グローバル企業本社 ●主要生産拠点	●親企業—下請の強固な構造（下請の成長・発展） ●大企業生産連携
内発発展型	●内部資源（大学・研究所・中堅企業）と外部活力（輸出）との連携により，高い１人当たり GRP と安定した人口維持を実現できている都市	●大学 ●研究機関 ●グローバル企業生産拠点	●スピンアウト・スピンイン ●大企業—中堅・中小互恵システム ●トリプルヘリックス ●既存企業の新陳代謝システム
外発発展型	●外部から人・モノ・投資が経済活動を牽引している都市。観光，物流など	●歴史文化資本 ●自然資本 ●交通資本	●域内の単位当たり最終需要の拡大

事例のイメージ

- ミュンスター
- ビルン
- カルンボー イカスト・ブランデ
- コーブルク
- エアランゲン
- レーゲンスブルク ハイルブロン
- ダルムシュタット
- オーデンセ・オーフス・オールボー
- フレゼリシア

注）トリプルヘリックスとは産学官の多層的連携システムを指す
（出所）野村総合研究所作成

事業成長を後押ししている。成長がうまく実現されれば，特定の業種に偏ることなく複数の産業を根付かせることが可能となり，労働生産性を高めると同時に，その落ち込みを防ぐことができる。この構造を創り上げることが，自立発展都市（圏）の実現につながる。

4つには，経済の活力を主に域外に依存している都市である。最たるものは，インバウンド・観光都市である。自ら地域にある歴史資本，文化資本，自然資本を価値化し，域外からの消費，投資を誘因することで，定住人口の何倍もの付加価値額を手に入れる（＝労働生産性を高める）ことができている都市である。このような内発発展に対する外発発展の成長モデルは何も観光都市だけではない。基幹工場が海外から立地する，データセンターが移転する，など外からの投資をきっかけとして新たな経済発展のシステムやインフラが築かれる可能性もある。

これらの高生産性都市（圏）には，起点となる機能・施設（何が活性化の引き金を引いているか）と，それを地域内の経済活性化に結びつけるための仕組みの双方を有している。

ドイツ・デンマークの事例として紹介してきた都市は4つの類型の1つあるいは複数の構造を兼ね備えている。また，この構造を維持するべく，デジタル化とグリーン化（カーボンニュートラル，クライメートニュートラル）の取組みを効果的に取り入れていることがわかった。

⑵　高生産性都市（圏）から自立経済都市（圏）に転換するために求められる要素・条件

我々が考える「デジタルローカルハブ」は，単に特に瞬間的に高い労働生産性を実現している都市（圏）ではない。多様な分野のグローバルで外貨を獲得できる力をもった企業が立地し，それを支える特色のある（グローバルニッチトップ，隠れたチャンピオン）中堅・中小企業が集積し，新しい事業の種が次々と生まれ成長していくような自立経済都市（圏）である。4つの中では内発発展型が最も近いイメージであるが，そう簡単に内発型を実現できるものではない。ドイツ・デンマークの事例とともに自立経済都市（圏）構築に必要な要素（条件）をみていくと，内発発展型の都市を中心に共通となるシステムがあることがわかる。大きく言うと，プレイヤー（主体），エコシステム（事業創造・稼ぐ仕組み），空間（産学官連携，従生活，エネルギー・脱炭素を体現するイメージしやすい場所）

の３つである。

重要なのは，これらの施設・機能を連携させ，次の生産性の高い事業，生産性の高い経済構造そのものを創り出すことだ。以下，具体的に述べたい。

①　国際ネットワーク，地域ビジネス，知の創出を担う３つの地域主体がしっかり息づいている

第一に挙げられるのは，伝統的なグローバル企業が高成長の着火点になっていることだ。人口規模・財政力などが十分ではない都市が，経済の自立性を実現するためには，人材・資金・グローバルネットワークなどが既に確立されているグローバル企業の力が必要となる。いや，グローバル企業が当該自治体にとって必要なのは，都市を前向きに導く意思決定の力そのものを与える。ドイツのエアランゲン市に鎮座するシーメンス・ヘルシニアーズ社は，エアランゲン市の人材確保・育成戦略に関与するとともに，市内の産学官医の交流を進めるための都市計画のあり方に建設的な助言をしている。脱炭素の流れの中で，どのようにクライメートニュートラルを実現するか，シーメンス社自らが実現しようとしていることが，エアランゲン市の脱炭素そのものに大きな影響を及ぼすことになる。プラス，マイナス両面あるが，グローバル企業が当該都市と運命共同体と認識し，一緒に発展の歩みを進めてもらえることは心強い存在であるに違いない。

２点目は，地域の有力企業が息づいていることだ。ドイツのレーゲンスブルク市では，製造業を支える自動車部品関連だけでなく，不動産，販売，都市開発系の新たな企業が生まれ，グローバル企業にまで売上高を伸ばしている。同じくドイツのコーブルク市のHUKコーブルク（保険会社）は，人口５万人の都市を支える世界的な金融企業として息づき，成長している。デンマークのイカスト・ブランデ市は，ベストセラー社が当地で生まれ，繊維産業を改革しつつ，世界的なファッション企業として成長している。このように，産学官の様々な支援を受け一から創業して成長したケース，大企業からスピンアウトして創業するケース，発祥は別の地域だが，当該都市に本社を置き，ブランドやビジネスネットワーク等を軸に大きくなったケースなど，様々あるが，地域に根差し，地域の発展を祈念し，地域の発展を第一に考える地域有力企業が存在することが，様々な環境変化があっても，柔軟な都市経済を支える礎となっているのである。

３点目は，これが最も皆に知られたところだが，大学・学術研究機関など，知的資産起点での経済発展だ。今回紹介した都市の多くは，大学，技術系単価大学，

実証研究機関，経済研究機関など何らかのアカデミックな施設がある。これらの施設は，１つは当該都市にある知的資産を活かし，新しい事業創出（特に技術）に貢献している。エアランゲン市では，第一級の医療系大学（フリードリヒ・アレクサンダー大学）が医療・薬学系の学生を輩出する一方で，フランホーファー研究機構（研究所），マックスプランク研究所など技術系の研究事業を企てる事業者を支援・応援する研究機関が立地している。ちなみにフランホーファー研究機構は，全ドイツで76，総従業者数３万人を抱える研究組織[6]である。先に抱えたエアランゲン市（集積システム・デバイス研究所，集積回路研究所）以外にも，本書で紹介したダルムシュタット市（コンピューターグラフィックス研究所，構造耐久性・システム信頼性研究所，安全情報技術研究所），ミュンスター市（MEETバッテリー研究センター，バッテリーセル生産研究所）など既に存在している。このような実証・開発研究機関が立地していない都市では，連邦の研究開発補助金申請の加点要素になっていることもあり，新しく事業を創発したい都市，助成金の認定を受けたい都市から新規設立・誘致を強く期待されているとも聞いている。同じドイツのダルムシュタット市や，デンマークのオーデンセ市でも，大学が起点となって生産性の高い事業創造に挑戦している。

②　エコシステムの形成がなされている

主体以上に重要なのは，地域主体をエリア横串で連携し，全体としてパイを高める仕組み（これをエコシステムと呼ぶのは乱暴かもしれないが）が構築されている。最も象徴的なのはデンマークのカルンボー市のカルンボー共生である。製薬大手ノボノルディスク社を中心にしつつも，大企業が連携してインスリンを生産するシステムが構築されているだけでなく，システム全体でサーキュラー（循環型）を作りそのモデルを展開しようとしている。日本では考えにくいが，これらのシステムを支える下請企業の育成・支援や製薬領域の研究開発人材の育成も行って，このシステムが将来も維持されるような対策を講じている。

常に新しい事業を生み出す仕組みが内在化しているのが，ドイツのエアランゲン市だ。地域のスタートアップ企業の成長を，当地に本社を置くシーメンスヘルシニアーズ社やフリードリッヒ・エアランゲン大学などが人材・資金の提供を行うことで，徹底的に応援する仕組みができている（成長したスタートアップ企業

6　フランホーファー日本代表部HPより（2023年現在）。

はシーメンス社の一員になることを約束しているケースもある)。ドイツのコーブルク市では，高等職業学校が既存企業の事業転換や新事業開発を応援し，経営が永続するように応援している。

このように，地域主体の大企業・中堅企業，グローバル・地域企業，産官学，内外のコミュニティが連携しながら，高い経済価値を生み出す仕組みが構築されているのが特徴だ。ただし，黙ってこのような産業連携や域内創業の仕組みができあがるわけではない。もちろん個々の企業が常に域内外の企業の動向や経営者に目を向け，機を見てネットワーク化を投げかけるケースもある。ただお互い顔を見合わせてしまうこともあり，なかなか連携が組織化されない。このような中で，地域の商工会議所（ドイツではIHK）や経済振興団体などが，中小・零細企業や特定の業界だけに目を向けるのではなく，地域の経済力（GDP）をかさ上げするためのあらゆる方策を，域内全ての企業と連携しながら実行していく役割を担っている。欧州の商工会議所は，原則全ての企業が相応の負担金を支払って会議所に加入しているので，会議所自身の財政力はそれほど厳しくない。まさにエコノミック・エコシステム構築の番人的な位置づけとなっていることが大きな特徴だ。これらの経済戦略は，市から外だしされた専門の外郭団体が担っていることも多い。再びの紹介になるがドイツコーブルク市では，市役所内に経済振興の部署はなく，外局の経済振興公社にまとめられており，専門的見地から経済戦略を立案・実行する仕組みが作られている。

これ以外にも複数のインフラ及びエネルギー領域を共通で運営するドイツのシュタットベルケ（実はデンマークも同様の組織がある）も重要なエコシステムを担っているが，こちらは最終章で改めて述べたい。

ドイツでは，経済戦略・グリーン戦略・デジタル戦略の順で活性化のための戦略づくりが進められており，デンマークでは，もともと展開していたデジタル化にグリーン戦略を追加させているイメージであるが，このようなエコシステムを利活用するかたちで必要な投資・事業などが進められていることがわかった。

③　空間とデジタルのインフラが成長する雰囲気を創り出している

企業が活力を維持し，新しい事業や企業が生まれてくるうえで重要なことは，都市自身が前向きで活力ある雰囲気を醸し出していることだ。それは，都市の空間構造に表されるものである。中心市街地も郊外のサイエンスパークにも何かに挑戦しようとするある種の勢いがあると，研究開発機関やグローバル企業，さら

図表２－61　高生産性を有した都市・地域の構造（ドイツ・デンマーク事例より）

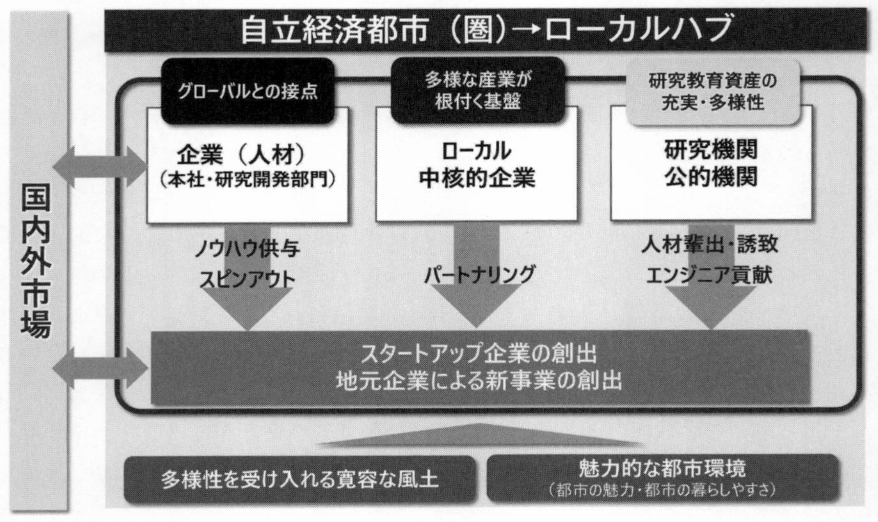

（出所）野村総合研究所作成

には優秀な人材も当該地域に集まってくるものだ。ドイツ・デンマークの高生産性都市をみると，オープンマインドな雰囲気とリアルな交流を促す空間の存在がある。具体的には，デジタル技術を通じて，働く人のための魅力的な都市空間整備を進めている。あわせて，エネルギーマネジメント，快適な生活環境が実現された姿を，１つの空間の中で体現する動きも活発化している（デンマーク・リビングラボなど）。

ドイツ・デンマークで紹介した都市（圏）は，以上３つの要素が存在し，既に稼げる経済が構築されており，デジタル化，脱炭素化の取組みを通じてさらに強化されていることである。欧州は，既に築かれた高生産性を発揮する経済構造をベースに，デジタル化，脱炭素化に取り組む状況にあるのに対し，日本の場合は，今の存在している主体・インフラ（研究開発）を活かし，どのように稼げるか（生産性の高いシステム）をこれから構築していく，というフェーズにある。

以上の点を踏まえ，次章では日本におけるデジタルローカルハブ構築の必要性とそのための取組みについて紹介したい。

第3章

日本におけるデジタルローカルハブ実現の方向性とその取組み

日本におけるデジタルローカルハブの意義

(1) エコシステムをデジタルで実現する―日本におけるデジタルローカルハブ形成の意義―

第２章で紹介したドイツやデンマークの諸都市（自治体）は，高い労働生産性を持つ，あるいは事業創造の力を持った諸都市が，いかにしてデジタル化・スマート化に取り組んでいるか，また脱炭素化を通じて自都市の経済的活力を高めているか，を示すものであった。これらの都市は数値として“成果”を出し続けていると言える。

一方日本は，そのような成果を出している都市は極めて少ない。例えば，京都市などは数少ない異業種のグローバル企業の本社が多く集積・発展している都市であるが，それ以外は候補となる都市こそあれ，明確な成果を見出している都市は少ない。これからは，海外の成功事例に学びつつ，日本特有の環境を活かしたローカルハブを実現していくことが必要だ。すなわち，デジタル化を通じて，脱炭素の実現に向かって，高い労働生産性を実現していくためにどうすればよいか，すなわちデジタルローカルハブを体現していくことが求められる。

日本全国を見渡すと，グローバル企業の本社や重要拠点，国立・県立大学，工科大学，高等専門学校が立地している拠点都市は決して少なくない。

ドイツやデンマークの高生産性都市では，産学研官＋市民のエコシステムが鍵となっている。特にトリプルヘリックス（らせん型・多層型の産学官連携）と呼ばれる，固有の組織・機関・人材を核とした多層的かつ複層的なプロジェクトが成果を出していることが特徴だ。

日本でもこのような拠点・施設・機能が既に“存在”している都市・地域は有望であると言える。

しかしながら，大学，高専，研究機関などが，それぞれの全国的な組織の中でシステムとして活動しているケースも多く，都市や地域を単位として連携を行い，シナジーが生まれているケースは多くないとみられる。海外で根づいているローカルハブ実現に向けて重要なのは，施設や機関ではなく，そこで提供されている要素（機能）をいかにして創り上げていくか，また，その要素（機能）をいかに連携させ，新しい事業を起こし，生産性という成果を継続的に実現させていくか，である。

デジタル技術を活用して，地域を超えた産学官を連携すると共に，地域のデータに基づいて新たな事業を創出することで，ローカルハブを構築できる都市が増えると考えている。

例えば，グローバル企業（大企業）の拠点が少ない都市でも，デジタルによる共同研究，データ活用の取組みなどによって大企業を巻き込んだ研究活動が可能となり，将来的には拠点の立地にもつながる可能性がある。

このように，日本においては，ローカルハブという目標を達成するうえで，まさにデジタル化・グリーン化の取組みが効果的なのである。

図表３－１　ローカルハブの構造とデジタル化の支援

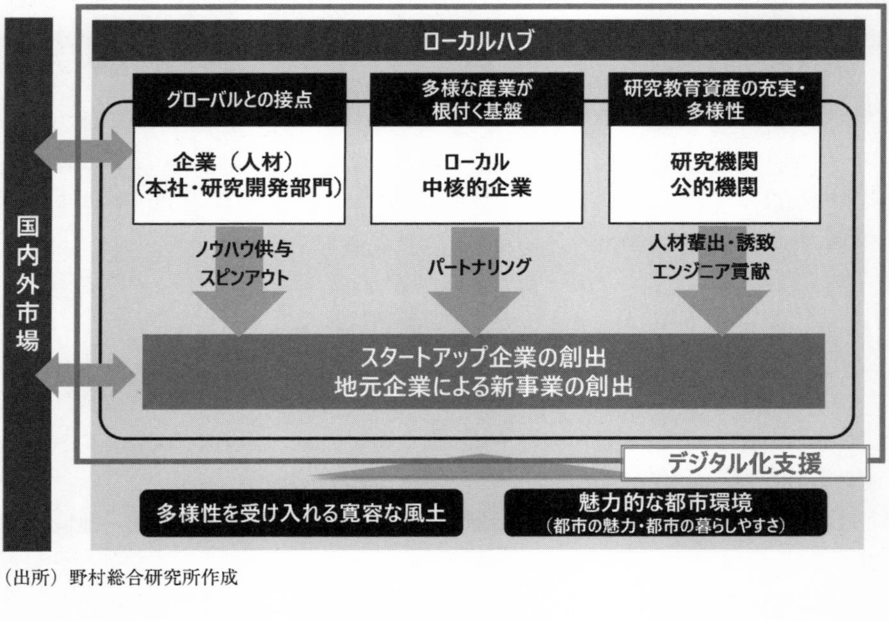

（出所）野村総合研究所作成

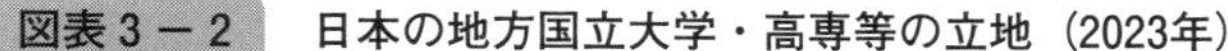

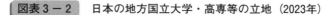

図表３－２　日本の地方国立大学・高専等の立地（2023年）

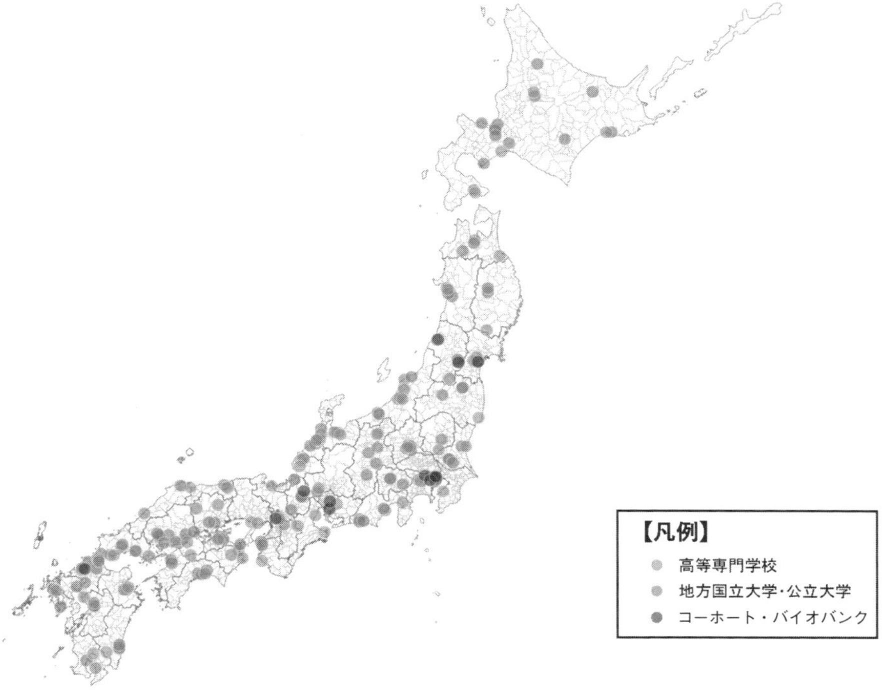

【凡例】
高等専門学校
地方国立大学・公立大学
コーホート・バイオバンク

（出所）文部科学省 HP，首相官邸資料等より野村総合研究所作成

⑵　デジタルローカルハブの概念

しかしながら，それぞれ単体に存在している場合もあり，連携やシナジーが生まれているケースは多くない。ローカルハブ実現に向けて重要なのは，施設や機関ではなく，そこで提供されている要素（機能）をいかにして創り上げていくか，また，その要素（機能）をいかに連携させ，新しい事業を起こし，生産性という成果を継続的に実現させていくか，である。

生産性を高めるためには，いくつかのプロセスがある。単純に考えると，分母を減らし，分子を高めることだ。分母を下げるということは，労働生産性であれば人口や労働時間を減らすことであり，炭素生産性であれば，分母は都市レベルで排出される CO_2 排出量を減らすことである。一方，分子となる付加価値額の上昇は，いくつかの方法がある。支出面（需要面）でみると，域内（主に市民（個人・法人））の消費額を高めること，また域内外から投資を促進させること，輸出・移出を高めつつ（外貨獲得），域外流出を抑えることである。分母・分子を個別に高める方法もあるが，これらを一気に進める施策として，既存企業の（労働・炭素）生産性を高めること，（労働・炭素）生産性の高い事業を新たに生み出すこと，（労働・炭素）生産性の高い企業になるよう国内外から投資を呼び込むことなどが考えられる。

さらに，これらの事業，企業活動に携わるのが，従業者であることを考えると，従業者＝市民が幸せに，豊かに，希望をもって生活できる環境整備が重要だ。都市の魅力を高めることが市民の当該地域における生活ニーズを高め，人口の社会減（流入―流出がマイナスになる）を抑えることにつながる。

労働生産性や炭素生産性は，あくまでも都市・地域全体からみた数値であり，この数値を参考にしつつ，デジタルローカルハブ構築への取組みがどの程度まで進んできたかを判断していくのがよいだろう。

このような課題を１つひとつデジタルの力で解決していくことが必要だ。言う

図表３－３　デジタルローカルハブの構図

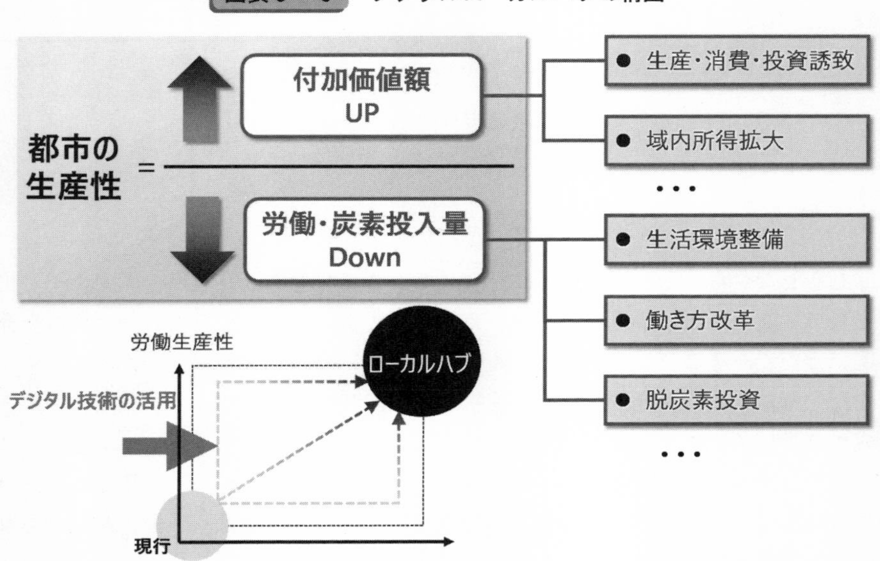

（出所）野村総合研究所作成

は易し，行う（実現するの）は難し，である。だが，デジタル技術を活用して，地域を超えた産学官で連携するとともに，地域のデータに基づいて新たな事業を創出することで，ローカルハブを構築できる都市が増えると考えている。例えば，グローバル企業（大企業）の拠点が少ない都市でも，デジタルによる共同研究，データ活用の取組みなどによって大企業を巻き込んだ研究活動が可能となり，将来的には拠点の立地にもつながる可能性がある。

図表３－４　デジタルローカルハブ実現の構図（例）

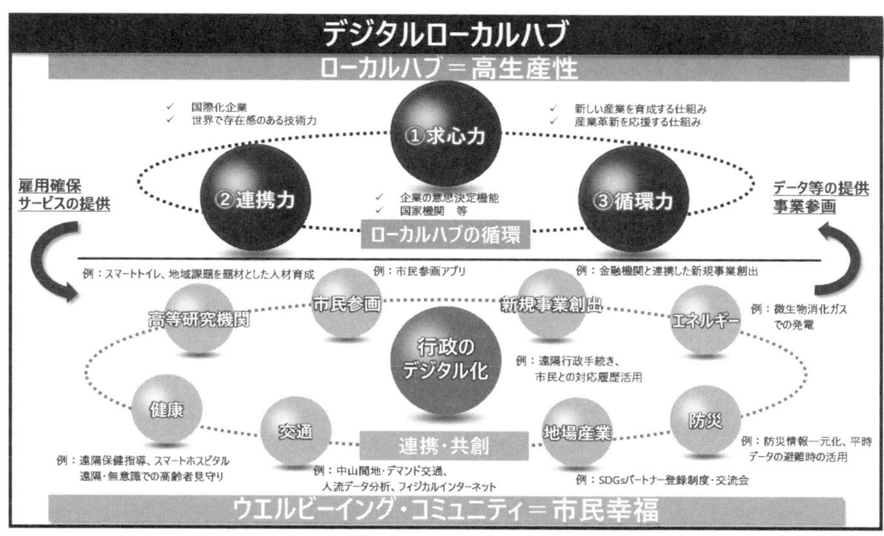

（出所）野村総合研究所作成

ここで，日本において，デジタルローカルハブのポテンシャルのある都市の中から，デジタルやグリーンを通じて経済活性化を実現しようとする取組みを紹介したい。ここで紹介する事例は様々だ。今回新たにデジタルローカルハブに向けて戦略を構築したもの，具体的なプロジェクトに着手したもの，また既にデジタルローカルハブのコンセプトに近い取組みを行い成果がでているもの，などである。デジタルローカルハブ実現への取組みはどのようなものか，またどのような工夫が必要なのか，日本の事例をみてイメージを掴んでもらいたい。

取組事例は大きく３つのタイプに分けて示したい。１つは，デジタルローカルハブのコンセプトのもとでデジタル化戦略を構築し，戦略プロジェクトへの取組みに着手しているもの（鶴岡市），戦略プロジェクトの立案の段階にあるもの（盛岡市，帯広圏），デジタルローカルハブに近い概念で既に取組みが進められていると判断しているもの（宇都宮市，郡山市，佐賀県）である。

2 日本におけるデジタルローカルハブの取組事例

(1) 研究力・創業力が高い山形県鶴岡市の取組み

① 農工都市ながらイノベーティブな土壌を持つ研究都市

山形県鶴岡市は，人口約12万人（2023年）の地方都市である。2005年に６市町村が広域合併し，東北一広い面積を有する（面積：1,311.51km^2）。2014年12月１日に日本で初めてのユネスコ食文化創造都市に認定された食の都市でもある。また，市内には約21.5haを有する鶴岡サイエンスパーク（**図表３－５**）があり，2001年に開設された慶應義塾大学先端生命科学研究所を核として，国立がん研究

図表３－５　鶴岡サイエンスパークの全景

（出所）鶴岡市より

センター，理化学研究所といった国家的研究機関が集積する。また，先に紹介した慶應義塾大学に加え，山形大学<農学部>，東北公益文科大学，さらに鶴岡工業高等専門学校といった技術系の高等教育機関も存在する。

鶴岡市は，大きく３つの点でローカルハブ実現に向けたポテンシャルがある地域と判断している[1]。

１つは全従業者に占める研究者比率がこの規模の都市で極めて高いことである。

２つには，鶴岡市において生産性の高い事業所が多いことだ。産業でみると製造業，医療，福祉サービス業は，全国の生産性よりも高い水準にある。製造業をみると，電子・電気産業で生産性が高いのだが，これはソニー・セミコンダクタ，沖電気などをはじめ，高付加価値な製品を多く製造している事業所が雇用の多くを占めていることに起因する。

３つには，この地には，創業の風土が浸透しており，この地を起源とする様々なスタートアップ企業が生まれ，成長を遂げていることである。現在鶴岡創業のスタートアップは10社にのぼっており，バイオ・薬学系の企業（ヒューマン・メタボローム・テクノロジーズ㈱，Spiber㈱，㈱メタジェン，㈱サリバテック，㈱MOLCURE，インセムズテクノロジーズ㈱，フェルメクテス㈱），IT関連（㈱フェイバーエンジニアリング）から観光・不動産・農業・エネルギーなど地域課題を包括的に取り組むヤマガタデザイン㈱など多彩だ。鶴岡市全体の売上高に占める割合は約0.4％に過ぎないが，ヒューマン・メタボローム・テクノロジーズ㈱は上場しており，Spiber㈱は海外に事業所を有するまで成長するなど力強さを感じる。またヤマガタデザイン㈱は，2022年に日本サービス大賞地方創生大臣賞，ニッポン新事業創出大賞（経済産業大臣賞と地方創生賞）の３つを同時に受賞する快挙を達成している。このような力強いスタートアップが相次いで生まれる土壌が鶴岡にはある。

②　SDGs未来都市鶴岡デジタル化戦略の策定へ

鶴岡市では，個別にデジタル化への取組みを進めていたが，改めてデジタル化によって目指すべき将来像を市の関係者間で共有し，デジタル化に向けた戦略的な取組みを効果的に進めるべく，2021年度にデジタル化の戦略を策定する決定をした。これはデジタル化そのものの戦略はもちろん，自立経済都市（圏）の構築

1　「デジタル国富論」東洋経済新報社，2019，第７章にも記載。

をも念頭においたものである。

鶴岡市デジタル化戦略「SDGs 未来都市鶴岡デジタル実践宣言」（以下，「鶴岡市デジタル化戦略」という）には，大きく「ローカルハブ」と「ウエルビーイング・コミュニティ」の２つを掲げ，相互に連携させることによって，都市力（都市の生産性）を高め・継続させることを狙っている。「ローカルハブ」の実現においては，市内の産業・企業の求心力，循環力，創造力を支える取組みを検討している。そして「ウエルビーイング・コミュニティ」については，都市活動を支えるサービスを想定し（交通（移動），防災，医療・介護，教育，エネルギー支援など），それらの連携を想定したデジタルサービスの提供を考えた。そして都市サービスの中心に行政サービスを位置づけたことが特徴である。様々な都市・地域のデジタル戦略をみると，医療，交通，教育，産業，行政など，それぞれの分野が独立的，並列的に書かれているものが多い。ここではウエルビーイングという目的に向かって各分野がどのように連携したらよいか，どう連携すべきか，を立体的に描くことに留意した。

さらに「ローカルハブ」を実現するうえで，地域のコミュニティで得られたデー

図表３－６　鶴岡市 SDGs 未来都市デジタル化戦略の概要

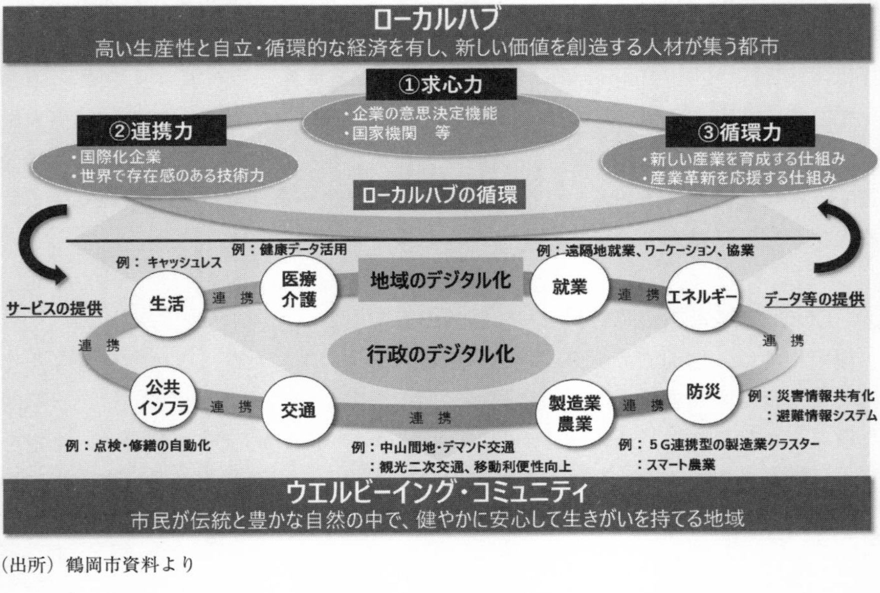

（出所）鶴岡市資料より

タをどのように経済的な価値に変えていくか，また「ローカルハブ」の経済・産業活動によって生み出された商品や知的資産が，地域の「ウエルビーイング」実現にどう貢献していくか，それらを意識した戦略を構築した点も特徴である。

ドイツ，デンマークなどの取組みをみると，デジタル化をリードする主体・組織を定めることが重要であることが判明した。

鶴岡市では，デジタル化戦略の立案と実現を強力に推進することを目的に，「デジタル化戦略推進室」を設置（2021年４月）している。同室は，デジタル化施策を進める庁内の関連課との調整や技術的な支援，他課への横展開に係る情報提供等を行うほか，各部署によるデジタル化施策に関連する予算要求の内容を一元的に取りまとめたうえで，全庁的な対応が必要で複数の部署間で共通のテーマについては，横断推進チームを組成して，重点的な予算化や施策実現を強力に牽引している。

また，デジタル化に関する専門的な検討を進めるため，市内外のデジタル有識者・市民を招聘して構成する「SDGs 未来都市デジタル化戦略有識者会議（デジ

図表３－７　鶴岡市におけるデジタル化戦略推進室の位置づけ

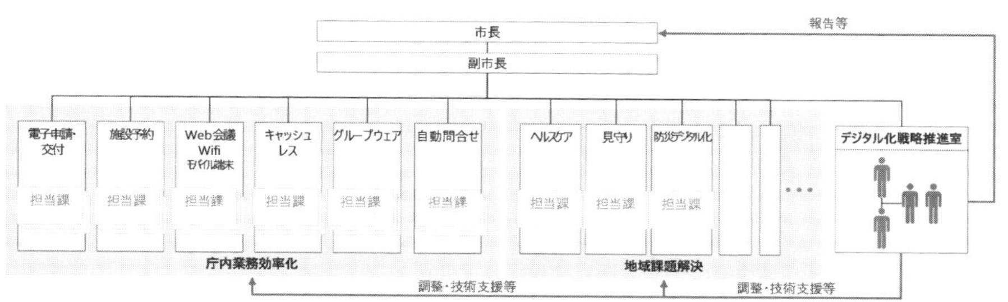

（出所）野村総合研究所作成

図表３－８　デジタル化施策のテーマ選定と予算の優先配分及び事業評価までの流れ

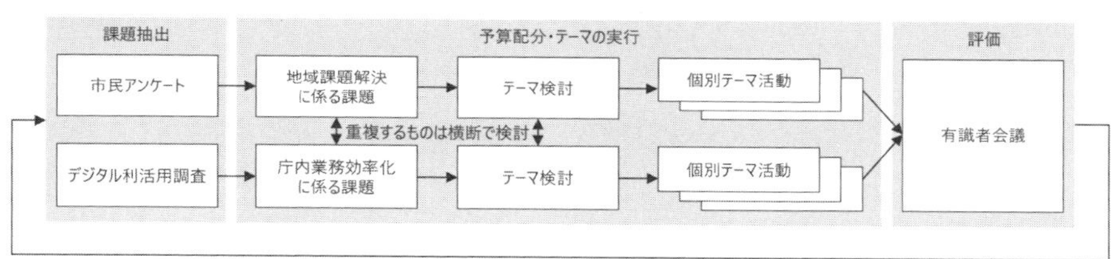

（出所）野村総合研究所作成

タル有識者会議)」を設置（2021年３月）した。これらの実施体制により，「鶴岡市デジタル化戦略」を策定（2022年３月）したうえで，2022年度から当該戦略に沿い，鶴岡市役所全庁，地域企業及び学術機関が連携した活動に着手している。

市は，「デジタル化に関する市民アンケート調査」（以下，「市民アンケート」という）と庁内各部署に対する「デジタル利活用調査」を毎年実施したうえで，その結果に基づき，先行的に解決すべき課題を抽出して，デジタル化施策のテーマを検討している。ここで選定されたデジタル化施策には，市の予算やデジタル田園都市国家構想交付金等の補助金予算を優先配分している。また，選定された施策の推進にあたっては，SDGs 未来都市鶴岡デジタル化推進有識者会議において，デジタル化に見識の深い有識者から広く意見や助言を得ることとしており，施策の推進や活動内容の見直し等につなげている。

この体制の構築こそが，それ以降のデジタル化への取組みを効果的に進める基盤となっている。

図表３－９　鶴岡市デジタル化施策の一覧

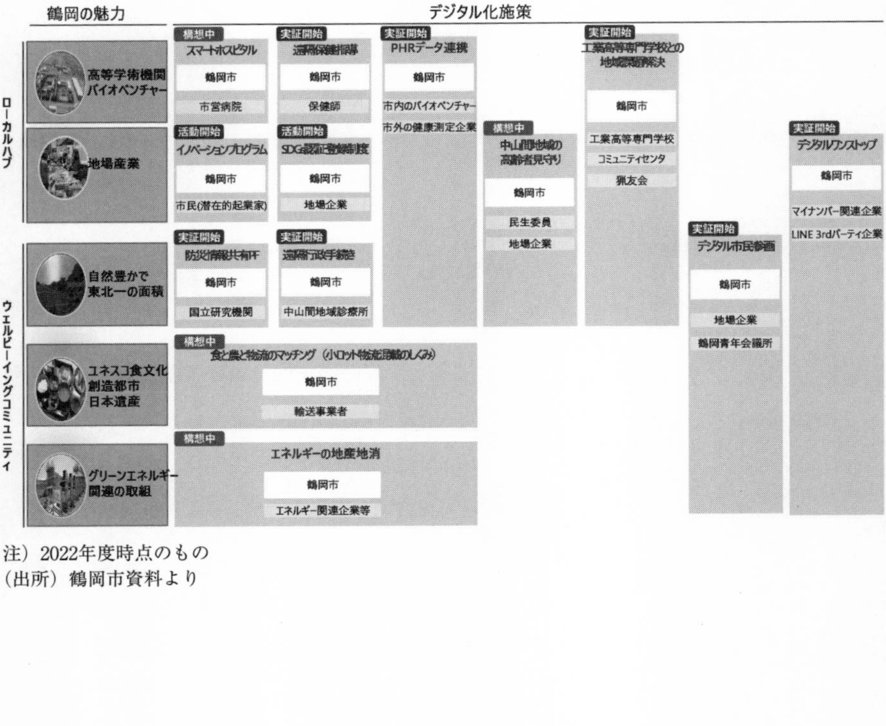

区分	鶴岡の魅力	デジタル化施策	状況	主体	連携先
ローカルハブ	高等学術機関 バイオベンチャー	スマートホスピタル	構想中	鶴岡市	市営病院
		遠隔保健指導	実証開始	鶴岡市	保健師
	地場産業	イノベーションプログラム	活動開始	鶴岡市	市民(潜在的起業家)
		SDGs認証登録制度	活動開始	鶴岡市	地場企業
ウェルビーイングコミュニティ	自然豊かで東北一の面積	防災情報共有PF	実証開始	鶴岡市	国立研究機関
		遠隔行政手続き	実証開始	鶴岡市	中山間地域診療所
	ユネスコ食文化創造都市 日本遺産	食と農と物流のマッチング（小ロット物流混載のしくみ）	構想中	鶴岡市	輸送事業者
	グリーンエネルギー関連の取組	エネルギーの地産地消	構想中	鶴岡市	エネルギー関連企業等
共通		PHRデータ連携	実証開始	鶴岡市	市内のバイオベンチャー、市外の健康測定企業
		中山間地域の高齢者見守り	構想中	鶴岡市	民生委員、地場企業
		工業高等専門学校との地域課題解決	実証開始	鶴岡市	工業高等専門学校、コミュニティセンタ、猟友会
		デジタル市民参画	実証開始	鶴岡市	地場企業、鶴岡青年会議所
		デジタルワンストップ	実証開始	鶴岡市	マイナンバー関連企業、LINE 3rdパーティ企業

注）2022年度時点のもの
（出所）鶴岡市資料より

③ 実証プロジェクトの企画・実践へ

これらの戦略に基づき，同市や地域企業，学術機関との連携が活発化しており，十数もの実証プロジェクトが企図され，実現に向けて動いている。これらの中から，特徴的な取組みを紹介したい。

[デジタルワンストップサービス]

先行プロジェクトとして，鶴岡市のLINE公式アカウントから，多分野にわたる官民サービスをワンストップで提供する仕組みの構築に取り組んでいる。ここで提供されている官民のサービスとしては，行政手続きなどに加え，子育て・防災・健康・移住支援関連のサービスの提供や，地域の施設の予約などがある。

このサービスには，いつでも・どこでも・だれでもアクセスできることから，物理的に市外から市内のサービスを利用したり，市内で行われる活動に参画したりすることも想定される。市外の住民が，鶴岡市の行政や地域のサービスを享受し，サービスの対価・料金を地域に還元するとともに，自治会やイベント，サービス企画などの活動に参画し，地域の担い手不足を補完する役割をデジタル上で担う。このような環境が将来，全国的に整った場合，現実世界で居住する地域にとらわれず，国民はサービス享受や，参画する自治体を選択することができるようになる可能性がある。デジタルでの活動をきっかけとして，現実世界での移住定住につながることも期待される。

図表3－10 デジタルワンストップを介したデジタル上でのつながり

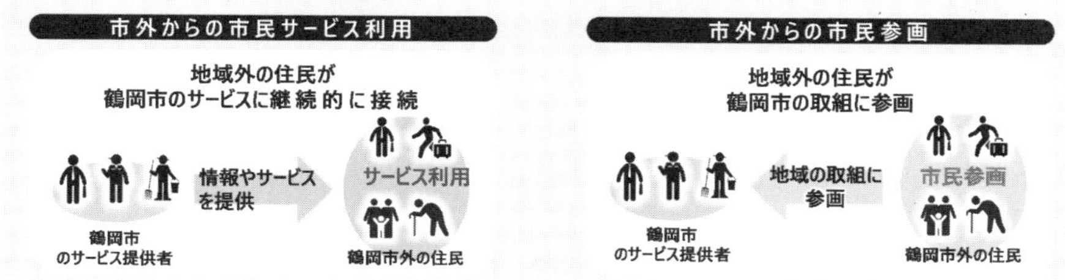

（出所）野村総合研究所作成

具体的には，市民がサービスを依頼したり，利用したりする際に必要となる個人認証機能，アンケート機能，施設やサービス利用の予約機能，市民や地場企業等とのコミュニケーション機能，市民参画プラットフォームのような官民共創のための機能などがある。これらの共通機能がワンストップで提供されることで，市民にとっての利便性向上だけでなく，サービス提供者による重複投資の抑止につながる。また，市民１人ひとりの申請等の実施状況が一元化されるため，職員による手続き等の抜け漏れチェックなどの管理負荷が格段に軽減され，市民の状況に応じたサービス案内等の通知が適時的確に実施可能になるなど，市民サービスの向上にも結びつく。

このような仕組みを用意しておくことで，当初は，様々な地域課題に対応した個別のデジタルサービスを提供し，関連データの蓄積やサービス利用者の拡大により，複合的な地域課題を解決する必要性が顕在化した段階で，共通のユーザーインターフェースを通して，適切で円滑なデータ連携による複合的なサービス提供を実施していくことが可能になる。

図表３－11　鶴岡市におけるデジタルワンストップサービスの機能構成

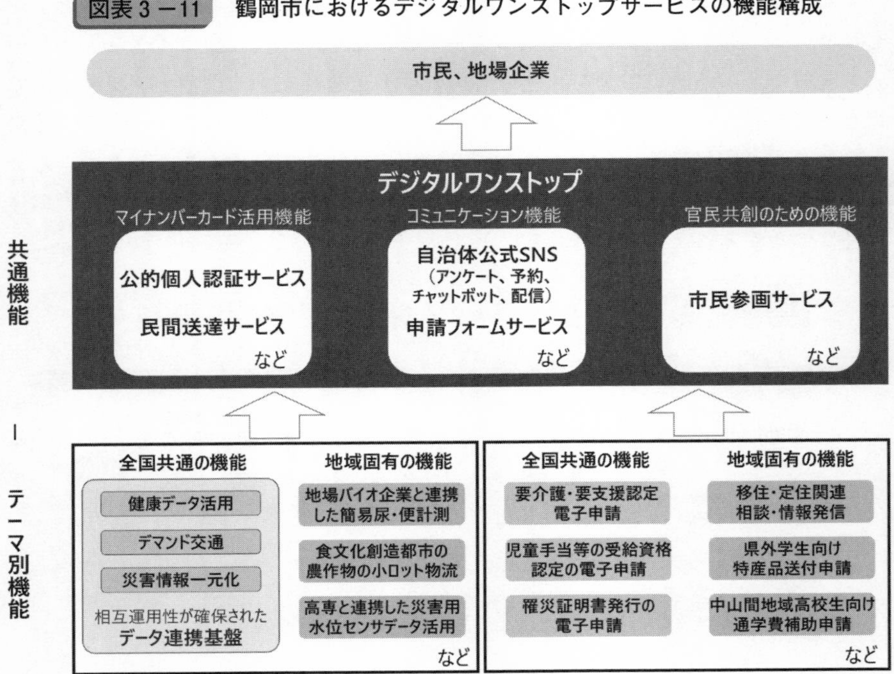

（出所）野村総合研究所作成

［申請から交付まで一貫したデジタル化の実現］

鶴岡市が取り組むデジタルワンストップサービスの一貫として，電子申請手続きを順次拡充している。しかし，市民による申請手続きをデジタル化しても，市による決定通知書類等の交付は，紙面を出力して郵送する場合が多い。自治体職員の業務負荷軽減や市民の利便性向上を図るためには，申請から交付までの一連の手続きを一貫してデジタル化する必要がある。

電子交付については，国の認可を受けた民間送達事業者がマイナポータルを介して自分宛のメッセージや交付物を受け取ることができる民間送達サービスがあり，既に国や民間企業による利用が進められているが，自治体におけるこのサービスの導入は進んでいない。

鶴岡市では，2021年度からマイナンバーカードを活用した電子交付の検討を開始して，2022年度に職員の源泉徴収票を電子交付する実証実験を行い，2023年7月から，以下に紹介する特定事業を対象として，申請から交付まで一連の手続きを一貫してデジタル化する仕組みを構築して，実サービスを開始している。

図表3－12　民間送達サービスを用いた検討・実証の様子

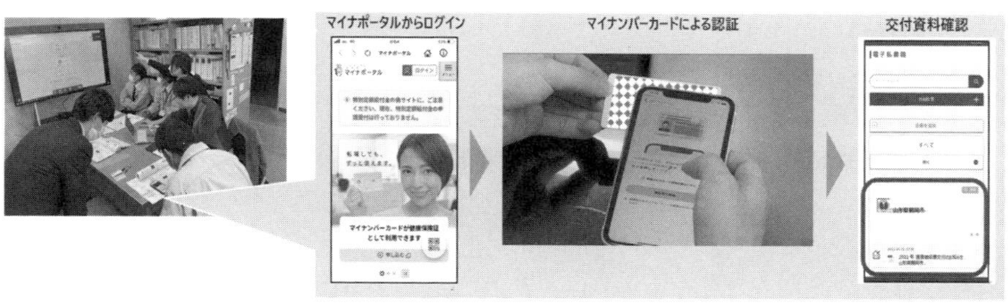

（出所）野村総合研究所作成

鶴岡市では，温海地域及び朝日地域に住む高等学校等の生徒を対象とした，公共交通機関の運賃及び最寄り駅までの自家用車利用に関わる費用を補助する制度を設けている。それらの地域の一部集落からは温海地域及び朝日地域庁舎までの距離が遠く，また高等学校等生徒の保護者が平日の開庁時間内に来庁のうえ，申請を行う必要があるなどの不便が生じている。また，受け付けた申請については，庁内での補助額等の確認作業の後，補助金の交付額が決定すると，庁舎職員が補助額の決定通知書を印刷して，封入・封緘のうえで郵送しており，それらに要す

図表3－13　マイナンバーカードを利用した申請から交付までの流れ

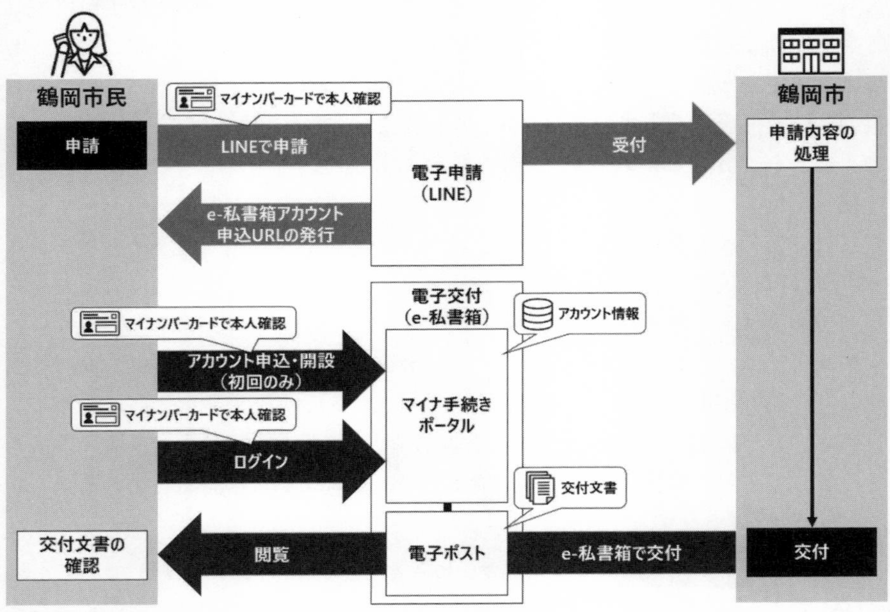

（出所）野村総合研究所作成

図表3－14　一貫したデジタル化による手続き業務の効率化のイメージ

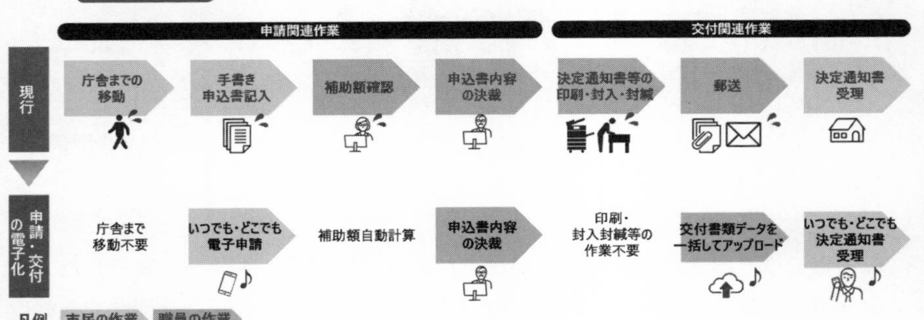

（出所）野村総合研究所作成

る人的・金銭的コストが大きくなっている。

そのため，市民が，ワンストップサービスを提供するLINEを利用して，マイナンバーカードで本人確認を行い，通学費補助制度の適用を電子申請し，市民からの申請を受け付けた鶴岡市が補助決定通知を，株式会社野村総合研究所が提供する「e-私書箱」を利用して電子発行する仕組みを構築して，2023年7月から実サービスを開始している。

このように，市民による補助金の申請から職員による決定通知書の発行と通知までの一連の手続きをデジタル化することにより，市民は地域庁舎までの移動が不要で，24時間，いつでも，どこでも申請・交付が可能となり，庁舎職員は，決定通知書の印刷・封入封緘等の作業に要する手間を削減することができるようになった。

[過疎地域の課題解決に取り組む遠隔行政サービスの実現]

現在の鶴岡市は，2005年に鶴岡市（旧），藤島町，羽黒町，櫛引町，温海町，朝日村との合併により発足しており，市としては東北一広い面積を有する。市域の約7割が森林で，中山間地域に多くの集落が点在する。合併前の旧町村の庁舎は，地域住民の利便性確保のため，現在も地域庁舎として行政サービスを行っており，広大な地域に点在する集落に行政サービスを行き渡らせるために，複数の出張所を配置している。それらの出張所には，市職員が常駐しておらず，市民からの相談や手続きに必要となる専門知識を有する職員が配置されていない場合も多く，行政サービスの質的な維持が課題となっている。

出張所の行政窓口をデジタル化して，様々な行政サービスを受けられるようにすれば，市民は，距離の離れた地域庁舎や市役所本庁舎まで移動する必要がなくなるため，格段に負荷が軽減される。鶴岡市では，市のLINE公式アカウントを開設して，様々な行政サービスへの申請手続き等をデジタル化する取組みを進めている。一方で，デジタル機器に親しみのない市民を取り残さないという観点も重要と捉えており，書画カメラを利用して，手書きによる申請書の作成を遠隔からリモートで支援する仕組みづくりを進めている。この実証を行っているのが，鶴岡市南部の中山間地域に位置する朝日庁舎と朝日庁舎南出張所で，両拠点間の距離は12km以上離れている。朝日地区は，豪雪地域で雪が積もる冬季には，車で片道30分近くを要するなど，地域住民にとって，朝日庁舎への移動は大きな負担となっている。南出張所は，行政職員が常駐していないため，これまでは，限られた簡易な手続きしか実施できなかった。また，市民が申請書等の記載や添付書類を準備する際，行政職員によるサポートがないために，記載内容や添付資料の不備も多く，訂正・再申請のため，複数回の来訪が必要な場合もあり，市民の

図表3−15　遠隔行政サービスの全体概要，市民と職員のやり取りのイメージ

■ 機器の全体概要

● 全市への展開を見据え、市販の機器を用いて安価に実装している。

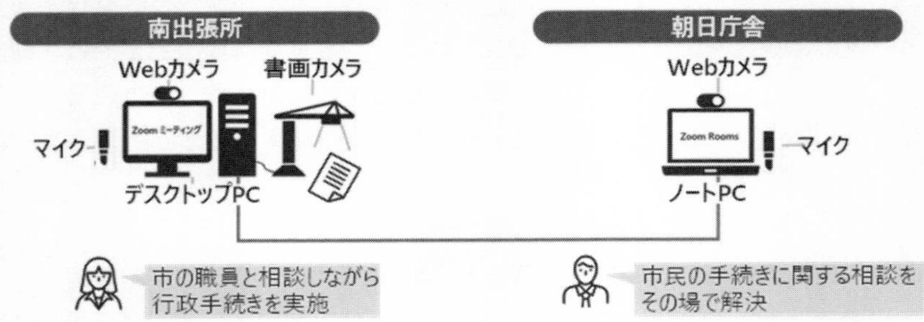

■ 市民と職員のやり取りのイメージ

住民の表情用カメラ

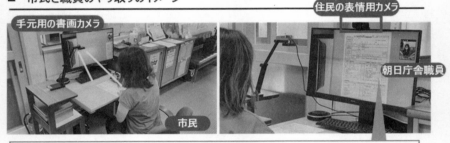

手元用の書画カメラ

朝日庁舎職員

市民

朝日庁舎の職員がタッチペンを用い、画面上で記載方法を指示

（出所）野村総合研究所作成

負担となっていた。そこで，南出張所では，行政窓口の手続きスペースに，手元の申請書を映す書画カメラとテレビ会議システムを設置して，朝日庁舎と接続した。これにより朝日庁舎の職員は，市民による申請書等の記載内容を確認しながら，必要に応じてアドバイスができるようになった。

導入当初は，職員，市民ともに機器の利用に不慣れであり，利用者の８割以上が60代から70代の高齢者であることから，接続に時間を要する場合があったり，双方の話し声が聞こえにくいという意見が挙がったりもした。その都度，スピーカー機器の変更や朝日庁舎側の職員操作手順の改善を図ったことで，導入後２，３カ月で市民からの不満はほとんどなくなり，今では，使いやすさを評価する意見が８割以上を占めている。朝日庁舎の職員からも好評で，「実際に書画カメラで撮影した申請書類に対して，コメント機能を使ってタッチペンで記載箇所を示すことにより，市民による記入ミスが大きく減少しました。電話でやり取りしていた業務が，同じ画面を見ながらリアルタイムで会話をしながらできるようになったため，市民の皆様とのコミュニケーションも深まったと感じております。」などの意見が得られている。

南出張所における遠隔行政サービスは，戸籍関係（住民票発行，印鑑登録，転入・転出・出生・死亡）手続き，税務関係（所得課税・納税証明，固定資産課税台帳発行）手続きや課税相談を中心に2022年1月に運用を開始しており，これまでに実施した手続きの半数以上は「住民票・印鑑証明書」，次いで「税務関係」，「戸籍関係」となっているが，今後，国保年金関係や福祉関係手続き等にも対応業務の範囲を拡大していく予定になっている。

現在は，朝日地域と同様の課題を持つ他の地域庁舎及び出張所にも，この遠隔行政サービス導入に向けた検討を開始している。

[デジタル化を先導する行政サービス窓口改革への取組み]

前述した朝日庁舎は，1970年に建築された鶴岡市で最も老朽化した庁舎である。今後も，中山間地域住民に対する公共サービスの質的な維持などの過疎対策を先導するとともに，災害時における地域防災の拠点としての役割を担うため，2025年供用開始に向けた建替計画が策定されている。

鶴岡市では，建替後の新朝日庁舎を，「鶴岡市におけるデジタル化の取り組みを先導するモデル拠点」として位置づけており，市民生活の質と利便性の向上を目指す取組みを進めている。同時に，人口減少による過疎化や行政職員の人手不

図表3－16　朝日庁舎建替計画におけるデジタル化推進テーマ

目的	推進テーマ
市民生活の質と利便性の向上	①　利便性を確保しつつ，「誰一人取り残されないための」窓口手続きの実現
	②　地域住民の生活に密接に関連したサービスのプラットフォーム機能の強化
職員の働き方改革	③　窓口手続きと電子手続きの一本化による職員の業務負荷の軽減
	④　フリーアドレス・ペーパーレス等の推進による職員の働き方改革の実現

（出所）野村総合研究所作成

足が進行する中，将来における地域庁舎のあり方や職員の働き方を見直す契機とも捉えており，以下に示す4つのデジタル化推進テーマを設定している。

【テーマ①】利便性を確保しつつ，「誰一人取り残されないための」窓口手続きの実現

市民が庁舎で行う手続きは，住民票の写しや印鑑登録証明書の取得など，これまでの生活の中で何度か経験しており，独力で実施できる手続きから，児童手当の受給申請や家族の死亡時に行う一連の手続きなど，これまでの生活の中で滅多に経験することがなく，独力での実施が困難な手続きまで，多岐にわたっている。現在は，これらの手続きのすべてを，同じ窓口で受け付けているため，長い待ち時間が発生していることも多く，市民にとっての利便性が損なわれている。そこで，独力で手続きの実施が可能な市民のための「セルフ手続きスペース」を設置して，市民の利便性と職員の業務負担の軽減を図るとともに，それにより創出される職員の余裕時間を利用して，職員による手続き支援を受けることができる「じっくり対応窓口」を設置することで，職員による丁寧な対応時間の拡充による「誰一人取り残されないための」窓口手続きの実現を目指している。

図表3－17　市民の窓口対応イメージ

（出所）野村総合研究所作成

【テーマ②】地域住民の生活に密接に関連したサービスのプラットフォーム機能の強化

現在，住民は前述のテーマ①に示すような行政手続きを，朝日庁舎の窓口で実施しているが，所管する課が異なる複数のサービスを受けたい場合，どのサービスを，どの窓口で受けられるのかを自ら確認して，それぞれ異なる窓口で手続きする必要がある。これからの朝日庁舎が，住民にとっての「暮らしの総合サービスへの接続拠点」となることを目指し，これまでの行政サービスの提供に加えて，個々人に必要なサービスや分野を越えたデータ連携による付加価値の高いサービスを，ワンストップで提供できる仕組みづくりに取り組んでいる。

図表３－18　市民からみた庁舎の役割イメージ

（出所）野村総合研究所作成

【テーマ③】窓口手続きと電子手続きの業務の一本化による職員の業務負荷の軽減

電子手続きが拡大した場合でも，専門的な知識や経験を有する職員と相談しながら手続きしたいという市民の要求はなくならない。一方でこの要求を満たすために，電子手続きと来庁時の書面による手続きを並行して実施した場合，両方の手続きで受け付けた情報の二重管理が発生し，業務が煩雑化して職員の業務負荷が増大する。そのため，「誰一人取り残されない」社会の実現と，業務効率化を両立させるために，来庁時の書面による手続きもスマートフォンからの電子手続きも同じシステムから処理できる仕組みの構築に取り組んでいる。

図表３－19　職員の手続き業務のイメージ

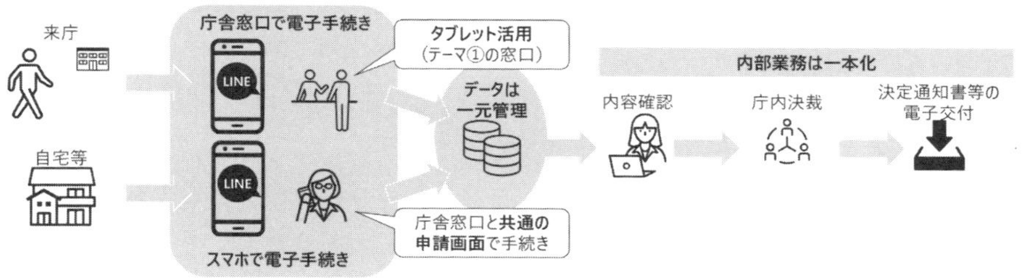

（出所）野村総合研究所作成

【テーマ④】フリーアドレス・ペーパーレス等の推進による職員の働き方改革の実現

鶴岡市では，地球環境保護や庁内業務の効率化の観点から，全庁的なペーパーレス化の推進を検討しているが，現状では，タブレット端末等の配備が幹部職員等に限定されていること，web 会議や PC モニター環境を備えた会議室が少ないこと，業務に利用する資料の多くが紙媒体のままで，電子化ルールも未整備であることなどを原因に，十分に進展しているとは言い難い状況である。また，東北一広い市域に，本庁舎と藤島，羽黒，櫛引，朝日，温海の５つの地域庁舎が分散して配置されており，庁舎間の移動に車で30分程度を要する状況で，所属先の庁舎への出勤や庁舎間の移動が，職員の業務負荷になっている。朝日庁舎の建替えは，このような課題を解決するための先導モデルを示す好機と捉えており，庁舎の環境整備と併せて新しい働き方改革の検討を進めている。庁舎の環境整備としては，Web 会議システムを常設した会議室の設置，フリーアドレス席の導入，それに応じた WiFi 等のネットワーク配備，保管文書の電子化など，新しい働き方としては，業務内容等によっては，所属先の勤務地以外の庁舎での執務も可能とすること，WEB 会議の実施ルール化などに取り組んでいる。

図表３－20　職員からみた庁舎の役割イメージ

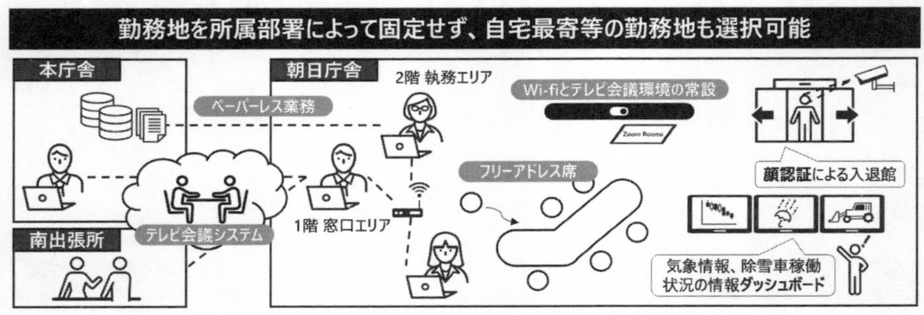

（出所）野村総合研究所作成

［ヘルスケアサービスのデジタル化とデータ連携による高付加価値化］

鶴岡市では，市立荘内病院の人間ドック受診者を対象に，特定保健指導の対象者のうち希望者に対して，デジタルワンストップサービスの仕組みを使った遠隔保健指導を実施している。従来の電話や手紙，対面でのやりとりと比較して，利用者にとって利便性が確保できるとともに，指導を行う保健師側にとっても業務負荷の軽減につながる。特に，冬季の積雪が深い中山間地域などの遠隔地に居住する市民や平時の時間確保が困難な就労者などの受診率の向上につながるものと期待されている。

図表３－21　LINEを活用したオンライン遠隔保健指導

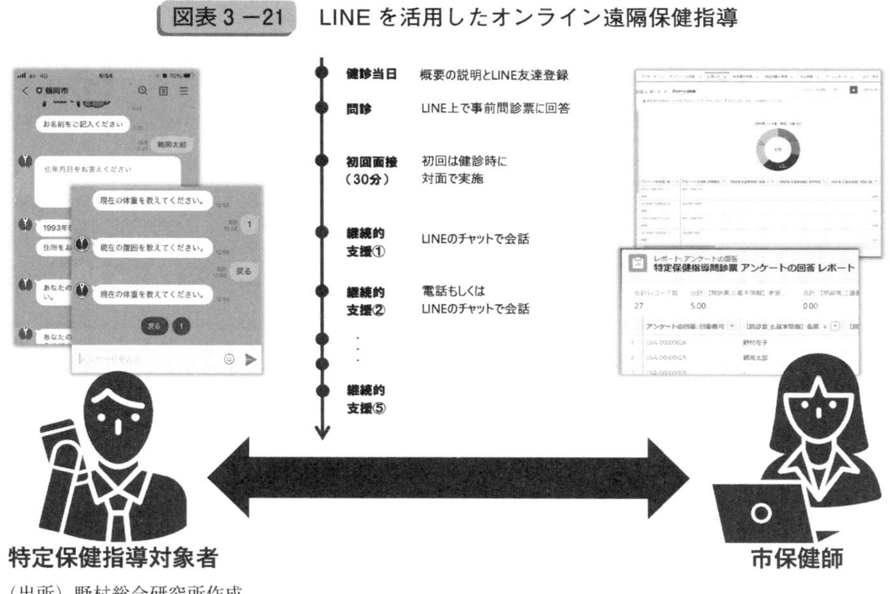

（出所）野村総合研究所作成

その他では，鶴岡市内の各種施設（老人養護施設，特養老人施設など）にスマートトイレを設置し，居住者の日々の健康状態をデータで把握する。そのデータを，鶴岡市内で活動するバイオベンチャー企業が責任をもって分析し，その結果をもとに，市民の病気の予防方法を提供すると同時に，有効な診療方針の構築に役立てていくプロジェクトが検討されている。こちらは，政府が主催した初代Digi田甲子園でアイデア部門賞８位に入賞したものだが，市民の幸福（ウエルビーイング）を実現しつつ，市内発祥のバイオ系ベンチャー企業のビジネス拡大にもつながる独創性が評価されたものと想定される。

以上紹介した事例の他にも，平時からの防災意識の啓発と災害発生時の効果的な避難誘導，罹災証明の即時発行などの一連業務（サービス）を，デジタルを通じて提供する防災DXの取組みなども検討されている。これらに加えた，地域企業・産業にも効果をもたらすデジタルサービスの実現を加えていることが鶴岡市

図表３－22　ヘルスケアデータ連携によるサービス高付加価値化

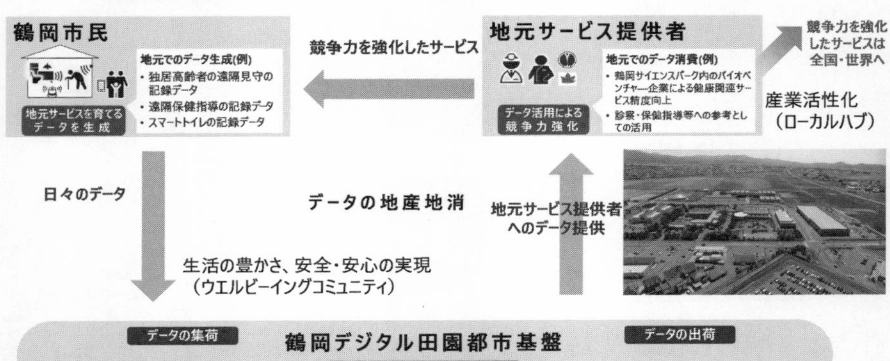

（出所）野村総合研究所作成

デジタル化の大きな特徴である。

④　鶴岡市のデジタルローカルハブとしての今後

鶴岡市は慶應義塾大学との提携を通じて，慶應義塾大学先端生命科学研究所の立地につなげた。県庁所在都市以外の地に，関東の私立大学の研究所が立地したことは珍しいが，山形県や鶴岡市等とは，もともと教授陣の交流などが行われており，サイエンスパーク用地の確保にあわせて，慶應義塾大学の先端生命科学研究所の開設が決まったようだ。研究所の様々な資産が鶴岡の地に来たことは大きなインパクトであるが，それ以上に当時の慶應義塾大学先端生命科学研究所所富田（前）所長が鶴岡で活動されるようになったことは非常に大きい。富田（前）所長は，人間の遺伝子研究（メタボローム研究）で世界第一線の研究者であるとともに，地域活動にも熱心で，山形県や鶴岡市，酒田市など庄内地域の自治体・商工会議所等とのネットワーク，鶴岡工業高等専門学校や鶴岡中央高校との連携などに実績を残した。さらに富田（前）所長の研究室から，起業家が次々と輩出し，Spiber，メタジェン，ヤマガタデザインなどバイオ，不動産，観光，農業など様々なスタートアップが生まれる礎を築いた。富田（前）所長なくしては鶴岡市のベンチャー企業は生まれなかったであろう。

また，山形県も県内４つの広域圏の核となる都市の活性化を期待していて，鶴岡市もその拠点都市の１つであった。そのため山形県と関連の深い様々な人材も鶴岡市と連携できる背景もあった。

このような外部との連携機会があったからこそ，内部の活性化を後押しする人材が揃ったとも言える。逆説的だが重要な視点だと思う。

鶴岡市がデジタル化に着手してから５年超が経過した。ドイツのレーゲンスブルク市がローカルハブの実現におよそ20年近くの月日をかけていることを踏まえると，デジタルローカルハブへの道のりはまだ緒についたばかりかもしれない。ただ地方圏において，市民の利便性向上と安全安心を図りつつ，生産性の高い都市実現に向けて動き出していることは，国の再生と活力を取り戻す大きな一歩になると信じたい。

⑵　盛岡市のデジタル化によるまちづくり推進戦略

①　行政・サービス拠点としての求心力の高さを誇る

岩手県盛岡市は，人口約28万人（2023年）を擁する県庁所在都市として，また地方自治法上の中核市として，北東北地域の拠点として成長・発展している。国立大学法人岩手大学に加え，岩手県立大学も立地するなど，岩手県内の高等教育機関の拠点であり，学術研究の集積地でもある。また，2023年１月には，ニューヨークタイムス紙によって，2023年に行くべき世界52都市の中で２番目に選ばれるなど，海外からも高い評価を得て，グローバルな知名度が急上昇している城下町である。サービス業を中心とした産業構造であり，市内に本社を置く企業もメディア，出版，交通系が多い特徴がある。このようなソフト・サービス業が経済を牽引している都市でも，ローカルハブ実現のポテンシャルはある。いや高いと言えよう。既存の技術や歴史・文化の力を借りて，生産性の高いビジネスを創造できるチャンスが拡がっているからだ。このような背景からデジタル戦略にもローカルハブの考え方を（一部）盛り込んでもらった経緯がある。

2023年３月に策定された盛岡市「デジタル化によるまちづくり推進戦略」は，市長公室都市戦略室が中心となってとりまとめたものである。地方都市におけるデジタル化の推進や持続可能な経済圏に関して，本書で提案するローカルハブの構築を参考にしつつ，有識者のご助言を仰ぎ，市民・関係者の生の声・ご意見等を踏まえて取りまとめられたものである。2022年10月から2023年３月まで精力的に討議を重ね取りまとめられたものである。盛岡の地域資源を活かしながら，デジタル化によって市民の生活利便性を実現するとともに，地域経済の活性化を追求し，市内外の人々にとって住みたいまちづくりを目指すものである。

② 市民，経済，まちづくりという3本柱で構成された戦略の概要

デジタル化によるまちづくり推進戦略には「過去と未来の“盛岡らしさ”を支えるデジタル化の推進」とのタイトル（キャッチフレーズ）が付けられている。盛岡らしさが，地域資源を活用して自立経済圏を作るという「ローカルハブ」のコンセプトと同じ方向を目指すものとなっている。その中で，戦略目標として3つの視点を掲げている。1つには市民の誰もがデジタルの恩恵を受けられること（市民生活の視点），2つには地域のあらゆる産業がデジタル化推進を起点に活性化していること（地域経済の視点），3つには地域の魅力が掘り起こされ，安全・安心な住み続けたいまちが実現されていること（まちづくり・文化），である。盛岡市のデジタル戦略の特徴は，市民生活と地域経済の両立をしっかり記述し，またそれらをまちづくり・空間で受け止めようとしている点である。これらは，既に紹介したドイツの主要都市で取り組まれているデジタル施策に近いものがある。

3つの戦略にもとづき，各戦略についてさらに3つの活動の方向性が提示された（**図表3－23**）。例えば，市民生活への対応については，1人ひとりに即したデジタル化に加え（誰一人取り残されないという国のデジタル化指針に対応したものと思案），日常的な市民生活と市民の生涯の双方を支えるデジタル化を掲げている。加えて地域経済の視点では，デジタルを基軸とした新しい事業・産業の創出（創），盛岡に根づいた産業・地元企業の生産性向上（効率化だけでなく新しい事業探索の意味も加えて），それらを実現する人・技術・知識などが集まる“場”（環境）の整備を示している。最後にまちづくり・文化の視点では，革新的な地域環境（まちづくり）の整備，安全安心なインフラ環境の整備（デジタルの力で特に冬季の道路インフラ，エネルギー・供給処理のインフラなど市民に安全・安定的なサービスを提供できる状態にしておく），関係人口・来街者などに向けて魅力的なまちの整備を掲げている。

私が思うに，現在と将来の盛岡実現に向けて，市民・産業経済・空間のバランスがとれた戦略書に仕上がっていると思われる。あとは非常に成果が出るのに時間がかかる戦略項目がある中で（特に産業，経済），KPIとして掲げた3つの項目をモニタリングしながら，デジタル化の進捗度を確認しつつ，地域の経済力・生産性がどの程度上昇したか（あるいは落ち込みを抑えているか）を判断していくことが求められる。人口30万人規模を擁する中核市・県庁所在都市におけるデ

図表3－23 盛岡市デジタル化によるまちづくり戦略（全体像・将来像・戦略目標）

全体像

本戦略の推進を通して本市が目指すべき将来像を定め、その達成のために戦略期間における戦略目標を設定します。この戦略目標の達成に向けては、多くの関係者の協働が必要であり、一体的に進むために活動の方向性を定めています。なお、活動の方向性は現状の本市の長所や課題を基に定めています。

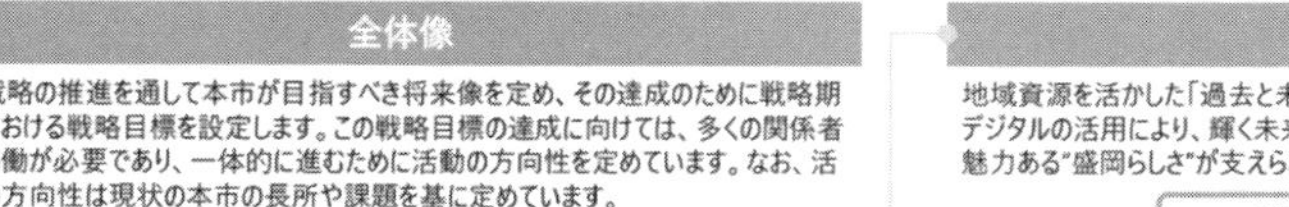
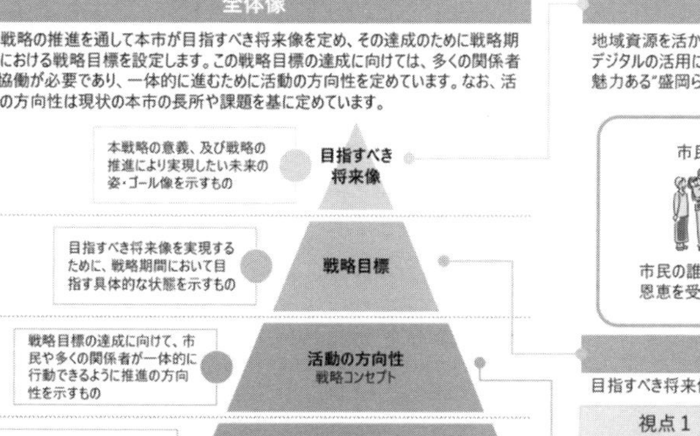

活動の方向性と戦略コンセプト

３つの視点に基づき９つの活動の方向性を定めました.また、多くの関係者が一体となって本戦略を推進できるよう、戦略コンセプトを定めました。

視点	活動の方向性
市民の生活	① 一人ひとりにやさしいデジタル化の推進 ② 生活に根差したデジタル化の推進 ③ 生涯にわたって便利に暮らせる社会の構築
地域の経済	④ 地域資源とデジタルを組合わせた魅力的な事業やサービスの創出 ⑤ 地元の企業及び事業所の業務効率化・生産性向上の推進 ⑥ 人・技術・知見が集まる環境の整備
まちづくり・文化	⑦ 持続的かつ革新的な価値を持つ地域づくりの推進 ⑧ 安全・安心な都市インフラ環境の整備 ⑨ 関係人口増加のためにまちの魅力を発信

戦略コンセプト

デジタルの力で盛岡の良さを紡いで伸ばす
～誇れる地元をみんなで積み重ねて育てていく～

目指すべき将来像

地域資源を活かした「過去と未来の"盛岡らしさ"を支えるデジタル化の推進」を将来像とします。
デジタルの活用により、輝く未来の創造だけではなく、地域として培ってきた文化や歴史、自然といった長所を活かした魅力ある"盛岡らしさ"が支えられていることを表しています。

過去と未来の"盛岡らしさ"を支えるデジタル化の推進

市民の生活	地域の経済	まちづくり・文化
市民の誰もがデジタルの恩恵を受けられること	地域のあらゆる産業がデジタル化推進を起点に活性化していること	地域の魅力が掘り起こされ、安全・安心な住み続けたいまちが実現されていること

戦略目標

目指すべき将来像実現のために、３つの視点から戦略目標と令和９年度のKPIをそれぞれ設定しています。

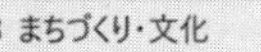

視点１ 市民の生活

市民の誰もがデジタルの恩恵を受けられること

- 市民一人ひとりにデジタル化による恩恵が広くいきわたり、よりよい"盛岡らしい"暮らしが実現されていることを目指す

KPI：情報通信機器等を利用できない人ができる人との間に格差を感じる割合（59.4%→23.0%）

視点２ 地域の経済

地域のあらゆる産業がデジタル化推進を起点に活性化していること

- 本市が抱える資源・資産が活用され、地域で育んできた"盛岡らしさ"を残したまま、新たな技術・知見を活用し、デジタルの力で地域経済の成長・発展が実現されていることを目指す

KPI：デジタル化の推進により業績が令和４年度と比較して向上した企業の割合（－%→60.0%）

視点３ まちづくり・文化

地域の魅力が掘り起こされ、安全・安心な住み続けたいまちが実現されていること

- デジタル化を通じて本市が抱える課題を解決し、今ある文化を守りながら、"盛岡らしい"新たな価値を創造して本市の魅力あふれる持続可能な社会が実現されていることを目指す

KPI：デジタル化により快適で生活しやすい環境になったと感じる人の割合（－%→32.5%）

（出所）盛岡市資料より

ジタルローカルハブの先行モデルになるプロセスを見守っていきたい。すそ野の広さをもつ製造業（輸送機械など）の集積が隣接する北上市等にあるため，その活動と連携した事業をいかに作っていけるか，デジタル人材の確保を進め，デジタル化の推進を通じて，DX 産業を盛岡市を支える基幹産業の１つにしていくことができるか。

本戦略を実現する具体的なプロジェクトに関しては庁内のワーキンググループで具体化するとともに，既に設置されてきた盛岡市まち・ひと・しごと創生戦略の検討会を通じて具体化される（予定である)。大いに期待したいところだ。

(3)　広域圏でのデジタル戦略を実現する帯広圏

①　日本の食料基地で広域行政の環境が整っている圏域

北海道の帯広市，音更町，芽室町及び幕別町の１市３町（帯広圏）は約25万人を擁する十勝地方の経済・交通・医療・教育・文化等の中枢拠点である。全国及び地方圏の傾向と同様に人口減少基調にあるが，北海道の中で帯広圏は，石狩地方に次いで人口減少率が低い十勝地方に属しており，地域の経済・活力基盤は維持されている圏域であると判断される。

このような北海道帯広圏（帯広市，音更町，芽室町，幕別町）において，カロリーベースの食糧自給率1100％を超える日本の食料拠点・十勝を擁する存在感を活かし，世界とダイレクトにつながる産業・創業の求心地を実現するデジタル戦略を策定した。

骨子を策定するにあたっては，帯広市米沢市長，音更町小野町長，芽室町手島町長，幕別町飯田町長（いずれも2023年４月１日現在）が共同でその方向性を議論した。複数の首長がデジタル化戦略策定にあたって活発な議論を行い，圏域で一つのデジタル戦略づくりの意思統一を行ったのである。

帯広圏のデジタル戦略策定のアプローチは２つの意味で特徴がある。１つは，全国でも珍しい都市圏全体で戦略を構築している点である。帯広圏１市３町は，昭和45年に帯広圏都市計画を決定して以来連携して地域づくりに取り組んできた経緯があり，平成５年には地方拠点都市法に基づく「帯広圏地方拠点都市地域」を形成してきた。４首長も様々な局面で一体的に議論をし，施策を展開してきた歴史があることから，都市圏でデジタル戦略を構築することに大きな障壁はなかったと考えられる。２つには，戦略策定を２つの検討組織によって推進していることだ。まず，１市３町による任意の協議会・帯広圏デジタル化推進協議会は，

４つの自治体の首長によって帯広圏のデジタル化推進構想を策定するとともに，デジタル化推進構想の原案を承認する役割を持つ。もう１つは，アドバイザリーボードと呼ばれる有識者委員会で，協議会のもとで策定された骨子を，専門的見地からアドバイスし，補強をする役割で主に農業経済，DX，創業・起業に関する有識者で構成されている。この２つの組織を構築したことで，意思決定と専門的知見の獲得を区別して集中審議ができることになった点は大きい。

当然帯広，音更，芽室，幕別の各自治体には総合計画が策定されている。それぞれ現在の総合計画の策定年次も計画期間も異なる。通常，このような個別の総合計画がある場合，広域で戦略を講じるのは難しいと考えられる。デジタル戦略の構築を通じて，複数の自治体の総合戦略を調整し，横串を通す役割を果たすことになるのである。デジタル戦略を構築する意味がデジタル化の実装以外にもあることを実感した。

②　『DXで拓く「食と健康」の世界的拠点“帯広圏”』を目指す構想書を策定

戦略には，広域で推進する必要がある食農と健康に関するローカルハブを創りあげるとともに，１市３町の広域圏（生活圏）のウエルビーイング実現が必要であることを示している。

推進構想の基本的考え方を示すキーワード・キャッチフレーズとして，「DXで拓く「食と健康」の世界的拠点“帯広圏”」を掲げた。具体的には，２つの方向性で構成されている。十勝全体で進めてきた「フードバレーとかち」構想をデジタル技術によって更に後押しすることで，農・食産業を中心に置きつつ帯広圏を起点とした十勝圏域の産業・経済活性化につなげる「ローカルハブ～地域の活力向上につながるデジタル化～」が１つ。そして，AIをはじめとしたデジタル技術やICTの活用により，公共サービスを中心に身近な住民サービスの向上を図る「ウェルビーイングエリア～住民の幸せにつながるデジタル化～」をもう１つの基本戦略としている。この戦略は，広域ではあるがデジタルローカルハブの戦略そのものである。食というのは，十勝，帯広圏が地域に，日本に，世界に果たしてきた業をイメージしたものだ。一方健康というのは，食によって市民，あるいは来街者（交流人口，関係人口に加え，「共鳴人口」という新しい概念を設けた）が当該圏域で実現される理想的な状況を示したものだ。業（ローカルハブ）と生活（ウエルビーイング）を帯広圏という地で実現することがわかりやすく示されている。

このキーワードに基づき，以下の４つの取組みの方向を示している。

・住民向けサービスの共通化・標準化
生活・経済圏としての一体性を踏まえ，仕事や暮らしの中で必要な手続きなどを中心にデジタル化を図る
・デジタル化の推進による地域産業の進化
「フードバレーとかち」など，十勝全体でのこれまでの取組みを踏まえて，産業分野でのデジタル活用による生産性向上や働き方改革，起業・創業の活性化を図り，更なる成長力向上を目指す
・デジタルの力で輝き続ける環境づくり
学校教育における人材育成や公民で連携した住民のデジタル活用の促進を図るなど，将来にわたって，継続的に地域のデジタル化に取り組んでいくための環境づくりを進める
・圏域の魅力発信と関係人口等とのつながりの強化
地域イベント情報等のSNSなどのデジタルサービスを活用した発信などにより，住民以外でも帯広圏に関心を持つ人を増やし，さらなる関わりの強化を目指す

（出所）帯広圏デジタル化推進構想をベースに野村総合研究所作成

ウエルビーイングを実現するプロジェクト群として，福祉・子育て・防災・行政手続きの４分野を重点的にデジタルによってサービスを充実強化する方向が打ち出されている。

各分野について，現在検討及び取組みをはじめているプロジェクトを位置づけたうえで，それをウエルビーイング実現に向けて追加・拡張していく考え方である。

また，ローカルハブ実現に向けては，①既存企業の成長・事業革新（自立力），②地域内のバリューチェーン・サプライチェーン強化による高付加価値化（連携力），③事業創発や起業によるすそ野の拡大（創造力），④圏域内外からの需要の取組みという４つの方向が示されている。帯広圏内における自立経済圏の確立と，圏域外からの経済の取り込み，この双方を実現する趣旨である。

加えて，ローカルハブとウエルビーイングを連携する象徴的なプロジェクトを２つ掲げた。１つは物流拠点構想プロジェクト，もう１つは農業・健康に関わる国際イベント推進プロジェクトである。このプロジェクトによって，帯広圏の地域資源を活用した経済力向上につなげることを意図したものである。今後の施策実現と戦略プロジェクトへの取組みが期待されるところである。

プロジェクト等の内容について今後ブラッシュアップされていく可能性がある。いずれにしても，本書が出る頃には帯広圏のデジタルローカルハブ（特に広域圏をベースとした）の戦略が世の中に姿を現すことになるだろう。

図表３－24　帯広圏デジタル化推進構想　―２つの基本戦略―

（出所）帯広圏デジタル化推進構想より

図表３－25　ウエルビーイング領域における重点４分野とその施策概要

分野	主な対象者	施策概要
福祉・健康・社会生活	住民全般 福祉関係者	生涯にわたって，誰もが健やかで生きがいをもって暮らせるよう，日常生活の利便性を向上させる オンライン予約やキャッシュレス決済など，公共施設等の利便性向上やリスキリング（学び直し）の充実を図る
子育て・学校教育	子育て世帯 児童生徒	子育てに関する手続きのオンライン化やスムーズな情報発信による保護者の利便性向上を図る 一人ひとりに合った柔軟な学習スタイルやコンテンツの提供により，学校教育の充実を図る
防災・生活インフラ	住民全般	インフラの維持管理や災害への対応力を高め，より安心・安全に生活できる環境づくりを進める
行政手続・内部事務	住民全般 自治体職員	行政手続のデジタル化による住民サービスの向上と業務効率化を図り，限られたリソースを有効に活用したスマートな行政運営を進める

（出所）帯広圏デジタル化推進構想をベースに野村総合研究所修正

図表3－26　ローカルハブプロジェクト施策の概念図

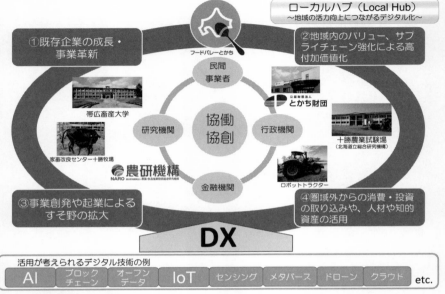

ローカルハブ（Local Hub）
～地域の活力向上につながるデジタル化～

①既存企業の成長・事業革新
②地域内のバリュー、サプライチェーン強化による高付加価値化
③事業創発や起業によるすそ野の拡大
④圏域外からの消費・投資の取り込みや、人材や知的資産の活用

フードバレーとかち
民間事業者
研究機関
協働
協創
行政機関
金融機関
帯広畜産大学
家畜改良センター十勝牧場
農研機構
とかち財団
十勝農業試験場（北海道立総合研究機構）
ロボットトラクター

DX

活用が考えられるデジタル技術の例
AI　ブロックチェーン　オープンデータ　IoT　センシング　メタバース　ドローン　クラウド　etc.

（出所）帯広圏デジタル化推進構想より

図表3－27　ローカルハブプロジェクトの概要

ローカルハブ（Local Hub）
～地域の活力向上につながるデジタル化～

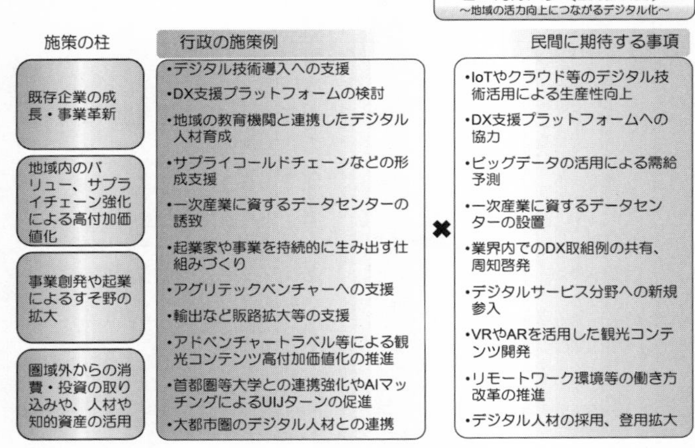

（出所）帯広圏デジタル化推進構想より

図表３－28　ウエルビーイング×ローカルハブプロジェクトの概要

＜プロジェクト①　食の備蓄・物流ハブ構想プロジェクト＞

帯広圏は北海道の中心付近に位置し、交通結節点としての優位性を備えていることから、近年、民間において、食の備蓄・物流拠点を整備する動きが出てきています。

こうした取組は、デジタル技術を活用した生産、加工、流通、販売が一体的に行われることで、効率的に地域に新たな価値を生み出すことにつながるほか、カーボンニュートラルに貢献し、さらには災害時の食料備蓄としての機能も期待されています。こうした事業への支援を通じ、産業基盤に厚みを持たせることで、地域の活力向上や住民の安心安全な暮らしを支えます。

＜プロジェクト②　食・農イベントNo.1プロジェクト＞

帯広市で４年毎に開催されている「国際農業機械展」は、海外企業も多数参加し、デジタルを含めた最新技術が披露される国際的イベントであり、今後の更なる価値向上と認知拡大を目指し、主催者に対する効果的な支援を推進します。また、圏域内の地域密着型の様々な食・農イベントについて、デジタル技術を活用した連携や情報発信を強化し、更なる魅力向上と来訪者の拡大により食・農業に対する関心が高まるよう取り組んでいきます。

さらに、2027年に帯広市と音更町で開催予定の「第13回全国和牛能力共進会」を契機に、国際及び全国規模のイベント誘致の可能性を探っていきます。

（出所）帯広圏デジタル化推進構想より

⑷　脱炭素を通じて本格的な自立経済都市（圏）の構築を強力に進める宇都宮市

栃木県宇都宮市は人口約52万人（2023年）と北関東随一の人口規模を誇り，都市圏まで広げると，国立大学や有力企業の生産拠点，研究開発拠点も多い。その意味では関東圏における“ローカルハブ”の重要な候補都市圏の１つである。2023年８月26日に開業したLRT（次世代型路面電車システム）が最大のトピックだが，それ以外にもメディアへの露出が高まっており（最近全国移住先としてとして，メディアへの取り上げも多く），注目度も向上している都市の１つだ。

第１章で示したローカルイシューとグローバルイシュー（マルチイシュー）への対応という観点では，カーボンニュートラルへの対応をきっかけとして，まちづくり（コンパクトシティ）を強力に進め，もって経済活性化を図ろうとしている点で，まさに「デジタルローカルハブ」実現に向けた典型的な取組みを進めている街である。

宇都宮市では,「スーパースマートシティ」の形成を目標としている。この「スーパースマートシティ」は，とかく手段のイメージが強いスマートシティの中にあって，デジタルによって実現しようとする理想的な地域像を明確に掲げていることが特徴だ。その内容をみると，“100年先も発展し続けるまちの姿”，具体的

図表3－29 宇都宮市のスーパースマートシティの概念図

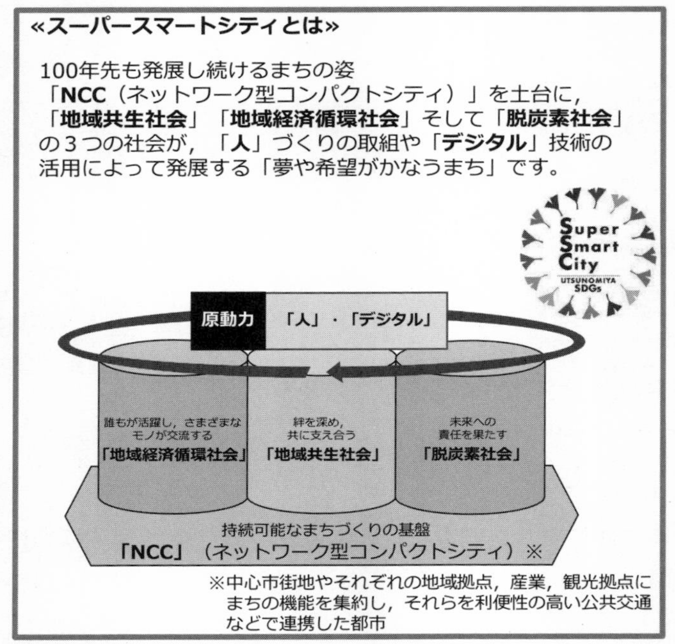

（出所）宇都宮市カーボンニュートラルロードマップ資料より

には，「NCC（ネットワークコンパクトシティ）」を土台に「地域共生社会」，「地域経済循環社会」，そして「脱炭素社会」の３つの社会が，「人」や「デジタル技術」の活用によって発展する“夢や希望のかなうまち”を目指している。きわめて多方面から検討された戦略で，いわばデジタルローカルハブの理想形とも言える。もっともどのアプローチでハブを実現していくのか，ここが重要なことであるが，折しもカーボンニュートラルという目標の提示が，「スーパースマートシティ」に向けた取組みを意識し，加速化することになった。

このスーパースマートシティの考え方を引き継ぎ，脱炭素の実現という視点でブラッシュアップさせている。コンパクト・プラス・ネットワークによる脱炭素モデル都市の構築（LRT 沿線からはじまるゼロカーボンシティの実現）にその全体像が描かれている。

この構想をみて私が感じるのは，地域発展と脱炭素を両立させるある種の「ス

図表３－30　コンパクト・プラス・ネットワークによる脱炭素モデル・地域課題と取組み

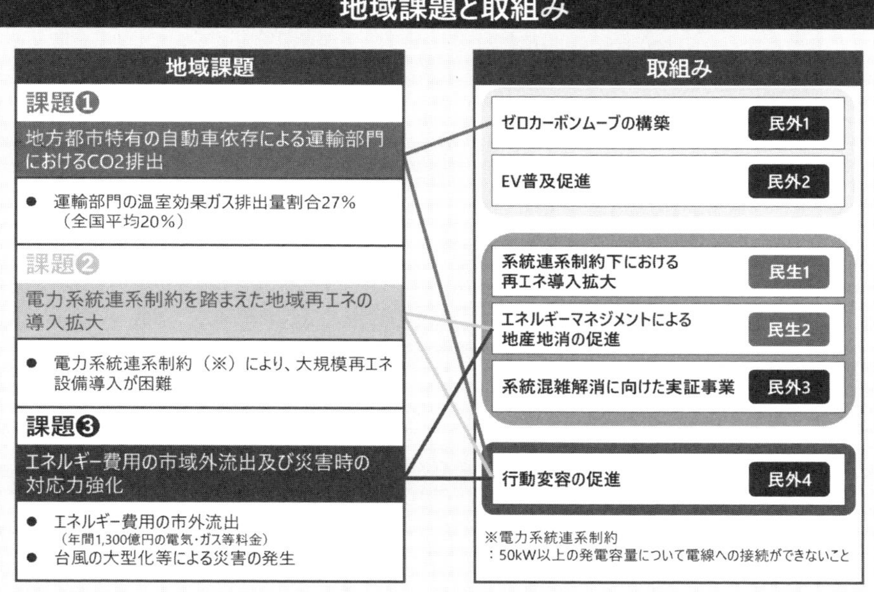

（出所）宇都宮市資料より

図表３－31　宇都宮市の脱炭素ストーリー

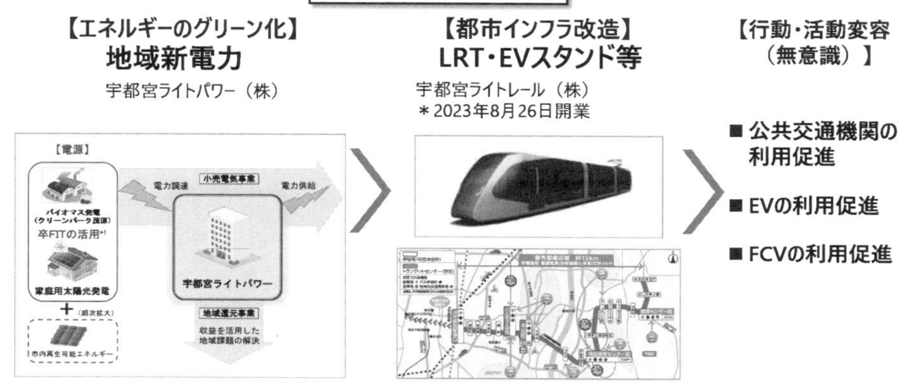

（出所）宇都宮市資料（https://www.city.utsunomiya.tochigi.jp/kurashi/kankyo/ondanka/1025557.html）より野村総合研究所作成

トーリー」が描かれているという点だ。すなわち脱炭素を実現する切り札は，あらゆる産業活動，施設・インフラ整備，市民の生活などに供給されている電力・燃料の脱炭素化だ。宇都宮市の場合は，地域新電力会社「宇都宮ライトパワー㈱：ULP」を設立した。売上は約70億円であり，株主は宇都宮市が51％，NTT アノードエナジー㈱社が19.5％，東京ガス㈱19.5％，足利銀行５％，栃木銀行５％となっている。

市内の太陽光発電と蓄電池の導入による8,815kw，公共施設跡地や調整池へのオフサイト太陽光発電による1,211kw，合計10,026kw の再エネ供給を実現し，民生部門の電力消費に伴う CO_2排出の実質ゼロを2030年までに達成することとしている。そのうえで，これを活用して LRT（宇都宮ライトレール㈱）と電気バスを中心とした公共交通の脱炭素化を実現する「ゼロカーボンムーブ」を推進することで運輸部門の CO_2削減を図る。LRT をはじめとした公共交通機関の整備が進むことで，プライベート交通の移動も削減されるなど市民の行動変容も進み，市民生活から排出される CO_2も削減されることになる。民生・産業各セクターにおける脱炭素化を実現するだけでなく，人々の行動，交通の動線を念頭においた異分野間の連携を一連のストーリーとして展開することによって市全体の脱炭素化を効果的に推し進める方策だ。その中で，VPP 技術，太陽光発電の予測の高度化，需要側蓄電池の充放電制御などのエネルギーマネジメントシステムにデジタル技術，データ管理分析技術が多く適用されている。まさに脱炭素の目的に即したデジタル化が取り組まれている。

2022年に策定された宇都宮市カーボンニュートラルロードマップをみると，以下の特徴が強く印象づけられた。

・人々の生活行動に即して住宅・インフラから行動形態に沿って脱炭素を実現しようとしていること
・交通と電力（エネルギー）とのリンケージを図り，地域脱炭素実現に向け，一体的な取組みを進めようとしていること
・まちづくり（面と線）と脱炭素化を徹底的に意識されていること

今後，市長を本部長とし，14の部局を横断して組織された「宇都宮市カーボンニュートラル推進本部」が進捗管理を行い，協議・報告の場として「宇都宮環境審議会」と連携しながら，令和12年度の目標に向けたゼロカーボンシティの実現を目指すこととしている。

これらの脱炭素化・デジタル化の取組みは，市内の生産性向上に大きく貢献す

ると期待している。宇都宮市は先に紹介したドイツの拠点都市のような輝きを放ち続けることであろう。

(5)　広域拠点としての特性を反映しつつ，環境共生から経済創造へ（福島県郡山市）

①　デジタルローカルハブとしてのポテンシャルのある東北第二の拠点

福島県郡山市は人口約32万人（2023年時点）の中核市である。福島県内では，いわき市に次ぐ県内第２位（2023.9.1現在１位）の人口ではあるが，東北新幹線や東北・磐越自動車道の結節点であり，「人」，「モノ」，「情報」が交流する「経済県都」である。実際，都市圏の経済力は東北では仙台に次いで２番目を誇り，なによりも生産性では東北地方の中では随一である。

卸・小売業，製造業，医療・福祉，サービス業のウエイトが高い商工都市である一方で，市内に14ある産業団地に加え，再エネ分野（国立研究開発法人産業技術総合研究所福島再生可能エネルギー研究所（FREA））での国家研究機関や，医療分野（ふくしま医療機器開発支援センター）で機器開発から事業化まで支援する国内初の研究施設が立地するなど，研究開発型製造都市としての様相を保っている。また㈱ヨークベニマル，㈱幸楽苑ホールディングス，ゼビオホールディングス㈱など全国的に名の知れた企業の本社もある。そのため，自立的に経済を循環させるポテンシャルがある都市と判断できるが，ここ数年，デジタル化により行政運営の効率化を徹底しつつ，脱炭素への高い目標をクリアする取組みを通じて，高い生産性を維持・拡大することを狙っている。その取組みを紹介したい。

②　徹底的に行政事務サービスの効率化を実現するデジタル化を推進

郡山市は2022年度からDX郡山推進計画（旧デジタル市役所推進計画）を推進しており，市民サービスの向上（Vision1），行政事務の効率化（Vision2），生活の質の向上（Vision3）を目指す“誰もがデジタルの恩恵を受ける「こおりやま」の実現”に向けた取組みが進められている。端的に言えば，スマホ，すなわち「てのひらの上のデジタル市役所」を実現する。その中で，５レス（ペーパーレス，カウンターレス，キャッシュレス，ムーブ（会議）レス，ファイルレス）を推進することでDXを加速するとしている。事務の効率化を徹底的に進めるためには，フルデジタルが条件であるとして，精力的な取組みを行ってきた。介護保険認定事務のDXでは審査会の57％にあたる211回をオンライン化に成功，工事請負契約・工事関連業務委託契約の電子入札は2018年度以降100％を維持，保育所入所事務・保育現場のDXでは，保育現場との双方向のコミュニケーションを専用ア

図表3－32　市域全般に効果的に分布する郡山市の工業団地・産業団地

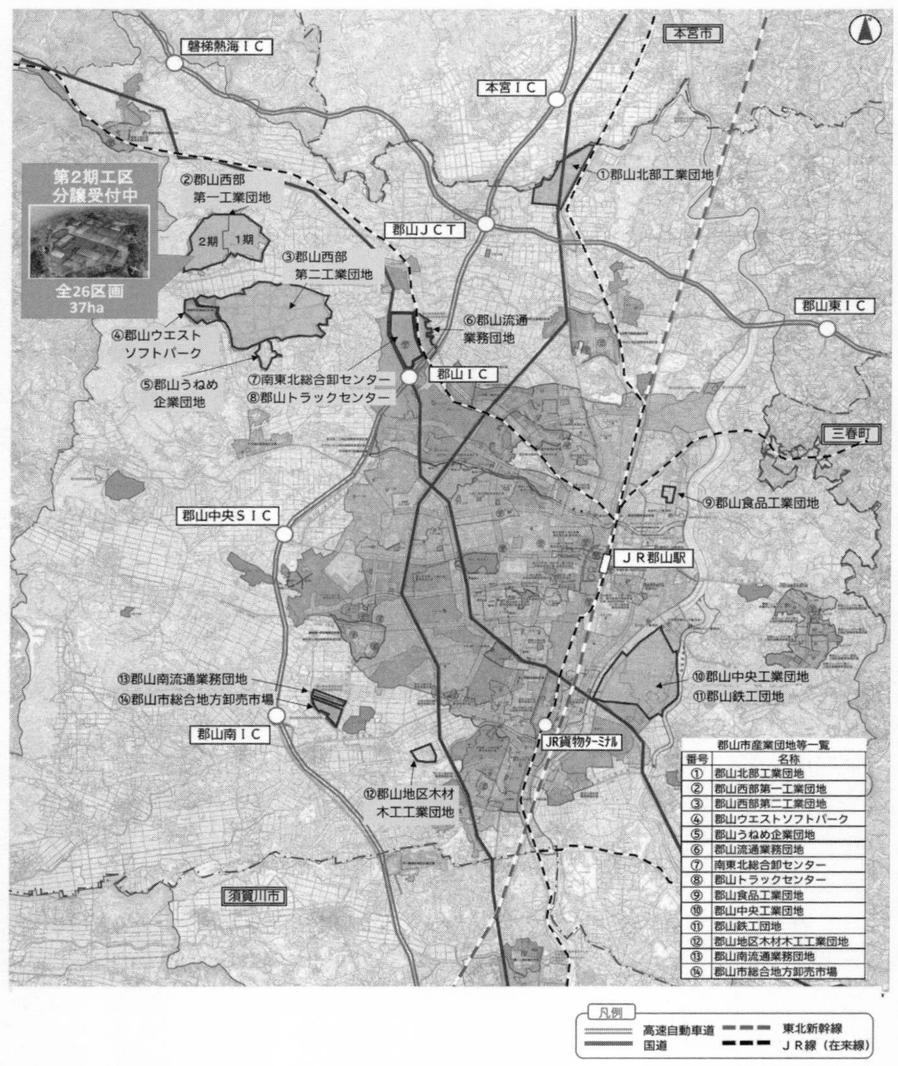

郡山市産業団地等一覧	
番号	名称
①	郡山北部工業団地
②	郡山西部第一工業団地
③	郡山西部第二工業団地
④	郡山ウエストソフトパーク
⑤	郡山うねめ企業団地
⑥	郡山流通業務団地
⑦	南東北総合卸センター
⑧	郡山トラックセンター
⑨	郡山食品工業団地
⑩	郡山中央工業団地
⑪	郡山鉄工団地
⑫	郡山地区木材木工工業団地
⑬	郡山南流通業務団地
⑭	郡山市総合地方卸売市場

（出所）郡山市資料より

図表３－33　市税等納付手続きにみるデジタル手段の割合（2022年度12月末現在）

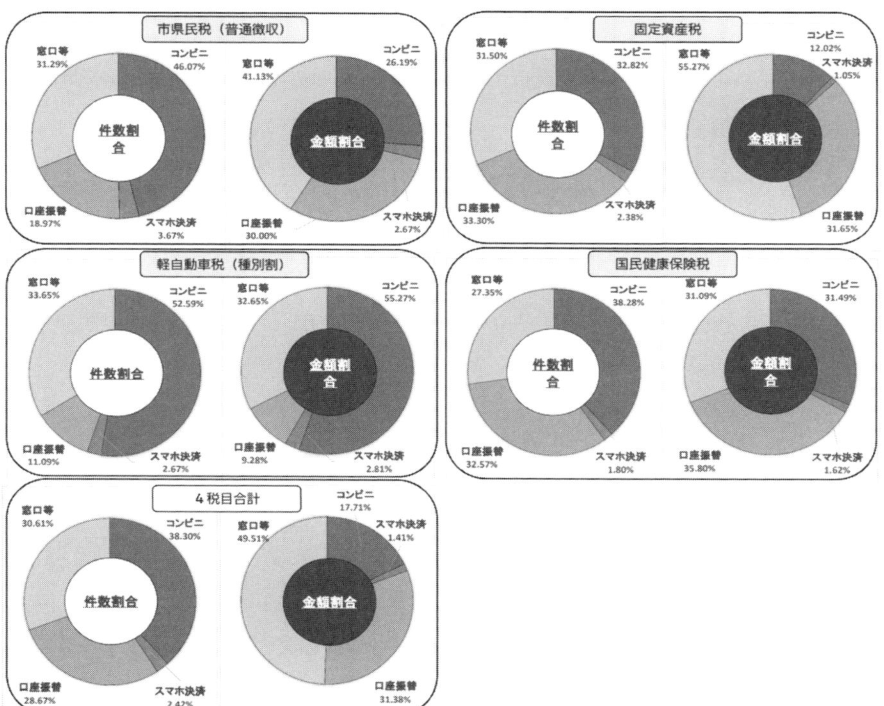

	窓口等（市役所・銀行）	口座振替	コンビニ	スマホ決済	
				スマホアプリ	クレジットカード決済
特徴	○納付書１枚あたりの納付金額に上限なし ○全ての納付書が納付可能 ○領収書の発行あり ○納税者及び市ともに決済手数料なし（一部の金融機関を除く）	○納付書１枚あたりの納付金額に上限なし ○納期限当日に自動的に振替 ○納税者の決済手数料負担なし ○非接触による納付可能	○納付時間の制約なし（納期限前） ○領収書の発行あり ○納税者の決済手数料負担なし	○納付時間の制約なし（納期限前） ○納税者の決済手数料負担なし ○納税者に対しアプリからポイント還元の場合あり ○非接触による納付可能	○納付時間の制約なし（納期限前） ○納税者に対しカード会社からポイント還元あり ○非接触による納付可能
	●納付時間の制約あり ・市役所 開庁日 8：30～17：15 ・銀行等 平日 9：00～15：00	●領収書の発行なし ●口座振替の申込必要 ●市が口座振替・データ転送手数料負担	●納付書１枚あたり30万円までの上限あり ●コンビニ収納用バーコードが印字された納付書のみ利用可能 ●市が決済手数料を負担	●納付書１枚あたり30万円までの上限あり ●コンビニ収納用バーコードが印字された納付書のみ利用可能 ●領収書の発行なし ●市が決済手数料を負担	●納付書１枚あたり30万円までの上限あり ●コンビニ収納用バーコードが印字された納付書のみ利用可能 ●領収書の発行はなし ●納税者が決済手数料の一部を負担

（出所）郡山市資料より

プリで実現した。納税事務のDXは申請のオンライン化に加え，多様な納付方法を実現しつつ，収納データの伝送化も実現させた（LGWANによるデータ収受件数は2021年度で578,684件）。さらに働き方改革では，2019年度に100％電子決済を実現したうえで，政策開発部，保健福祉部，上下水道局を中心にWeb会議回数を大幅に増加させた。

もっともデジタル化の推進には，担当者による親身な対応が重要だ。郡山市では自治体としてかなり初期から市民によるスマホ等での施策提案・申告の仕組みを制度化してきた。最初は市職員への苦情などが多く占められていたが，申告に対する対応状況を市長自らが市民にフィードバックしたことで，申請・告知することの意義を市民が感じ，制度が有効に向けて動き出したと聞く。デジタル化に，人による誠意のある「心」を入れることにより，デジタル活用がさらに進むことを実感させられた。

③　サステナビリティによる経済活性化に挑む

郡山市では，2021年に脱炭素実現に向けた対策として，「郡山市地球温暖化対策実行計画＜区域施策編＞」，「第五次環境にやさしい郡山市率先行動計画」，「郡山市エネルギービジョン」という３つの計画を「郡山市気候変動対策総合戦略」としてとりまとめた。人口30万人を超える中核市において脱炭素を進めるためには，家庭における省エネ・節水や企業・産業活動での環境配慮行動だけでは実現が困難であると判断した。まちづくり，地域産業振興，市民の行動，そして何よりもエネルギー政策（再生可能エネルギー戦略）を連携させ，一体的・総合的に脱炭素施策を推進するように計画体系を統合したことは評価に値する。実際その時の目標は，当時国が掲げていた脱炭素目標，2013年のCO_2排出量比で2050年に80％であったところを100％（実質ゼロ）に，そして，2030年には国が2013年比で26％減を掲げていたところ30％減と，野心的な目標を打ち立てていた。国よりも高い削減目標を掲げているのは，デンマークの自治体とほぼ同じスタンスであり，常に中核的な都市のリーダーとして様々な施策を早期に実現しようとする品川市長のリーダーシップに依るところが大きいと筆者は考える。

2023年には，国の2050年カーボンニュートラル宣言を受け，2030年までのCO_2排出量を2013年比46％にまで削減する中間目標を約束することになった。福島県第二（2023.9.1現在１位）の都市（人口32万人）郡山市では，それまで2013年比26％削減に向けてほぼ倍の目標を達成すべく，市域・市民全域で脱炭素に向けた意識改革に乗り出した。

これまで郡山市の地球温暖化対策は，３つの計画を軸に展開されてきた。「郡山市地球温暖化対策実行計画<区域政策編>」，「第五次環境にやさしい郡山市率先行動計画」，「郡山市エネルギービジョン」の３つである。この３つの計画の連携によって浮き彫りになる郡山市の方向性は以下の３つに集約される。

○市民・事業者と連携し，地域経済の発展や市民生活の向上と，地球温暖化対策との両立
○再生可能エネルギーを中心としたエネルギーの地産地消や地域資源の循環を推進
○気候変動リスクに対応する安全安心なまちづくりを推進

私は幸運なことに，これまで何度か品川市長と話をする機会に恵まれたが，常に市民から経済，まちづくりに至る幅広い視点で，郡山市の成長・発展とまちづくりをどのように実現すべきか常に考えている。まさに中核的な都市である（ローカルハブのポテンシャルがある）郡山市として熟考されたものである。

郡山市は，当時国において目標とされていた2030年度のCO_2排出量を2013年度比26％削減するというところ，30％削減という意欲的で高い目標を掲げていた。今回，国の2050年カーボンニュートラル宣言に伴い，国では2030年度にそれまでの26％から46％へとほぼ倍の厳しい目標を設定した。これに対し郡山市は，それを上回る50％削減という極めて意欲的な目標を掲げた。これを実現するのは極めて厳しい道のりである。しかも，経済の活性化と両立させていくことが求められる。そのような郡山市で現在講じられている郡山市環境ワンクリック募金という施策を紹介する。これは，市民が市ホームページの募金バナーをクリックすると，郡山市と環境保全の取組みで協賛する事業者が募金バナー１クリックに対し，５円を郡山市に寄付する仕組みだ。郡山市はこの募金を環境基金に積み立て，地球温暖化対策をはじめとする環境に関する施策の推進に要する経費の財源としている。具体的には児童用の学習教材の作成や地球温暖化対策の啓発，再生可能エネルギーの普及啓発などに使えるというものだ。市民の環境意識，脱炭素に対する意識を高めるために，市内及び市と協賛する事業者の資金を使いながら高めていく，しかも事業者は郡山市のHPで環境への取組みを紹介することで知名度，ブランディングを高め，業績への後押しにもつながる可能性がある。このように市民，事業者，行政がタッグを組み，相互の資金を循環させながら，脱炭素と地域経済活性化を実現させていく，これこそがローカルハブ構築に向けた取組みな

図表３－34　郡山市における温室効果ガス排出削減目標の概要

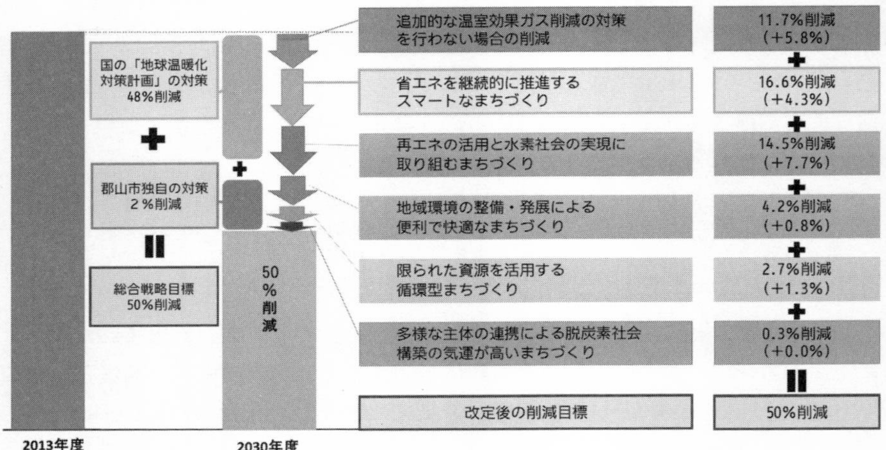

（出所）郡山市気候変動対策総合戦略より

図表３－35　郡山市次世代エネルギーパーク計画の全体像

（出所）郡山市次世代エネルギーパーク計画書より

図表３－36　郡山市環境ワンクリック基金のイメージ

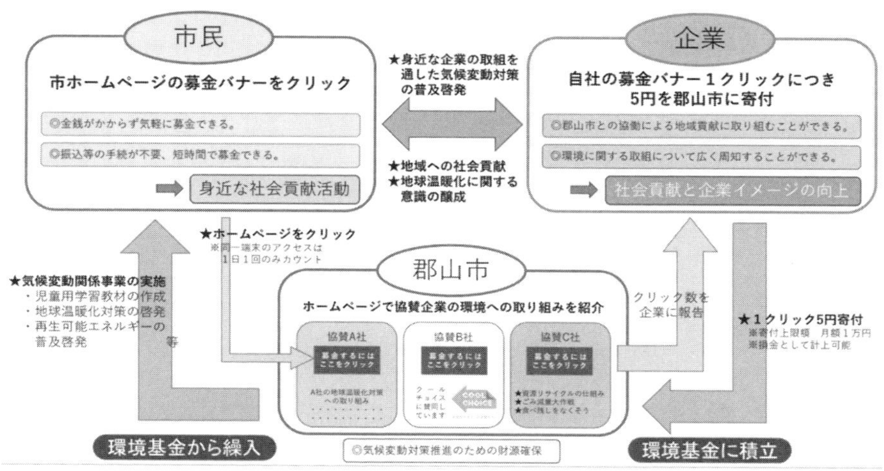

（出所）郡山市資料より

のである。

郡山市の実施施策は，市民に再生可能エネルギーの重要性を認識してもらい，市民生活全体で脱炭素に向けた行動へのシフトを促すものだ。何をしたかというと，非常にベーシックに思われるだろうが，市内の風力発電施設，水力発電施設を巡るツアーを企画・実施した。この結果，市民の工業団地に対する受容性が高まる結果となった。

郡山市の取組みは，カーボンニュートラル・脱炭素の取組みを，絶えず市民の意識高揚や市内企業・進出企業の活性化に結び付けようとしている点であり，他の都市にとって大いに参考になろう。

(6)　“ローカルハブ”を地域発展の哲学として実践する佐賀県

佐賀県は人口約80万人を擁する広域地方自治体である。佐賀県は，（人口規模が小さくても，）地域に魅力があり，産学官の連携やデジタルの活用等により，生産性が高く世界とつながる地域として，“ローカルハブ”を地域が目指す１つのキーワードとして，様々な施策に取り組んでいる。

佐賀県の山口知事が取り組む県政の特徴は，「総合計画」を策定し計画どおりに進めるのではなく，大きな施策方針のもとで取組みが展開されていることだ。

あえて世界に誇れる佐賀を創っていくための具体的な目標を掲げず，大きな方向性のみ提示することで，必要な取組み（プロジェクト）を，柔軟に，かつ，迅速に実施する有効なアプローチの１つであると考えられる。

令和５年８月に策定された「佐賀県施策方針2023」には，「歴史や文化」，「美しい自然」，「豊かな食文化」，「地域の絆」，「陶磁器」など“本物”の地域資源を活かし，「人を大切に，世界に誇れる佐賀づくり」を基本理念に掲げている。佐賀県の資源を集中させ，世界とつながり成長・発展を目指すコンセプトは，まさ

図表３－37　佐賀県施策方針2023の概要

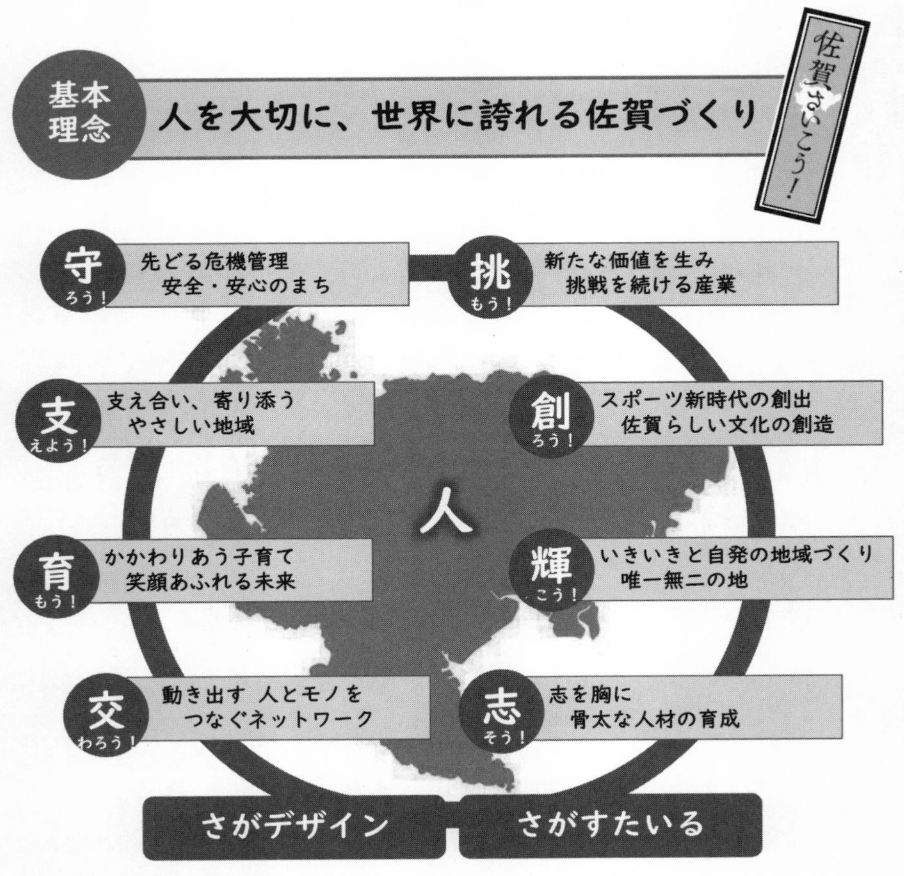

（出所）佐賀県「佐賀県施策方針2023」より

に県全体がローカルハブを目指すこととほぼ同じ意味をもつものではないだろうか。佐賀県が展開する数多くの施策の中で，ローカルハブの実現に直接結びつく特徴的な取組みについて紹介したい。

① ローカルハブクラスター戦略としてのコスメティック構想

佐賀県で展開しているコスメティック構想は，まさに「ローカルハブ」施策の中核をなす概念であると考える。佐賀県の唐津市や玄海町を中心とする北部九州のエリアに，美と健康に関するコスメティック産業を集積させ，コスメに関連する自然由来原料の一大供給地になることを目指している。

佐賀県に世界・アジアをターゲットとしたグローバル目線での化粧品産業を集積させることで，佐賀と世界がダイレクトにつながる経済構造を創り出すことを意図したものだ。

佐賀県は，「日本一コスメビジネスがしやすいまち」を目指し，①創造的なビジネスモデルを描くビューティー&ヘルスケア領域のスタートアップを支援する（スタートアップ成長支援），②大企業で最先端の技術開発に携わってきたコスメ研究の第一人者を迎え，次世代化粧品に関する研究開発に従事してもらうとともに，学生や若手研究者の育成を担ってもらう（研究開発・人材育成），③コスメティック構想に関して多くの人に知ってもらう機会を充実させる（イベント）施策を実施・支援している。

外から人材を招聘するとともに，域内でスタートアップ企業を創出する取組みは，まさにドイツやデンマークでみた自立経済都市（圏）を支えるエコシステムを構築するアクションそのものである。実際②の人材招聘では，化粧品研究の第一人者徳留嘉寛特任教授が佐賀大学に招聘され，自らの言葉で化粧品ビジネスの今後の方向性を語っていたのは印象的である。

佐賀県には，化粧品の輸入代行や成分の検査分析を行う企業，原料商社，容器をつくる企業，パッケージを印刷する会社，さらには輸出入に対応できる保税倉庫をもつ物流企業などが存在している。単に同業種の企業が集積しているクラスターではなく，自地域内でサプライ&バリューチェーンを生み出せる主体が存在していることが大きい。唐津は，かねてからフランスのコスメティックバレーから委託され，化粧品のOEM生産を行っていた。一方でヨーロッパからアジアへの製品輸出には距離・コストがかかり，様々な移動リスクも発生していた。唐津がアジア諸国への化粧品生産の拠点になれば，その課題が少しでも解消されると考え，県ではさらなる化粧品関連産業の立地を進め，世界に開かれた「コスメのまち」を目指すことになった。

佐賀県唐津市にまさにコスメティック産業が集積した団地と呼べる空間がある。唐津コスメパークという地域企業を中心とするコスメ製品のサプライチェーン拠点である。株式会社BLOOMは，化粧品の成分分析，輸出入代行など一連の業務を手掛ける企業だ。拠点の構内には，検査機関，原料の小分け・保管・配送センター，OEM工場。ロジスティック&保税倉庫エリアが存在し，化粧品の製造，成分分析，検査，保管，輸出がこの空間内で全て完結されるようになっている。また同じ敷地内に存在している株式会社トレミーは，わが国屈指の化粧品のOEM・ODM企業である。業界最高レベルのクリーンルームを備え，原料の受入れから製造工程・充填行程・包装仕上・出荷に至るまで高品質な化粧品を一貫生産できる設備を備えている。これらの企業は団地内で相互に連携している。

図表3－38　コスメティック産業集積団地（唐津市）の風景

（出所）野村総合研究所撮影

BLOOMの創業者である山崎会長曰く，もともと唐津市は，東京よりも欧州，アジアに近い地の利がある。日本地図を逆さまにすると，そのポテンシャルがよくわかる，と関係者に指摘したという。

コスメティック構想が，佐賀県や唐津市のローカルハブ・まちづくりの核となることは間違いない，と改めて確信しているところである。

② 地域特性を逆手に取ったエネルギー＆カーボンニュートラル戦略

佐賀県は脱炭素（カーボンニュートラル）を進めるうえで一定の制約がある。国や地域といったエリア全体の脱炭素を進めていく効果的な方策は，エネルギー・電力部門の脱炭素をいち早く進めていくことであることが，脱炭素先進地域・都市であるデンマーク・コペンハーゲン市の取組みからなどから示唆される。そのため，CO_2排出量が限りなく低い再生可能エネルギーのエネルギー供給シェアを高めていくことが求められるが，佐賀県で再生可能エネルギーを浸透していくうえで他地域よりもやや厳しい環境にある。

主な再生可能エネルギー賦存量をみると，太陽光発電量は43位，風力発電は38位，小水力発電は39位，地熱は32位とあまり高くない。また，県の森林面積が県土に占める割合は約47％と他の都道府県に比べて低く，絶対量としても森林クレジットを組成できる広大な森林面積を保有しているわけではない。また日照条件のよい九州中央部に位置する佐賀県は太陽光発電の適地でもあるが，電力供給が過多になる日中時に出力抑制がかけられるケースも多々あり，脱炭素へのエネルギー転換がスムーズに行くとは限らない。

脱炭素に向け厳しい数値ばかりを示したが，逆に，限られた再生可能エネルギーを有効活用するための技術開発，研究開発を進めるとともに，県内の関連企業が開発した技術等を県内で率先導入したうえで，県外・海外への展開することで，温室効果ガスの排出削減に貢献しつつ，県内関連企業の活性化を目指しているところが，“ローカルハブ”らしい戦略である。平成30年3月に策定された佐賀県再生可能エネルギー等先進県実現化構想によれば，例えば，水素を日常的に使用できるインフラの整備や海洋再生可能エネルギーや小水力発電といった佐賀の海洋特性・地形特性を活かしうる発電システムの検討が示されている。

このような施策を展開する中で，コミュニティ単位で再生可能エネルギーマネジメントを地域の稼ぐ力とコミュニティ維持に活かしている象徴的な取組みがある。佐賀県吉野ヶ里町松隈地区の小水力発電によるコミュニティ振興だ。一般的に，100kW 級が採算ラインとされている小水力発電で30kW 級でも収益が取れるビジネスモデルを開発した。どのようにしてビジネスモデル化したのか。

第一には，地形的に佐賀県が小水力発電事業の開発に向いていない地域であることから，九州大学発ベンチャーである株式会社リバー・ヴィレッジと連携し，固定価格買取制度にもとづく売電事業をもとに，佐賀県内でも事業として成立し得る最小規模のビジネスモデルを構築するとの明確な目的意識を持って検討を進めたことである。これは佐賀県，松隈地区と専門企業とのネットワークが形成されたことで実現できたと言える。

第二には，小水力発電設備製品化に取り組む県内事業者を発掘し，設備導入ができた点だ。

第三は，県の関与は最小限に止め，地域住民が主体的に発電事業を行う体制が構築できたことである。県の関与を最小限に止めることで，発電事業によって得られる利益の使途は地域住民が自由に決めることができ，それが地域住民の原動力になっている。エネルギーマネジメントを実施する松隈地域づくり株式会社（資本金18万円，役員４人（役員報酬なし），株主40戸（農家20戸，非農家20戸））による事業収入は，当初年間700万円ほど見込んでいたところ，令和２年11月の売電開始から半年で既に事業収益で450万円ほど達したとされている。約60世帯分の発電を自らの地域で賄っているほか，会社利益（約90万円）を活用して，農業の第６次産業化や休耕田の維持管理，除草作業の軽減のためのアジサイ定植などを行っており，今後生活支援体制の強化，買い物・病院へのデマンドタクシーの往復費用補助，周辺の竹林山林の活用と環境整備などに使っていくとのことだ。自ら使用するエネルギーを自らの地域で作れているという住民の自負心が，地域づくり全般への関心や参画意識を高め，地産地消ならぬ地産地営を実現している点は全国のモデルになる。

③　ローカルハブ人材戦略

佐賀県には２つの意味で，ローカルハブを推進する人材がいる。１つは，行政界，産業界，学術界それぞれに横断的な視点で施策を推進する人材だ。２つには，高い専門性を持った人材だ。例えばエネルギーセクションには，勤続十数年のエネルギーの専門家が在籍しており，佐賀の特徴を踏まえた再生可能エネルギー供給システムを検討している。

ローカルハブを担う人材育成プログラムも特徴的だ。佐賀県では「産業 DX・

スタートアップ推進グループ」が展開する“佐賀型”のスタートアップ支援は，小さな起業ではなく，まさに世界とつながるローカルハブを意識した世界を目指すスタートアップの聖地を目指している。人口が限られているとむしろ異質な人が集まり，新しいことを興しやすい，というコンセプトに私は深く賛同している。また佐賀県産業スマート化センターなる拠点がある。ここでは企業の相談を受けて，IT 企業とのマッチングやデジタル体験（アプリやデバイスの使用）ができる施設となっている。

スタートアップと産業の DX を同じ行政組織が一体的に推進・支援していることで，IT 企業や DX 人材とスタートアップが融合した“エッジ（個性・専門性・技術）”のある起業家人材が生まれている。

④ 佐賀県の取組みの総括

以上①～③までの取組みは，強い地域経済づくりに貢献するものだ。コスメティック産業クラスター戦略，再生可能エネルギー戦略，人材戦略，それから後章で紹介する OPEN-AIR への試みは，全て佐賀県の地域資源・地域制約を効果的に活かして産業・ビジネスの活性化に結びつける「佐賀モデル」が生きている。それらを支えるのが，ローカルハブ人材とも呼べるリーダーだ。㈱ BLOOM の山崎会長，松隈地域づくり株式会社の多良代表，さらに佐賀県庁内にもローカルハブ施策をリードする当該施策分野に精通した専門人材がいて，ローカルハブの施策を自ら先導している姿が印象的であった。

3 デジタルローカルハブ構築に向けた処方箋

2016年に出版した書籍「地方創生2.0」では，「ローカルハブ」構築に必要な6つの処方箋をまとめた（**図表 3 －39**）。いずれも，都市・地域に付加価値を生み出し，循環経済を構築するうえで重要な視点であった。まずは振り返ってみてみよう。しかしながら，人口10～30万人の都市，とりわけ地方圏に位置する都市自らが以下の①～⑦を独力で実現する（獲得する）ことは難しい。むしろデジタル化の力を借りてどのように実現させていくかが重要である。

先に示した日本におけるいくつかの都市では，上記の取組みの一部あるいはすべての取組みをしてきたと言える。ただ2016年当時と比べて大きな社会的な環境変化が起こっている。

先に示した取組みは，デジタル化の進展，さらには脱炭素化への要請によって，大きく環境を変え，それらを実現する手段も進化してきたと言えるだろう。大企業そのものを誘致しなくても，オンラインインフラによって大企業の就業者・人材にローカルハブ戦略の構築及びその実現に参画してもらうことが可能となっている。事業所と就業者が空間的に一致しなくても事業が成立するようになってきたのである。また，住民の巻き込みや地域資源・プロモーションの推進にしても，体験型バーチャル空間（メタバース）やデジタル・ツイン技術を活用して効果的に実現できるようになっている。また，地方圏に相対的に賦存する再生可能エネ

図表３－39　「地方創生2.0」で提示したローカルハブ構築の処方箋

① 大企業を呼び戻せ
・地方で創業した企業において縁のある地に本社機能・研究開発機能を移す
・地方から東京に移転し大きく事業成長した企業の本社機能・研究開発機能を地元に戻す
② グローバル・ニッチ・トップ企業を増やせ
・地域企業（中小・中堅企業）の経営力を強化しグローバル・ニッチ・トップ企業へと後押しする
・地域の「ものづくり」シーズと市場「ニーズ」のミスマッチを解消する
・潜在的な顧客を発掘・開拓する「うりづくり」機能を強化する
・産学官金によるグローバル・ニッチ・トップ企業創出・支援を継続する
③ 再生シナリオをビジュアル化せよ
・「地方人口ビジョン」や「地方版人口戦略」との整合を図る「ローカルハブ再生戦略」を策定する
・地域住民や関係団体を巻き込む
・ストーリー性のある中長期のシナリオづくりを意識する
・PDCA を徹底させる
④ 地域資源の選択と集中により差別化を図れ
・競争優位性のある地域資源を発掘する
・地域資源のブラッシュアップをする
⑤ 付加価値を追求せよ
・ハイリスク・ハイリターン型の事業を検討する
・地方における付加価値追求を徹底する
⑥ 特定セグメントをターゲットに突破を図れ
・東京・グローバルを直接見据えた見本市等出展を検討する
・メディアとタイアップした若年層を取り込む
⑦ マネタイズに腐心せよ
・情報発信と高頻度の更新を意識する
・現地拠点を創設する

ルギーを活かした事業・産業の創出機会も増えてきた。

デジタル化と脱炭素化を追い風と捉えると,「ローカルハブ」構築のチャンスが昔よりも拡がってきたとも考えられよう。これからデジタルによる「ローカルハブ」構築を考えるうえで必要な検討ポイントを「意識醸成」「戦略と組織体制構築」「デジタル・データの活用」「産業・人材戦略」「戦略の運用」という5つのカテゴリーについて合計9つ示したい。

[意識醸成]

(1) 「時間軸経営」の考えをもって施策を推進すること

デジタルローカルハブを目指す自治体・関係団体が自らの戦略を構築するうえで重要なポイントがある。いわゆる「時間軸経営」の考え方だ。

近年,「SDGs(持続可能な開発目標)」や「サステナビリティ」等を念頭においた目標を掲げる企業や自治体が急増している。中でも,脱炭素への対応は,ほぼ全ての企業・自治体が対応を検討しなければならない状況だ。これまでも気候変動によるCO_2排出量の削減は課題として認識されてはいた。しかし,2050年に温室効果ガスの排出量をゼロにするという菅政権の目標及び達成時期が明確に提示され,企業や自治体の注目度は俄然高まった。

日本には,人口減少,地域格差の拡大,自然被害の増大など多くの問題を抱えている。これらは,国・政府による具体的な対応目標(場合によってはペナルティの運用)が提示されてはじめて,単なる問題として認識される存在から,経営や政策として対応が必要な「社会課題」になる。目下,社会・生活・自然・地球などの分野で長期間にわたって様々な変化が起こっているが,どの段階で企業や地域が対応すべき「社会課題」となるか,国による目標やルール制定の動向を注視する必要がある。

ところで,これらの「社会課題」を克服するために,企業や地域は,長期間に及ぶ解決の道筋を描く必要があるが,一方で,これからの社会・経済を見通すことはますます難しくなっている。デジタル化の進展はその代表で,例えば,2050年におけるデータ量は,2020年を100とした指数でみるとおよそ31万にもなり,予測不可能なレベルにまで拡大する。デジタルと他の様々なテクノロジーが融合することにより,生活者の行動,人々の時間の使い方,新たなサービスの開発,行政サービスの提供など「社会変革」そのものが「加速化」すると予測している識者も多い。

今後都市・地域に求められるのは，長期で達成すべき社会課題と，足元で急激に変化する社会変革（技術革新）の双方を考慮に入れた舵取りを行うことだ。バックキャスト（ありたい姿から現在を導く）とフォアキャスト（人や技術がどのような社会に導くのか）の双方を考慮にした『時間軸経営』である。そこには，中長期的な目標をどう設定するかよりも，そこに到達するプロセスをいかに柔軟に設計するかが重要となる。コロナ禍において，テレワークがはからずも「脱炭素」に貢献したように，日々起こる「社会変革」と向き合いながら，試行錯誤を重ねつつ，「社会課題」の解決策を見出していかざるを得ない。

先にも紹介した郡山市の市長は，「最初から固定した大きな検討体制を作るのではなく，デジタル媒体を活用した市民や企業の小さな取り組み・体験を積み重ねることで，自ずと目指すべき体制が構築できる」と言う。技術革新の動向をみながら，柔軟にシステムを拡張していくという考え方であり，時間軸経営を示す１つの例である。

このような自治体経営の考え方を，デジタル戦略策定などを契機にいかに都市・地域に浸透させていくか，これが地元による自発的なデジタルローカルハブ実現への動きを促す大きなポイントである。

⑵ 「地域資源」を最大化する考え方をもつ

ドイツやデンマークのような自立都市経済（圏）をはじめから構築することはハードルが高い。ただ経済（圏）に存在する施設・機能が何なのかは，本書で示した事例からそれとなくわかったことと思う。グローバル企業の本社・重要拠点，ローカル企業の本社・拠点，高等教育機関・専門教育機関，スタートアップ・中小企業の事業成長を支援する実証型研究機関などである。

まずはこのような企業・機関が自地域にあるのか，隣接地域に所在するのかを確認してもらいたい。もちろん自地域で起業し，域外・海外で成長した企業・事業体があるかどうかも重要である。大都市圏の政令指定都市で講演後聞いた話だが，能力と野心のあるスタートアップ企業は，国内で安定的な資金・人材・パートナー支援が得られない場合は，海外（米国西海岸）での挑戦を希望する企業も少なからずいる。ただこれらの企業は永遠に海外で事業を展開するのではなく，機をみて出身地域に戻りたい意向もあることがわかっている。このような企業・あるいは人材がいるのかを把握することも必要なのである。もちろん他地域と差別化できる地域資源があるか（おらが街の特産品を列挙してもよいが，あくまでも売上高，認知など相対比較できる指標で優位に立てるもの）などを緩やかに判断してもらうことも必要だ。

そのうえで，「デジタルローカルハブ」を目指す合意形成を取ってもらい，会合でも協議でも何かを始める小さな取組みを起こしてもらいたい。

[戦略と組織体制構築]

(3)　デジタル（化）戦略の策定に着手

デジタル化の方向を定めるうえで重要となるのは，各地域のデジタル・ポテンシャルを客観的に把握することである。そのうえで，デジタルによって実現される地域の将来像をしっかり描くこと，そして，これから急速に整備され国・地方共通の情報基盤と連携しつつ，地域独自のシステムを構築していくことである。デジタル化の目標を地域の主体にとってわかりやすく提示することは難しい。既に行政は総合計画などで目指すべき目標を示している。また，まち・ひと・しごと創生総合戦略など，地方創生実現のための計画でも目指すべき姿が提示されている。これらの目標をとりまとめ，デジタル化によってどう実現するのか，ある種のアーキテクチャーのような体系図を作成して共有することも一考だ。

デジタル化と関わる国の認定を得ることで，地域がどのような目標に向かってデジタル化に着手しようとしているかを，住民。地元企業，関係団体等に知ってもらうアプローチもある。山形県鶴岡市は，2020年度のSDGs未来都市に選定された。ここで掲げられたSDGs未来都市としての目標を「デジタル化」によって達成するという考え方を貫いている。あわせて，行政内にも「SDGs未来都市デジタル化戦略推進室」なる横断的な組織を設置することを決めた。このように，庁内横断でデジタル化を進める専業組織を創ること自体が，地域住民などにとって「デジタル化」を進める強力な意思表示（メッセージ）となる。

よくデジタル戦略を構築する過程で様々な発見があり，様々なプロジェクトのアイデアが生まれてくる。なので，戦略づくりに着手することがデジタル戦略のスタートだ，という言葉をよく聞く。加えて，国の助成金を活用するために，デジタル戦略を策定しようとする動きがある，といってもほとんどがそのような動機なのではないだろうか。これ自体を否定するものではない。デジタル戦略を策定すること自体もまたゴールではないし，目的化してはいけない。

ただデジタル戦略を策定することで，デジタルローカルハブに関わる利害関係者を一同に集めることができる。デジタルローカルハブを実現するうえで結束しなければならない関係者が数多い。単に産（業）学（術）官（行政）金（融）労（働）言（論）といった主体だけではない。同じ企業であってもグローバルで展開する企業と地元で活躍する（活躍している）企業の双方に目配せすることが必要である。また市民団体や市民代表にも加わってもらうことも重要だ。鶴岡市では，デジタル戦略策定を機に，大手ベンダー幹部，地元の国立大学，高等専門学校の教授に加え，地域活動家，市民代表，地元出身の有名 Youtuber の方をメンバーとする有識者委員会を組織したが，これを機に立場が異なる様々な人材が同じ目標に向かって協議する土台が構築できたと考える。

さらに，これらの戦略に基づいて，国や都道府県等の資金支援を受けてプロジェクトをまえに進めていくことになる。政府では，年間総額2,000億円ほどのデジタル田園都市国家構想交付金を用意しており，Society5.0型，先進活用型，type1, 2, 3など多様な用途に対応できるようになっている。これらの補助金は，デジタル連携基盤を構築することによって，行政サービス，都市サービスの充実を狙ったものであり，「デジタルローカルハブ」の実現を意識しつつ，効果的な活用が求められる。もっとも国への補助金を申請することは，資金不足を補うためだけではない。既に紹介したドイツのレーゲンスブルク市へのヒアリングによると，連邦に補助金を申請することで，一定の期間で連邦が求める成果を出さなければならないという責任感と緊張感を関係者がもつことのほうが大きいとコメントしている。有識者会議による戦略策定や，補助金申請に基づくプロジェクト推進は，一見定型的なプロセスのように見えるが，行政・産業・大学。市民など多様な主体が活動する「デジタルローカルハブ」のポテンシャルを有した都市ではむしろ有効に機能すると考えられる。

⑷　戦略策定と実行に向けたプラットフォームの組成と活用

目標や理念が構築され，行政内に推進組織ができたとしても，「デジタル化」を地域単位でどう進めるかは難しい。地域内には様々な利害関係者が存在する。またそれぞれの立場で既にデジタル化に関する個別の取組みを行っている場合もある。

その場合，地域のプラットフォームを活かす方法がある。地域の成長・発展に関わる産業（企業），学術教育機関（大学，工業高等専門学校など）そして行政，地域金融機関，メディアなどで構成される組織体だ。既に多くの自治体では，まち・ひと・しごと創生総合戦略を策定することを通じ，このプラットフォームを設置した自治体も多い。「デジタル」戦略を実施するために，このような既存のプラットフォームを活用することが考えられる。いわて未来づくり機構のように，産（経済団体），学（国立大学，県立大学），官（県知事）のトップが集まる会議体を利用して，デジタル施策の基本方向を合意形成するやり方もある。

このような大きな枠組みを作り，活用する一方で，「デジタル化」は，奇しくもスマートフォンが生活，行動，社会活動全般を変革したように，小さな成功が大きな効果を生む，すなわち「しっぽ」が象を振り回す姿をイメージしないと成功しないとの考え方もある。体制をいくら作ってもデジタル化は市民・住民に浸透していかないという考え方だ。プラットフォームを設置する一方で，個別の「デジタル化」プロジェクトがしっかり地域に，住民に根づくようにしっかり支援していく必要がある。場合によってはその効果の出方によって，全体のデジタル化の方向を機動的に変えていく勇気も必要かもしれない。

いずれにしても，プラットフォームを動かすためには，全体を仕切る人材（コーディネーター，カタリスト）が必要だ。前述で地域のデジタル人材を，地域内で育てる取組みが必要であることを示したが，このようなコーディネーター人材を，エリアを超えて発掘，招聘することも選択肢の１つとしてある。コロナを通じた働き方改革の浸透によって，全国の多くの人材が，自らの時間をどう有効に活用するか考え始めている。「デジタル化」に立ち向かう今だからこそ，地方創生を人材シェアリングによって実現する絶好の機会だと思うのである。

[デジタル・データの活用]

(5)　地域の住民・産業に裨益をもたらすデータ・システムを構築

国家レベルでデジタル化の基盤が急速に整えられようとしている今，デジタルローカルハブの実現を目指す自治体は，デジタル技術を適切に管理し，目的実現のためにデータの利活用を進めるなど，能動的な対応が求められる。

地方自治体では，長年にわたって地域情報化に取り組み，独自の地域情報システムを構築してきた。これからは，国レベルで「デジタル化」の基盤が再構築・統一化がなされる中で，いかに地域において，住民や企業，学術教育，行政などに効果をもたらすデータやサービスを構築するかが重要である。

これまで集中的に取り組まれてきたデジタルガバメントは，大きく捉えて４つの側面で進展すると考えられる。行政情報システム，認証システム，オープンデータ，都市サービス・システムの４つである。

行政情報システムは国・地方自治体の基礎的な事務を支えるシステムであり，前述のとおり2025年までに一元化・標準化が進められる予定である。また，認証システムは，マイナンバーをベースとした公的個人認証を支えるシステムであり，2023年のマイナンバー100％普及に向け確立が急がれる。これらのシステムは国・自治体共通の基盤にすることが期待されるものだ。これに対して，オープンデータの策定やその利活用については，現在取組みの途上にある。2023年６月時点でオープンデータに取り組んでいる自治体は約81％であり，「世界最先端 IT 国家創造宣言・官民データ活用推進基本計画」（平成29年５月30日，閣議決定）で掲げられた100％の目標まで少し差がある。また，サービスシステムについては，自治体の医療や教育，移動などの都市サービスのデジタル化を実現するもので，「スマートシティ」の取組みとして，目下約180自治体ほどで進められている。

これらの中で，今後重要となるのは，これらの４つの要素をいかに連携させ，利用者にとって，そして都市にとって高い効果を発揮してもらうかである。その

図表３－40　デジタルローカルハブを支える４つのデジタル化

デジタルガバメント
都市サービス（スマートシティ）
自治体
国共通
③オープンデータ
（官民データ活用＆データ連携）
・自治体の取組み率は2023年６月時点で約81％（官民データ利活用計画によると2020年度中に取組み自治体100％を目標）
④都市サービス・システム
（医療・介護・移動など）
・スマートシティの取組み（約180の自治体や地域のプロジェクト）
・スーパーシティ構想の選定
デジタル
ローカルハブ
①行政事務システム
・これまではLGWANの下で自治体個別でシステムを構築⇒効率化のため類似規模の自治体間で共同利用を図ってきたが、今後は国が一括して調達する（ガバメントクラウド）
・17業務の標準化を先行、標準準拠システムへ移行
②認証システム
＆ベースレジストリ
・マイナンバーは2023年100％普及へ
・マイナンバーを軸とする認証・IDシステムの構築へ
・2021年5月に内閣官房がベース・レジストリを指定。整備を推進中

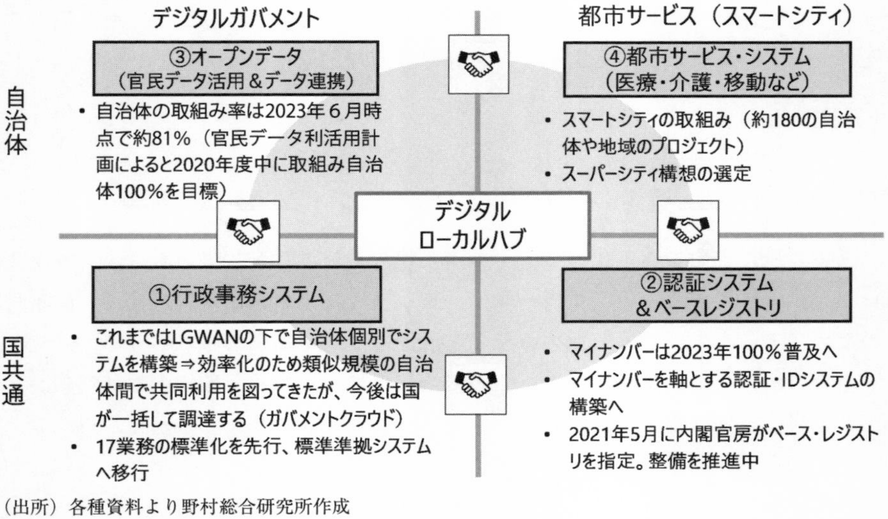

（出所）各種資料より野村総合研究所作成

ために必要なのは高度なインテグレーションである。例えば，OECDのデジタルランキングで3年連続トップを獲得したデンマークでは，首都コペンハーゲンだけでなく，オーフス市やオーデンセ市などの中核都市が存在感を高めている。それらの都市では，デンマーク全土で構築されたオープンデータをベースにして，その都市で重点的に取り組むべき課題や，成長させたい産業などがわかる独自のオープンデータを確立している。デンマーク政策当局の方によると，例えば国のサイトから地方自治体のサイトにスムーズに移行できるシステムとなっており，医療分野のデータを国から把握し，その実施策を当該サイトから探すことができる。自治体のHPも様々であり，当該自治体が力を入れている情報がわかりやすくまとめられているのが特徴だ。そこには，国，地方自治体，関連団体の情報連携が利用者目線で構築されている。この点で言えば，日本は優れたオープンデータが数多く構築されているが，利用者目線になっているかどうかでみると，まだ課題はある。

また，国・地方自治体でシステムを一元化・標準化するにしても，国が1,700強の自治体すべてのシステムを運用し，更新し，改良していくのか，といった点は今後の論点となる。特に全自治体で収集・公開されたオープンデータを，利用者目線でどのように連携・統合させていくかも検討が必要であろう。例えば，同じ北欧のノルウェー[2]で取り組まれているようなデータカタログ（どのような枠組み，数値などでデータを整理するかを決めるフォーマット）を，地域単位（例えば都道府県）で作成し，連携しながら運用していくといった方向も考えられる。

これまでの経験によると，国によるデジタル基盤の一元化は，調整に時間を要する可能性もある。その場合，地域の範囲内で独自のデジタルシステムを構築してしまうことも考えられる。それは極論だが，国の基盤の進捗に過度に依存しなくとも，地域独自でデジタル・サービスを展開できるよう取り組むことも重要である。

(6)「ローカルハブ」構築を念頭においたデータの利活用

膨大なデータを地域で単に抱えるだけでは付加価値は生まれない。むしろデータの収集や更新に莫大なコストがかかり，データが利活用されず放置される危険性すらある。重要なのは，地域特有の課題克服に必要なデータの利活用・分析を

2　ノルウェーでは，省庁横断的なデジタル化を推進するために，2020年9月に新生デジタル庁を創設し，データカタログをベースとした省庁データの集約化を進めている。

徹底的に進め，地域の持続的発展に貢献していくという考えをもつことである。

例えば地方圏において特に克服が必要な社会課題の１つとして，例えば社会インフラの老朽化というものがある。日本では高度経済成長時代に整備された社会インフラの更新期を迎えていると指摘されて久しいが，特に公共住宅，下水道，学校施設など都市に関わるインフラは十分行き渡ってきた。今後人口減少や高齢化がさらに進む中で，高度経済成長時代に形成され，老朽化が著しいインフラの更新が急務である。このような課題は特に地方において早く，かつ，大きく顕在化する。

その際重要となるのは，都市という限りある空間を“所与”として，社会インフラのコストを抑えつつ，人々の安心な生活を支えるサービスをいかに提供していくかである。都市にはおおむね移動，居住，エネルギー・水供給のためのインフラが整備されている。これらのインフラを住民や来街者，立地企業等のニーズに応じて，都市単位で連携・統廃合・廃止をしながら再編することが求められる。これは人口減少が進む地方圏（都市・地域）において特に克服しなければならない課題である。

ただ，このような課題は，時間とともにゆっくり顕在化するものだ。そのため，対応処置が見過ごされやすい。人間の身体に例えると，自覚症状なく浸透する病巣のようなものだ。そこで年次健診を半ば強引に受けてもらい，病巣が拡がらないうちに処置をすることが求められる。この年次健診なるものが，脱炭素・カーボンニュートラルへの対応だ。脱炭素は明確な目標年次が設定されている。そのためにやるべきことをバックキャスト的に進める意思決定・合意形成を得ることも可能だ。

例えば社会インフラ分野を考えてみる。インフラの老朽化はじわじわと進むもので，大規模な更新を一度に行うのは難しい。それゆえ，インフラを脱炭素“仕様”に変えることで，老朽化資本の更新を実現していくことが有効だ。ただインフラという資本そのものを大きく改造するのは難しい。土木・建設的な措置を講ずるには多大な時間とコストを要し，仮にインフラ構造を変化した後で，社会環境が変化した場合，再び対応することは難しいからだ。コロナを契機に改めて認識するのは，デジタルガバメントを通じて，都市のインフラを“固定資本”ではなく“サービス”と捉え，人々の行動変容・生活変容にあわせて，都市インフラのサービスを柔軟に変える仕組みを作ることである。例えば，固定資本である道路を柔軟に活用し，MaaS（Mobility as a Service）など，デマンド型サービス（需要に応じての交通サービス）を導入すること，中心市街地の道路を自転車専用道路や駐輪場に変えて，健康増進サービスを提供すること，中心商店街の機能をネットに移管し効率的に物流・配送サービスを提供すること，などがイメージされる。これらの都市インフラ・サービスを実現するためには，人々の都市活動に対する期待，実際の活動量の見通し，インフラ運営に必要な費用の予測など，多様なデータが必要となる。

このように地方圏特有の社会課題を起点とし，そのためのデータ利活用に重点的に取り組むことで，デジタル化を地域の味方にすることが可能となる。

[産業・人材戦略]

(7) デジタル産業の育成・強化を意識した展開

デジタル化は市民，企業，行政に，「より良い」姿が描かれているケースが多い。国のデジタル戦略である「Society5.0」の説明資料をみると，キャッシュレスによって生活者が非接触ながらも決済できるようになる，自動運転によって高齢者が多く居住する中山間地域の交通の足が確保される，電子商取引，キャッシュレス，ドローンなどの整備によって全国のどの地域に居住していても，全世界の物品が手に入るようになる，などである。

しかしながら，これらの利便性が，国や地域の経済と両立するか，というとそうではない。デジタル化は既存産業をディスラプト（破壊）する。特に地域の一定人口に応じて成立してきた産業の多くは，デジタル化の進展によりその事業規模を維持できなくなる可能性がある。コロナの進展によってその傾向に拍車がかかる。「デジタルガバメント」も同様である。行政事務の発注及び行政職員の削減によって地域経済にどのようなインパクトが及ぼされるのか，しっかり見極める必要がある。

地域経済の実態をみると，特に地方圏では，小売・商業部門の多くは地域内で調達がなされる傾向が強い。いくつか都道府県のデータをみると，多くても域外からの調達は最大でも需要額の２割程度である。ネットショッピングの普及により地域の買い物需要を地域内の産業で賄う割合がさらに減ってしまう可能性がある。この点は覚悟が必要だ。

それよりも甚大なのはデジタル化を支える本丸の情報通信サービス業である。こちらは東京都，福岡県など一部の大都市圏の自治体を除いて，２割から６割近

図表３－41　デジタルケイパビリティと情報通信サービス業移出入率の関係

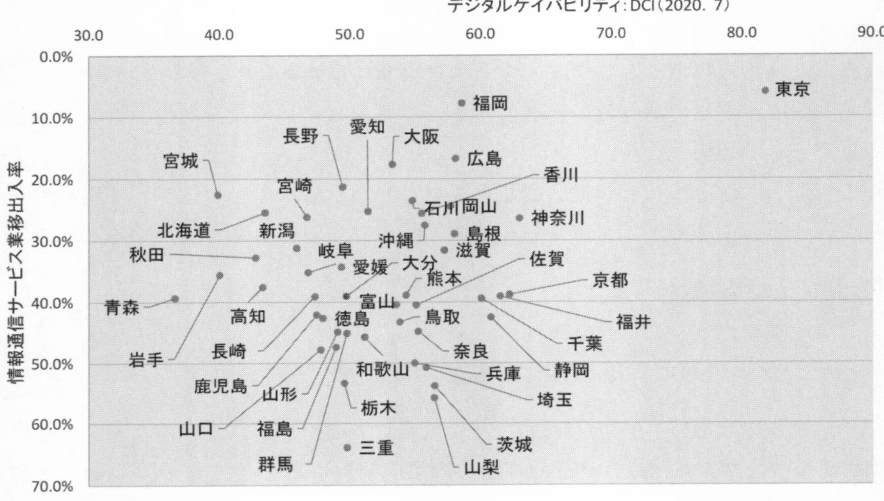

注）移出入率のデータは以下のとおり。
　　青森，静岡，富山，石川，福井，長野，愛知，奈良，鳥取，岡山，広島，山口，徳島，佐賀は2011年時点
　　北海道，青森，岩手は2013年時点
　　残りの府県は2015年時点のもの
（出所）都道府県産業連関表より野村総合研究所作成

くを域外からのサービスを受けている状況だ。**図表３－41**のように，地域（住民，産業，行政）のデジタル度[3]を高めなければならない都道府県ほど，デジタルのサービスを自地域外から供給せざるを得ない（他地域から賄う割合が大きい）状況である。デジタル産業が地域で成立しないと，地域においてデジタルに関わる雇用も生まれない。デジタルの人材も育たないという悪循環が生じてしまう。常に地域のデジタル化は，自地域内のデジタル産業の活性化とあわせて推進していくことが求められる。

デンマーク，エストニアなど北欧諸国では，デジタル化とあわせて，データセキュリティ，データ分析の専門職などのデジタル産業が次々と育って，産業構造

3　野村総合研究所では，このたび地域（都道府県）の相対的なデジタル化度を測る指標を開発した。DCI（デジタル・ケイパビリティ・インデックス）と称される指標で，EUのデジタル経済社会インデックスをもとに，「ネット利用度」，「公共サービスのデジタル化」，「コネクティビティ」，「デジタル人材（質・量）」の４つの視点を総合化したものである。

の転換を誘導していった。地方圏でも，地元企業・スタートアップに対する公共調達を優先するなど，地元IT企業の実績づくりに貢献する方策を講じていくことが望まれる。デジタル需要と産業育成に重点を絞った戦略が必要なのである。

(8) 世代間の「人材交差」を解消し，内外人材が集まる環境を整備

地域を活性化していくためには，“ヨソモノ”，“バカモノ”，“ワカモノ”が重要だと言われてきた。これは言い得て妙だ。しかし，重要なのは，“ナカモノ”，“タダモノ”，“トシ（経験を積んだ）モノ”との接点をどうレベルで実現するか，そのコンタクトの持ち方である。しかもクロスオーバーさせることが重要だ。なぜこのようなことをいうか。それは，やはりローカルハブの重要な点，全国・全世界の誇れる資源の発掘を考えるうえで，あまりに“ナカモノ”の認識が薄いことである。このために“ヨソモノ”の“トシモノ”との接点を創り出すことが重要だ。

全国の主要都市，特に県内第二・第三都市には高専・工業専門学校がある。今回の「デジタルローカルハブ」形成にあたって重要な役割をもつ組織の１つだ。地域からみると，将来の地域産業とりわけ技術集約型・研究開発型製造業を担う人材の卵たちだ。しかしながら，そこに通う学生の多くは地元への就業意識は低い。地元に年収水準が高く，ワールドワイドな活動をする企業がないからである。地域の高校，高専の学生達と話す機会があったが，「何故野村総合研究所の人はそこまで自らの地域のことを高く評価するのかわからない」と言われたことが一度や二度ではない。

彼らが活躍したい企業の大部分は東京大都市圏に所在すると考え，東京の大学及びそこに本社のある上場及びそれに匹敵する企業に就職を決める。しかしながら，IT・DXの進展等により，産業構造・企業構造も大きく変わってきているが，年収・規模・国際性といった基準で就職先を決める“意識”はあまり変わっていない。むしろその親の世代の方が強いかもしれない。

これに対して一度就職した企業側の地方・地域に関する意識も変わりつつある。社会課題ビジネスへの高まりだ。本書でも掲げた再生可能エネルギーや森林資源・地熱資源の有効活用，人手不足を補うデジタル実装，インフラ老朽化対策，自動運転・移送の仕組みなど，地方圏はいわばビジネスの対象となる社会課題の“現場”なのである。当然多くのビジネスマンが現地でビジネスを展開している。私はこのような現象を捉え，人材の交差現象と呼んでいる。交差現象自体必然かもしれないが，可能であれば地元の大学や高専出身の人材が，グローバル企業・

地域企業が展開する当該地域の社会課題ビジネスの現場で活躍できることが理想だと考える。

地域としては，地元でITやグリーンの人材を教育し，育成するだけでなく，地元でビジネスを展開するグローバル企業とのマッチングイベント・就業支援などをして双方の意識をマッチングさせる活動がより一層求められる。鶴岡高専では，高橋前校長の強力なリーダーシップのもと，他地域に本社を置く企業についても高専での授業（講演）をしてもらう機会を創っていた。デジタルローカルハブを目指す地域（自治体）にとって，このような機会はますます重要になるだろう。

[戦略の運用]

(9) 目標管理はその設定よりもその運用に留意すること

デジタルローカルハブは，まず将来像を合意し，バックキャストの考え方に基づき，経済産業と市民生活の視点から戦略的な取組みを考え，実行に移していくことで生まれてくる。その意味で戦略には，当然ながら目標設定が必要となる。まず誤解してはならないのは，KPI（Key Performance Indicator：重要業績評価指標）の達成を必要以上に意識することである。KPIは，あくまでもデジタル化・デジタル技術を浸透させていくための目標であり，あくまでも手段としてのマイルストーンである。KPIを達成したとしても，デジタルローカルハブを推進する1つの前提条件をクリアしたに過ぎない。その意味でKGI（Key Goal Indicator：重要目標達成指標）の設定こそが重要となる。例えば，デジタルローカルハブが目指すべきは，当該都市全体が高い生産性を実現し，継続的に維持することである。そのために労働生産性（付加価値額/人口・生産年齢人口），付加価値額/炭素生産性（CO_2排出量），国土（土地）生産性（付加価値額（自然資本の経済価値分を含む）/土地面積・可住地面積）などが着実に上昇するなどといったKGIを設定することが考えられる。これらのKGIは，当該都市の住民のウエルビーイング（≒幸福度）が高く維持されていることが前提となる。住民への満足度調査・暮らし向き調査などを継続的に実施し，経済的な活力と，住民の幸福度が同じ方向に向かっているかどうかを確認しておくことが重要だ。

また生産性の高さを実現するための要件として，自立性（都市内に自らの地域を成長させる意欲と意思をもった主体がいるか），開放性（海外と直接つながり

図表３－42　デジタルローカルハブの目標指標の例

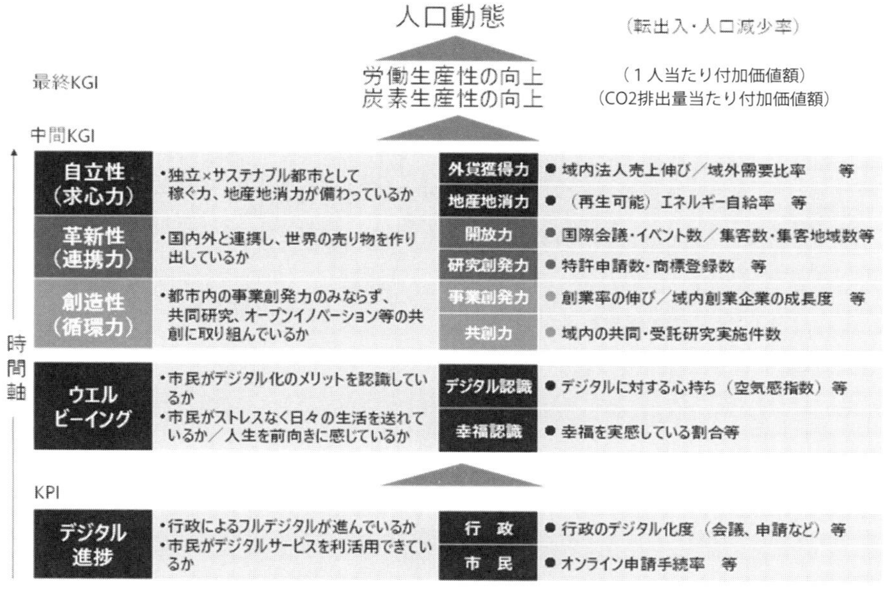
人口動態
（転出入・人口減少率）
最終KGI
労働生産性の向上
炭素生産性の向上
（１人当たり付加価値額）
（CO2排出量当たり付加価値額）
中間KGI
自立性（求心力）
・独立×サステナブル都市として稼ぐ力、地産地消力が備わっているか
外貨獲得力
● 域内法人売上伸び／域外需要比率　等
地産地消力
● （再生可能）エネルギー自給率　等
革新性（連携力）
・国内外と連携し、世界の売り物を作り出しているか
開放力
● 国際会議・イベント数／集客数・集客地域数等
研究創発力
● 特許申請数・商標登録数　等
創造性（循環力）
・都市内の事業創発力のみならず、共同研究、オープンイノベーション等の共創に取り組んでいるか
事業創発力
● 創業率の伸び／域内創業企業の成長度　等
共創力
● 域内の共同・受託研究実施件数
時間軸
ウエルビーイング
・市民がデジタル化のメリットを認識しているか
・市民がストレスなく日々の生活を送れているか／人生を前向きに感じているか
デジタル認識
● デジタルに対する心持ち（空気感指数）等
幸福認識
● 幸福を実感している割合等
KPI
デジタル進捗
・行政によるフルデジタルが進んでいるか
・市民がデジタルサービスを利活用できているか
行　政
● 行政のデジタル化度（会議、申請など）等
市　民
● オンライン申請手続率　等

（出所）野村総合研究所作成

外貨を稼ぐ力があるか），循環性（次を担う新しい事業の種を生み出しているか）といった点でふさわしいKGIを設定することになる。デジタル政策の進捗度，デジタルインフラの整備率（5G，6Gなど），行政の特定施策のオンライン会議割合，キャッシュレス率などのデジタル関連のKPIは別途定めておくことが必要である。デジタルKPIは，デジタル技術の進展などによって柔軟に変えていくことをあらかじめ合意しておくことが必要だ。デジタル化は何か起こるか，何を起こすか，正直見えないところが大きい。はじめから硬直的なKPIを打ち立てると，それに縛られて，本来やるべきデジタル化が進まない可能性がある。例えば，クラウドによる業務効率化をKPIとして打ち立てていても，昨今の生成AIによって業務効率化がそれよりも早く・効果的に実現できる可能性が出てきた場合，目標とするKPIを高めるか，早めるか，することが求められる。また時間経過によってKPIの値を柔軟に変えていくなどの工夫が必要だ。

このようにして設定したKGIとKPIとを相互に比較・モニタリングしながら，足元のデジタル化が本来目標とすべきデジタルローカルハブの実現に貢献しているかどうかを評価・判断していくことになる。

もっとも KGI，KPI による目標設定・管理にこだわる必要ない。ドイツのブラウンシュバイク市などいくつかの都市では，OKR（Objective Ker Result：(大きな）目標と主要な成果管理）という方法でデジタル化の進捗を把握している。大きな目標だけを掲げ，そこに向けていくつかの指標が施策実施によってどう変化したか，のみを観測するものだ。デジタル化の施策が，都市の経済，生活，移動などを少しでも変えたかどうか，最低限の指標で観測するやり方は，評価者の負担を軽減しつつ，市民にもわかりやすく成果を示す意味で，案外よいアプローチかもしれない。

第4章

デジタルローカルハブ構築を契機とした資産の再構築

海外の独立都市経済（圏）のデジタル戦略，カーボンニュートラル戦略を講ずるうえで，都市や空間を再編，再構築することが重要な取組みであることがわかった。

目下日本では，国土（土地）・資産の使い方を俯瞰的に捉え，再編・再活用を考える時期にあると考えられる。

日本の資産生産性，とりわけ土地やインフラなど非金融資産の生産性が伸び悩んでいる。生産性を高めるためには，非金融資産の活用の仕方を工夫する必要があるからだ。

折しも，激化・多発する大規模災害から身を守る生活環境の構築，経済安全保障を実現する基幹産業（半導体・製薬など）の国内回帰，脱炭素に貢献する資本の増強などが求められており，これまでの土地・資産・インフラのかたちや機能を変えていかねばならない。

これまでの日本の経済社会は，主にグローバルな成長力に貢献して外貨を獲得し，国を豊かにするという発想から，対外開放型の経済社会システムが構築されてきたと言える。しかしながら，今後は，国における経済の成長や国民の安心を創り上げる（自立）という目的から，必要な資金・人・ナレッジ等を“呼び込み”，国の中で成長するシステムを構築する自立循環のシステム転換が求められるだろう。

これまでの議論とは少しトーンを変えて，本章では，自立循環時代にあって，デジタルローカルハブを中核として，いかに効果的に資産を活用・変革することで，投資を呼び込み，経済的な価値に変えていくのか。その方策と戦略の方向について検討する必要があることを示したい。

1　活用と再編の時期に差し掛かっている日本の資産

(1)　積み上がる日本の資産

投資活動が相対的に低迷する中であっても，日本全体の資産は非常に大きい。フローとストックは，国の経済を語る両輪とされているが，１人当たり GDP や人口，人的資本といった数値に比して，資産の状況について世の中であまり取り上げられていないのではないか。

日本の資産の状況をみてみたい。日本の資産額は，内閣府が毎期末に貸借対照表を作成・公表している。それによると，2021年（令和３年）末の総資産額は１京2,445兆円であり，全体の７割が金融資産（9,000兆円），３割が非金融資産（3,445兆円）となっている。非金融資産には，大きく土地と住宅，構造物，設備・機械などの固定資産，土地，特許などの知的資産やソフトウエアなどが含まれている。特に固定資産額は2,087兆円と最もウエイトが高く，道路や上下水道などの社会インフラは，固定資産のうち「その他の建物・構築物等」のカテゴリーに含まれている。

図表４－１　日本の資産額の構成

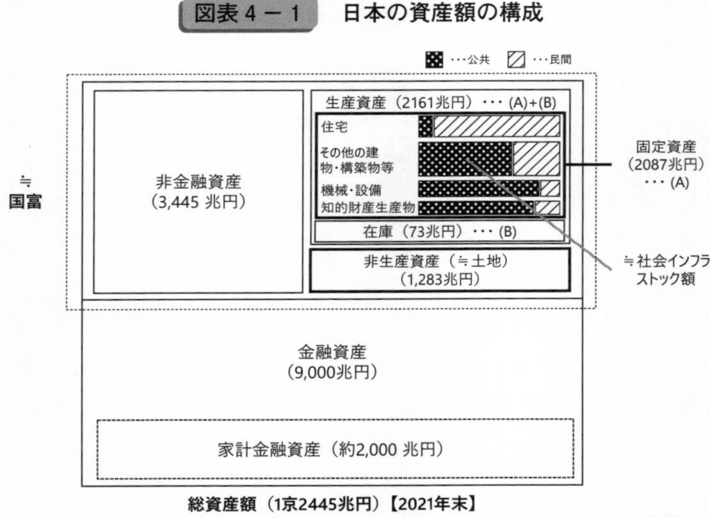

（出所）内閣府経済社会総合研究所「2021年度（令和３年度）国民経済計算年次推計」より野村総合研究所作成

総資産額は2011年を境に毎年伸びており，2021年は過去最高の水準となっている。金融資産額が10年間（2011～2021）で年率４％ものスピードで蓄積されていることがその主な要因だが，土地，住宅，構築物などの非金融資産もわずかながら拡大している。失われた20年，30年ともいわれるように，GDP（フローの経済指標）が低迷している中で，また人口が2007年以降減少に転じる中で，資産額のみが着実に拡大しているのが実態である。

図表４－２　日本の総資産（内訳別）とGDPの推移

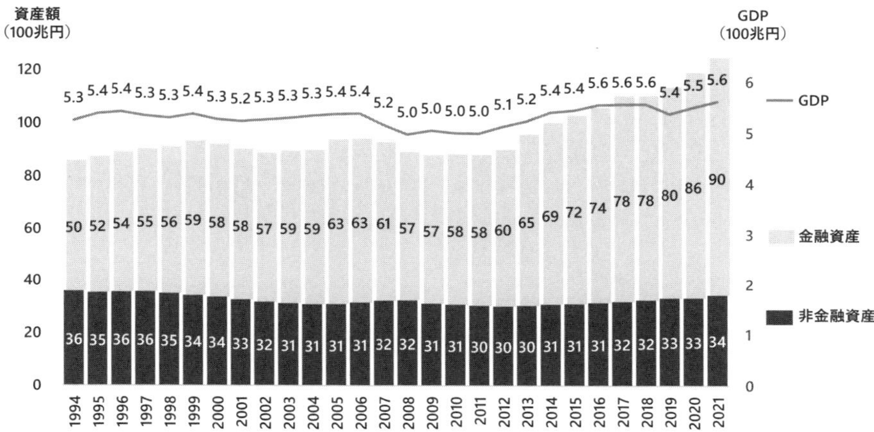

（出所）内閣府「国民経済計算年次推計（ストック編）ポイント」2021年度より野村総合研究所作成

それでは，日本の資産額は，他の先進国と比べてどのような水準なのだろうか。

統計的に比較可能な非金融資産額について，１人当たりの水準を世界（G7）の主要国と比較した。それによると，1994年から2021年の約30年間，日本の１人当たり非金融資産額は200千米ドル～300千米ドル（日本円でおよそ2,800万円/人～4,000万円/人の水準）の間で常に高い水準を維持してきた。しかしながら，米国，欧州各国ともに2000年代初頭から資産額を蓄積してきており，2021年直近ではカナダ，フランスなどは，300千米ドルを優に超え，日本の１人当たり非金融資産額を凌駕している。これらの国では，日本と異なり移民受入が進み人口も増え続けていることから，人口の増加を超える勢いで，住宅・構築物・設備機械などの非金融資産が蓄積されているものと推察される。

この中で，社会・経済活動全般を支えるインフラ領域（統計上はその他の建物・構築物に該当するため，これ以降建物・構築物の名称を用いる）の資産に注目したい。日本の１人当たり建物・構築物資産額（2021年）は971万円であり，2020年の746万円からおよそ200万円も増加している。過去20年間をみると，G7のどの国も資産額が延伸している。中でも米国の１人当たり資産額の伸びが著しく，2021年時点で日本の１人当たり資産額は米国についで第２位の水準になっている。日本はインフラストック大国であることは変わっていないが，その伸びはやや鈍化している。

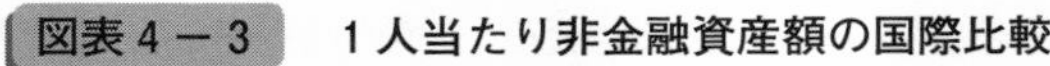

図表４−３　１人当たり非金融資産額の国際比較

（出所）OECD Stat.「9B. Balance sheets for non-financial assets」より野村総合研究所作成

図表４−４　１人当たり資産額（建物・構築物）の各国比較

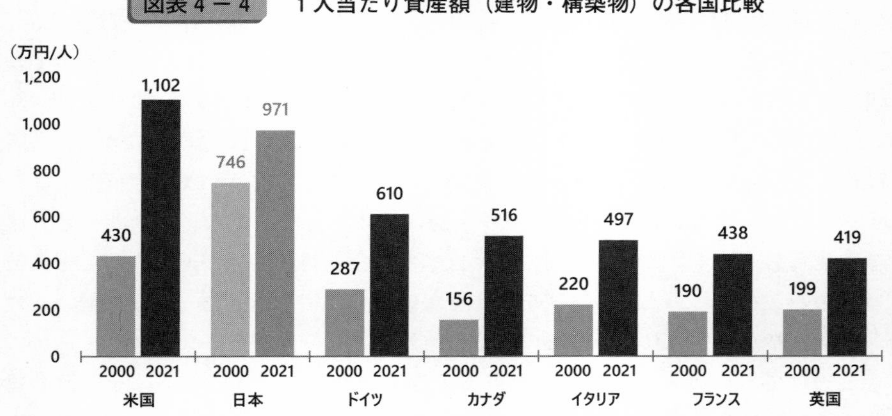

（出所）OECD Stat.「9B. Balance sheets for non-financial assets」等から野村総合研究所作成

(2)　資産生産性の低さをどう考えるか

１人当たり資産額は先進国トップクラスである日本だが，総資産額に対するGDP の比率，いわば労働生産性と対になる資産生産性とも呼べる数値は，ここ25年間一貫して下がっている。総資産生産性は1994年を100とした指数でみると，

2021年はわずか74である。同時期，国民当たりのGDP（労働生産性）は，1994年を100とすると2021年は107と概ね横ばいで推移しているので，資産生産性の低下が際立つ状況である。資産の中でも金融資産の生産性の落ち込みが大きいが，下落傾向にない非金融資産についても生産性の水準自体は高くない。

図表４－５　日本の労働生産性・資産生産性（総資産，金融資産）指数の推移

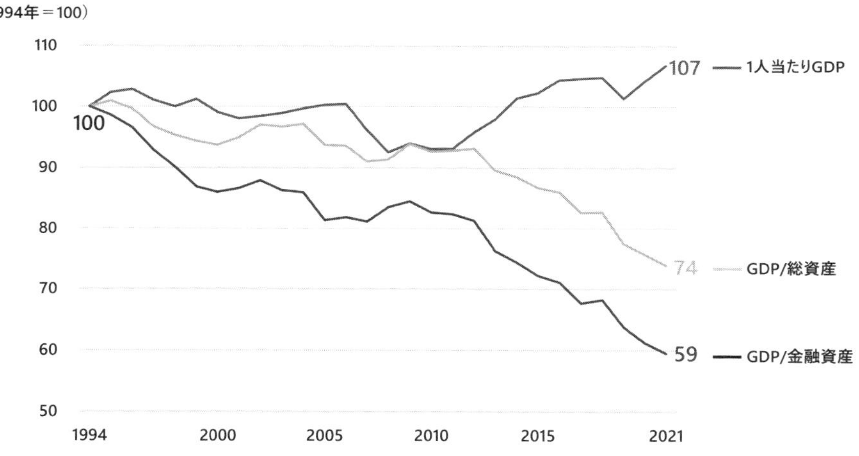

（出所）内閣府「国民経済計算年次推計（ストック編）ポイント2021年度」より野村総合研究所作成

非金融資産のうち，インフラ領域と称する建物・構築物資産額の生産性は国際的にみて低い水準にある。土地については，地価の測定方法の違いやそもそも土地の資産額を公開していない国（米国）もある。そのため，土地を除き，建物・構築物資産額に対するGDPの割合をみてみた。それによると，2021年の日本の値は46%であり，日本以外のG7諸国の中で最も低い。英国，カナダ，フランスは，ここ30年にわたって100%を超えており，常に資産額を上回るGDPを稼ぎ出していることになる。単純には比較できないが，企業経営でいうところの資産回転率が１を上回る，すなわち一国の資産をフローの価値にすぐに換算・転換してきていると言える。またドイツは，ここ25年間（1996年～2021年）で，その他の建物・構築物の資産額を70%増加させたが，その間GDPも90%伸ばしてきているため，G7の中で唯一資産生産性（GDP/その他の建築・構造物資産額）を上昇させている。

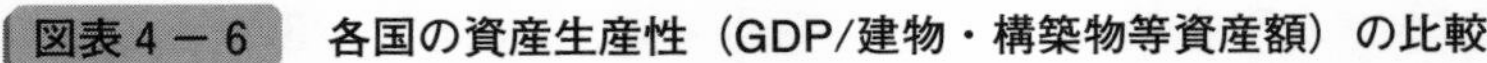

図表４－６　各国の資産生産性（GDP/建物・構築物等資産額）の比較

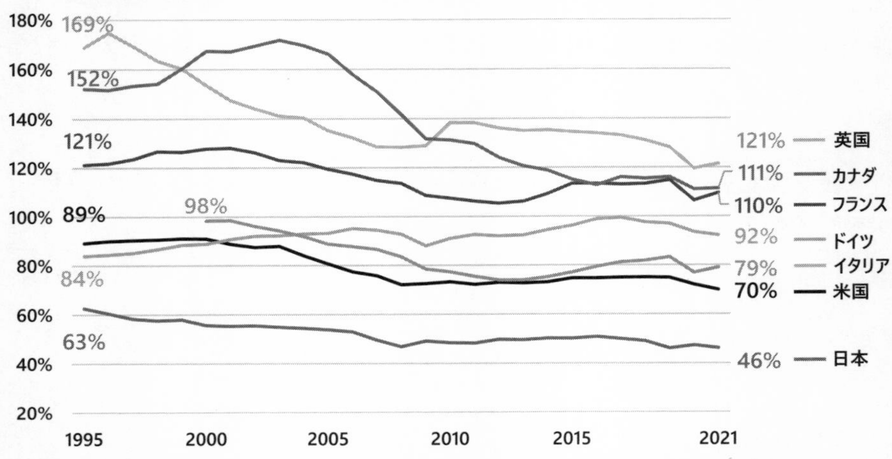

（出所）OECD Stat.「9B. Balance sheets for non-financial assets」等から野村総合研究所作成

以上みたように，日本における１人当たりの建物・構築物資産額の生産性は大幅に低下していないものの，先進国と比較するとかなり低水準にある。日本の場合，急速に進展する高齢化（生産年齢人口割合の低下）やデジタル化の進展などにより，資産の稼働率自体が低くなっているとも考えられる。しかし他の先進国も概ね同様の傾向にある。

インフラを含む建物・構築物は，民間の不動産のように，直ちに資産に変えにくい資産も多く含まれている。しかしながら，他の先進国と比べて低い生産性には何らかの背景が存在する。島国で可住地面積の小さな日本ならではの事情が考えられるが，これまで蓄積されてきた土地・インフラ・資産を有効（戦略的）に活用し，一国の経済活動に反映させていく戦略が必要なのではないか。国全体の建物・構築物資産の回転率を高める戦略である。

我が国は積み上がった国富，とりわけ社会的なインパクトの大きいインフラ（建物・構築物）資産をどう維持・活用し，毎年の経済活動にどう役立てていくのか，重要な課題であると考える。

ここ数年積み上がった金融資産の生産性向上策については，政府の「資産所得倍増プラン」に基づき，家計金融資産を貯蓄から投資にシフトさせるべくNISAの抜本的拡充・恒久化など政策的な措置が講じられている。しかしながら，土地，

図表４－７　１人当たりGDPと資産（建物・構築物）生産性からみた日本のポジショニング

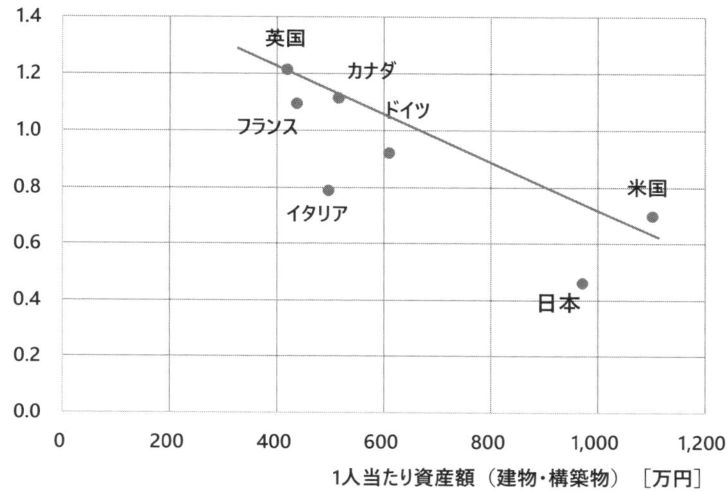

（出所）IMF「Public Sector Balance Sheet（PSBS）」より野村総合研究所作成

住宅，構造物，社会インフラといった非金融資産をどう活用し，経済的な活力に結びつけていくか，という論点はあまりないように思われる。

もっとも，デジタル化の進展などにより，経済活動・生産活動に対する物理的な資産の貢献度は以前ほど高くないとの見解がある。しかしながら，デジタル化の力を借りて，非金融資産が有する新たな価値を見出し，それを毎年の経済活動に反映させる機会が増えてきているとも考えられる。今こそ，一国レベルで資産（ストック）と経済（フロー）との関連を検討し，経済（フロー）に結びつく資産（ストック）のあり方を検討することが必要ではないか。

2　国・地域の資産額や資産の構成のあり方

これまで，国・地域の資産額や資産の構成のあり方について言及された著述は少ない。資産額はここの政策・施策の結果を反映したある種の“結果”であり，モニタリングの対象である，との声も多く聞かれた。しかしながら，これからは資産の再編・活用を今後の“方策”として戦略的に推進することが余儀なくされる。

それは，ここ十数年で顕在化している社会課題への対応の中で，日本の特に非金融資産，とりわけ土地・インフラ（建物・構築物）資産は，その量や構造を大きく変えていかなければならない。それは，①国内人口の漸次的減少，世帯構造の急激な変化といった国内課題と，②気候変動リスクや政情不安リスク（グローバルサプライチェーンリスク），格差リスクなど世界に端を発したグローバル課題の２つが日本に同時に押し寄せてきているからだ。

この中で，日本が積み上げてきた資産（量，用途，活用など）が社会及び時代の要請にこたえきれなくなってきているが，逆にいえば，経済価値を創出し，生産性を高めるべく構造改革を推進する契機になるのではないかと考える。大きな視点ではあるが，３つの変化を提示したい。

(1) 人と世帯が減り続けることで資産の余剰・再活用が求められる

これまで日本の資産は，経済成長・人口増加に比例して増加を続けてきた。都市化の進展により，国土の中で人が居住する地区を創り上げ，そこに（公営）住宅，生活道路，都市公園，上下水道・廃棄物関連施設などといった都市的社会資本を築き上げてきた。今後数十年にわたって続く人口減少の潮流は，人口の頂点を目指して整備してきた各種資産の稼働率を低下させる。

このような影響は日本の国土で一様に現れるものではない。日本の国土の中で，人は特定の地区に集中して居住している。政府では，その地域を人口集中地区（DID）と称してその動向を把握している。それによると，人口集中地区の面積はおよそ13,250km^{2}であり，長野県とほぼ同等の面積だ。この国土面積のおよそ3.5%の集中地区に，我が国の人口のおよそ70%が居住している。人口集中地区面積はここ2000年から2020年の20年にかけて1.8倍に拡大したが，同時期の人口集中地区人口は６割程度しか増えていないため，人口集中地区内の人口密度は2000年の7,516人/km^{2}から2020年には6,665人/km^{2}へと１割強ほど低くなっている。

今後はさらに人口減少が進むと，人口集中地区の密度低下がさらに進み，都市，住宅，社会インフラの稼働の低下が生じることになる。空き家も所有者不明土地も人口集中地区における増加が想定される。公共施設（医療施設，教育施設）や社会インフラ（上下水道）も同様だ。このような施設は，学校区や二次医療圏[1]，地方生活圏など，一定の人口集中地区や類似圏域を単位に整備されている。人口

図表４－８　国土からみた人口減少の実態（人口増減率：2020～2040年）

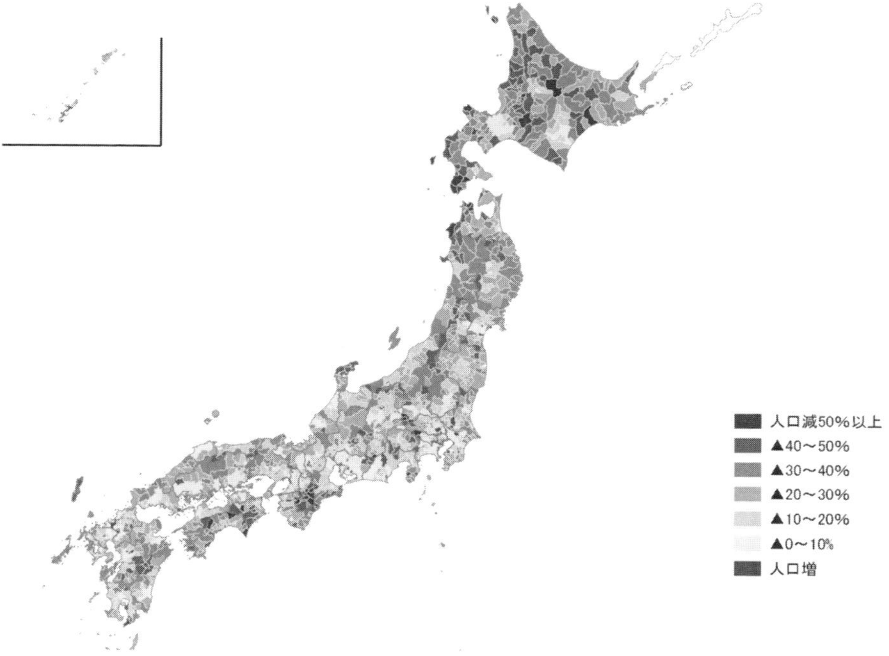

（出所）総務省統計局「国勢調査」より野村総合研究所作成

集中地区における人口・世帯の減少により，これらの施設の多くが，最終的には余剰になる。重要なのは，個々の土地，施設が余る，使われなくなることで，面（エリア）としての都市サービスの効率性が落ちてしまうことだ。１つの施設の喪失が，地区全体の都市サービスの効率性・生産性を低下させてしまう。このような国土や人口集中地区の“スポンジ化”は，国の資産全体の問題につながる可能性がある。

1　一般の入院にかかる医療を提供する圏域。94％が人口規模５万人以上である。

図表４－９　国土からみた人口減少の実態（生産年齢人口増減率：2020～2040年）

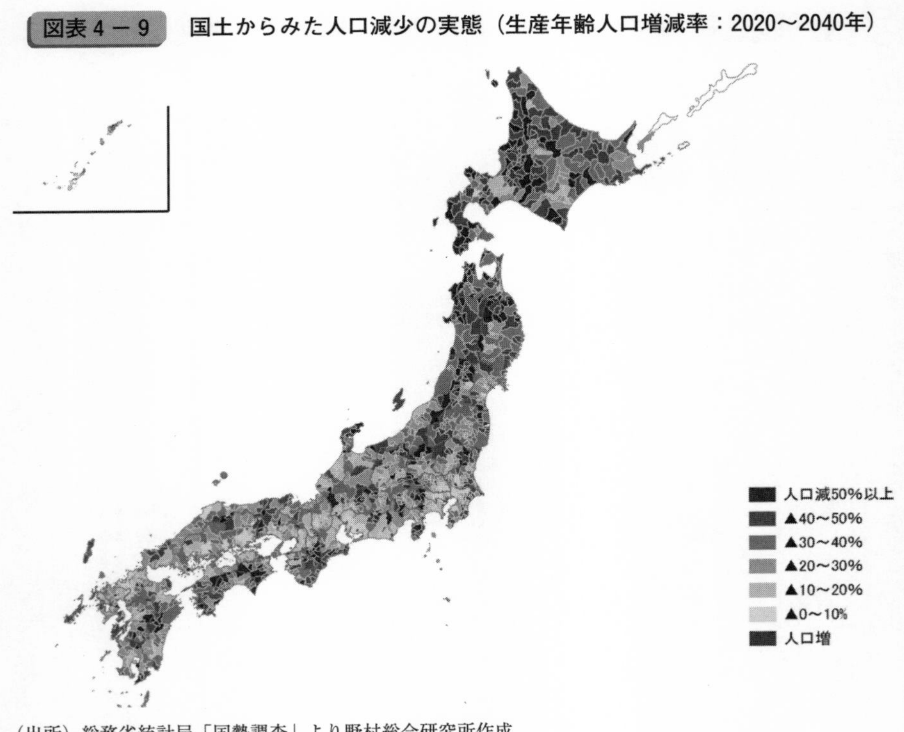

（出所）総務省統計局「国勢調査」より野村総合研究所作成

⑵　デジタル化等に伴う産業構造変革を支える資産に作り替える

人口減という市場全体の縮小に加えて，経済・産業分野の転換が資産に与える影響も少なくない。

現在，産業別の資産構成と，GDPや就業者の構成は異なっている。2021年の非金融資産のうち土地を除く固定資産全体は約2,088兆円である。このうち，全体の約25％が不動産業，約24％が公務（公共部門），14％が製造業，約12％が電気・ガス・水道・廃棄物処理業が続く。一方，GDPでは，専門・科学技術・業務支援サービス業及び保健衛生・社会事業で3.0％ポイント以上の動きがある。また，就業者数では，製造業（中でもその他製造業），小売業・卸売業で3.0％ポイント以上減らしているのに対し，専門・科学技術・業務支援サービス業で3.8％，保健衛生・社会事業で何と6.3％ポイントもの増加がある。このデータだけみると

図表４−10　GDP・就業者・固定資産の産業別シェアの推移

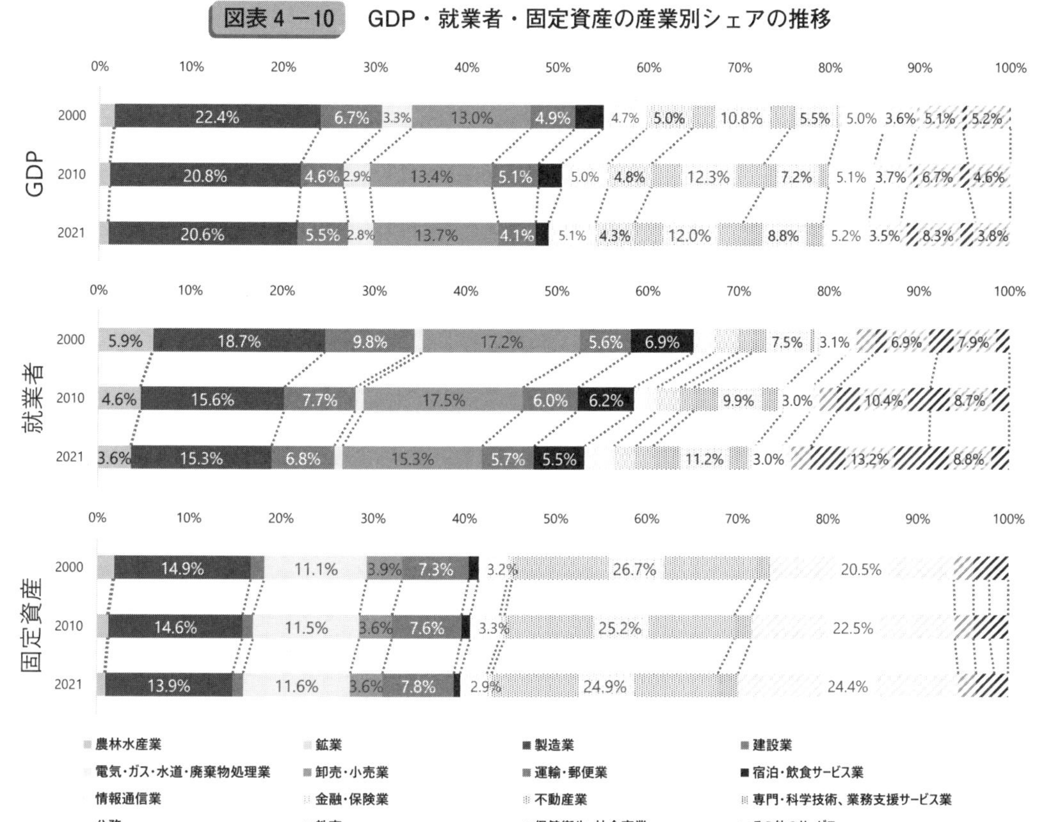

（出所）内閣府「2021年度国民経済計算（2015年基準・2008SNA）」より野村総合研究所作成

就業者の産業構造が変化してきていることがわかる。以上みてみると，ここ20年強だけみても，GDP は産業間で22.4%ポイントものシェアの動きがあり，就業者は29.4%ポイントも動いた。これに対し資産構成は14.5%ポイントの変化である。もともと資産の動きは，人（人材）の流動化と比べて時間がかかることを示したものだ。

しかし今後の産業構造の変化はこれまでにない規模・内容で起こると見込まれる。

今後は，成長一辺倒を目指す社会から，人々の幸福，自己実現，希望を実現するうえで何の手段によって商品やサービスを提供するかが産業を定義するのではなく，どのイシューを解決するかで産業の概念が決まるとも言われる。経済産業省では，ミッション指向の産業政策を掲げ，「炭素中立社会」や「新しい健康社会」，「レジリエンス社会」といったあるべき社会の実現に貢献する産業の実現を目標としている。これらの産業は，大規模な固定資産（生産設備）を必要としない新形態のサービス業でもあり，固定資産の中でも，むしろ知的財産生産物の保有・所有が重要になる可能性がある。

また，デジタル技術の革新・データ流通の急拡大により，工場・設備といったフィジカルな固定資産から，高度通信ネットワークインフラ，高容量データセンターなどのいわゆる「デジタル固定資産（造語）」が重要となる。データセンターは2030年までに東京圏以外にあと十数カ所必要との見解もあり，データセンターを支えるエネルギー（脱炭素と両立するためにCO_2排出の少ない再生可能エネルギーなど）の供給及び輸送のための固定資産・インフラの整備が必要になる。

加えて，経済安全保障の観点から産業のサプライチェーンを構築するうえで重要な半導体や薬品産業の立地・誘致を進めなければならない。半導体には，多量の水・エネルギー（脱炭素との両立が可能なエネルギーであることが望ましい）に加え，関連する中小・中堅産業のいわばサプライチェーンインフラが必要となる。これらを支える資産をどのように空間的に捻出をし，効率的に集積させていくのか，資産分野単位，地域単位で考えるのではなく，国家大で，産業分野横断の視点で検討を進めなければならない。

このような動きに対して，資産の視点からは，資産のボリュームの調整（面積，容積の削減等）やスペックダウン（処理スピードなどを下げる等），資産の構成（例えば構造物・機械設備から知的財産生産物（研究開発，特許，財産権など）），資産の地域的な配分も含めて見直し，産業界の要請に応えていくことが求められる。

(3) 脱炭素化早期達成に向けた資産構成の見直しが要請される

日本が国際的に宣言した2050年カーボンネットゼロは，2050年までに年間7％以上のCO_2排出削減が求められる厳しいものだが，その途中目標である2030年に46％排出量削減を達成することのほうがはるかに高いハードルだ。基礎自治体のいくつかは，2030年に5割削減という高い目標を掲げているところもあるが，その実現手段は必ずしも明確になっていない。

既に第1章でも示したものだが，国全体のCO_2排出量の削減に有効なのは，電力セクターでのカーボンゼロへの試みだ。そのためには再生可能エネルギーの割合を全体の8割近くにすることが必要だが，日本の国土上，気象上の特性により，世界的に主流となっている太陽光・洋上（陸上）風力再生可能エネルギーの一本足打法によってエネルギーの安定供給とCO_2の大幅削減を両立させることは難しい。水力・地熱を含めた再生可能エネルギーの複合開発とあわせて，エネルギー消費の効率化や人流・物流の省エネ化などを多角的に展開する必要がある。

これらは，大きく4つの観点から，資産活用・転換を進める必要が生じるだろう。

第一に，再生可能エネルギーの適地を広域的観点から探索・開発するニーズが高まることだ。太陽光発電にしても，陸上風力発電にしても，エネルギー施設の適地を見つけるのは難しい。ある調査によると，全国の太陽光発電設備（500kw）の2割が土砂災害リスクの高い地域にあることがわかっている。宮城県では，2023年7月，太陽光発電・風力，バイオマス発電の建設にあたって0.5ヘクタールを超える森林開発を行う場合，事業者に課税する条例が可決された。このような制約を乗り越え，広域的観点から脱炭素と再生可能エネルギー供給を両立させるような土地の有効活用を図る必要がある。

第二に，都市においてもエネルギーの創造とエネルギー消費の効率化を両立させる資産の活用が求められる。IEAによると，エネルギーに関連するCO_2排出量の7割が都市から排出されると言われる。国土交通省を中心に展開してきた公共施設，住宅などを市街地に集約させるコンパクトシティ施策は，人口減少が著しい都市における行政サービスの効率化から，歩いて楽しめるウオーカブルシティの施策へと変わってきたが，市民や来街者が市街地を歩いて楽しむことでプライベートの自動車交通の利用頻度が少なく移動距離が短くなれば，CO_2の削減にも貢献することになる。一方で，コンパクト化された都市施設・公共施設・住宅等の屋上に太陽光パネルを設置することで，エネルギー当たりのCO_2排出量が少なくなる。このように，単なる施設の老朽化や行政サービスの効率化という観点だけでなく，即効性のある脱炭素化を実現するために，都市全体での資産構成の転換が求められる。

第三に市民生活を支えてきた社会インフラについても脱炭素化に向けたエネルギー効率の上昇が求められてきている。例えば水道施設の根幹を占める浄水場の運営には多額のエネルギーが使われる。また浄水場で生成された水を上流の世帯に供給するのにもエネルギーを要する。仮に浄水場を上流に移転するだけで，水浄化，水移送のエネルギー効率を向上させ，結果的に持続的なCO_2削減につながる。

第四に，森林・農地及びその付属施設といった資産（土地＋固定資産）は，人や企業，政府の利用（需要）に関係なく価値がつけられはじめている。道路や住宅（宅地），空港や鉄道，上下水道といった利用で評価されるのでなく，そこに存在することで価値が生まれるものだ。カーボンクレジット市場など，CO_2削減へのネットインパクトをもとに，国が委員会での審議をもとにクレジットを認証することになっている。ストックそのものの価値をダイレクトに測定するものだ。

このように，人口減少によるスポンジ化，（デジタル化による）産業転換要請，脱炭素化への急加速的対応が，日本国土全般にわたって，これまで資産が果たしてきた機能を転換し，また役割を変えることが求められる。これらは点ではなく，面，さらに空間の単位で検討していかなければならない。まさに，このような資産変革への要請の中で，一国の経済的な活力にしっかり結びつくような資産戦略の構築が必要なのである。

3 デジタルローカルハブで実現する自立循環時代の資産戦略を考えるポイント

日本はこれまで蓄積してきた資産を，かならずしもその資産額に見合う国民経済（フロー）に転換できていないことが先進国との比較の中で明らかになった。その一方で，人口減少，経済安全保障の実現，脱炭素化などの流れの中で，日本の資産（土地・建物・構築物（≒社会インフラ））の活用の仕方を変えていかなければならない。

今後検討すべきは，いわば量的拡大・エリア延伸を志向してきた成長連携時代から自立循環時代にあわせた資産の再編・活用を進めることである。量的な成長のみを目指すのではなく，国における経済の成長や国民の安心を創り上げる（自立）という目的から，必要な資金・人・ナレッジ等を“呼び込み”，国の中で成長するシステムを構築する自立循環のシステム転換が求められる。

具体的には，高度経済成長期に集中整備された社会インフラの更新時期が到来している今のタイミングにおいて，土地・構造物・インフラといった非金融資産の①稼働率を高め，②生活や経済に安心をもたらすよう転換し，③再生可能エネルギー機能を強化すると共に，④自然資本の価値を高める方向で進めることが考えられる。この再編によって，国民・市民の消費意欲を高め，生産活動を保証し，自治体の財政や企業の収益力を高めることで，フローの経済活動が活性化されることが期待される。

さらに，この再編・活用を通じて国内の投資を促進させ，国内で滞留している

図表4－11　資産戦略の体系

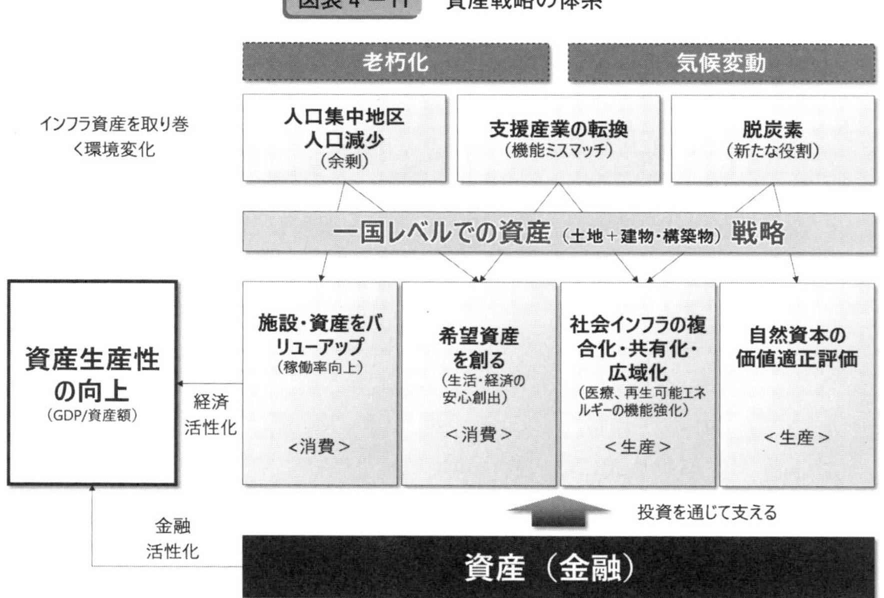

（出所）野村総合研究所作成

金融資産を（投資に）引き出すことにより，フロー経済の活性化につなげることだ。そのために，これまで独立に検討されてきたインフラ，建物，それらを支える土地を一体的に捉え[2]，資産が経済活動に与える価値をより高めるような戦略を講じていくことが必要であると考える。ここでは，４つの大枠の資産戦略について示したい。これらの取組みがデジタルローカルハブにおいて先行的に推進され，国全体の戦略につながることを期待したい。

(1) 空間単位で施設・資産をバリューアップする

人口成長時代には，都道府県にしろ，市町村にしろ，行政区にしろ，管理する主体が専門的な技術・ノウハウをもってインフラや公共施設を管理することが効果的だった。しかしながら人口減・高齢化の同時進行による人材不足が見通される今後は，専門特化した縦割り組織のみで，特定の施設を持続的に管理することは難しい。個別の施設ごとにサービスを供給するという考え方から，国・地域にとって求められる空間（施設の集合体としての）を創り上げていくという発想の転換が求められる。資産活用もそのようなアプローチで進めていくことが有効だと考える。

上記について注目すべき取組みがある。佐賀県では，OPEN-AIR 佐賀という空間価値の最大化を目指した取組みが進められている。佐賀県が誇る澄み渡る大空をキーワードに，観光，食，子育て，働くための施設をバリューアップするものだ。中心市街地の夜の賑わいを復活させるSAGAナイトテラスチャレンジや，老朽化し，閉鎖していたキャンプ場を再生した波戸岬，フォレストアドベンチャーなどは利用者が急増し，稼働率が高まり，収入も増えた[3]。この取組みの根底にあるのは，施設を管理するという守りの“管理者目線”から資産の価値を最大限活かすという攻めの“利用者目線”に変えたことだ。佐賀県は，人口約80万人と九州の県の中で最も小規模であるが，県内一円に目が届きやすく，また福岡都市圏にも隣接しているという強みがある。さらに，今年度からは，庁内横断型のチームを新たに結成した。県庁内で選ばれた９名の組織横断チーム「MIGAKI」は，県内施設に徹底的に現場に足を運び，徹底的な利用者目線で佐

2　現在，社会資本・民間資本ストック額，土地の資産額は半ば独立に推計・公表されている。

3　波戸岬キャンプ場利用者，H28年度4,983人→R3年度28,231人。リニューアル前と比べ約５倍に増加。フォレストアドベンチャー（アドベンチャーバレー吉野ケ里） 開業から３年間で６万人（当初目標年間１万人）。

賀の未来を見据えた空間のバリューアップに取り組みだした。OPEN-AIR佐賀の1つである吉野ヶ里歴史公園は，歩くことを補完し，親子等で乗車できるベンチ型の自動運転小型モビリティが走っている。また，SAGAサンライズパークでは，パーク利用者の統合アプリを導入し，例えばトイレの混雑状況をお知らせするなど利用者に寄り添ったサービスを提供している。このように，デジタル化が資産活用の1つの手段になっている点も興味深い。

空間を1つの単位として，利用者目線で施設を連携しながらバリューアップすることで，資産の収益性が高まり，民間や投資家からの資金提供も期待できるようになる。これまで個別施設が指定管理者により個別に契約されていたのだが，契約満了を1つの契機として施設管理の複合化，バリューアップを進めようとしている点は，他地域にとっては参考になる。

図表4－12　佐賀県のOPEN-AIR施策の概要

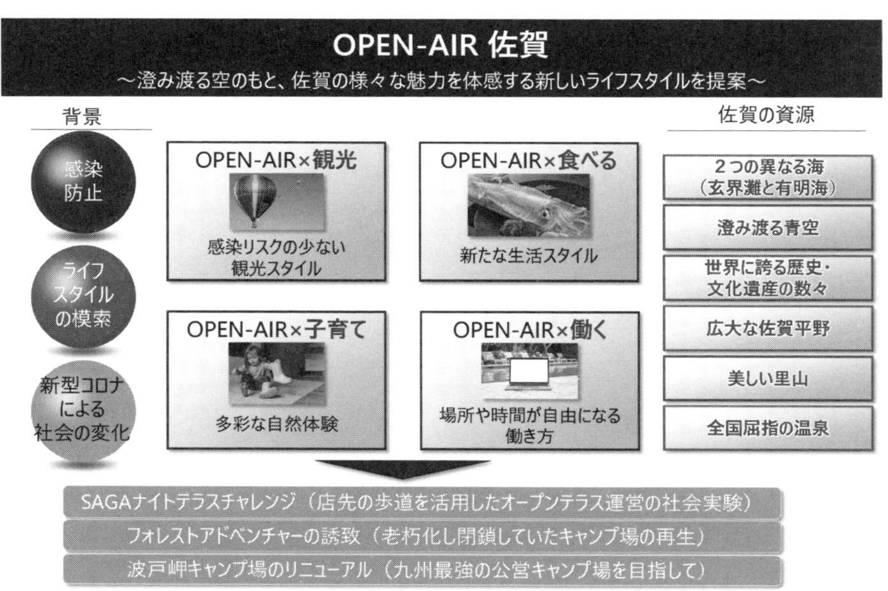

（出所）佐賀県資料より野村総合研究所作成

(2)　安心して生活と生業の営みを支える“希望資産”を創る

激化する気候変動により，大規模災害・水害に晒される人々の割合も大きく高まる。野村総合研究所の試算によれば，現在の居住地域を変えない前提とすると，水害リスクに晒される人口の割合は，2020年に総人口の30％（約3,810万人）だったのが，2050年には31％（約3,180万人）となり，人口減少が進む中で，１人ひとりが水害に遭遇するリスクは着実に大きくなる。特に高齢者（65歳以上）は2020年の約8.5％から2050年には約12％と急上昇する。社会的弱者に水害リスクのしわ寄せが向かう格好だ。単に，都市基盤の防災力向上や，治水や治山基盤の強化だけでなく，中長期的観点から市街地の移転・再構築を地域・コミュニティの自然災害と社会災害を守るいわゆる希望資産への転換が必要だ。

欧州では，「ソーシャルレジリエンス」の実現がポストコロナにおける国・地域づくりのキーワードとなっている。気候変動に伴う降水量の減少，１人暮らしの増加による孤立解消，感染症リスクへの抵抗力の強化などに耐え得るコミュニティや経済を構築することが，国や地域の成長・発展にとって重要になるという考え方だ。

これらの希望資産の構築に民間や投資家の資金が集まるようになっている。岩手県では，2023年７月25日に全国の地方自治体では初となる「ブループロジェクト」を含むグリーン/ブルーボンドを50億円発行した。ここでのブループロジェクトとは，高度衛生管理に対応した漁港施設の整備，藻場，防波堤，護岸等の整

図表４－13　岩手県グリーン/ブルーボンドの概要

岩手県グリーン/ブルーボンドの概要

名称	岩手県令和５年度第１回公募公債（グリーンボンド・５年）
発行予定額	50億円
発行時期	令和５年７月25日
利率	0.250％（発行価格：100円，最小販売単位：1,000万円）
償還年限・方法	５年（満期一括償還）
適合性	本債券の発行に際し，資金使途を明記した発行の枠組（グリーン/ブルーボンド・フレームワーク）を策定し，第三者機関である㈱日本格付研究所より，国際資本市場協会（ICMA）によるグリーンボンド原則2021及び環境省グリーンボンドガイドライン2022年度版への適合性について，最上位である「Green1（F）」及び「Blue1（F）」の評価を受けている。
その他	令和５年度第１回公募公債（グリーンボンド・５年）は，自治体，共済組合，大学，マスコミ，建設業など104件（条件決定日の７月14日時点）が投資表明

ブルーボンドの充当予定事業の具体例

高度衛生管理に対応した漁港施設の整備
魚市場を有する漁港において，高度衛生管理に対応した漁港施設等を整備流通拠点漁港の高度衛生管理に取り組むことにより，水産物の安全性の向上及び安定供給に貢献

水産高校実習船の整備
水産実習に使用する新型の共同実習船を建造
水産業の将来を担う人材を育成し，水産資源の持続的な生産，保全に貢献

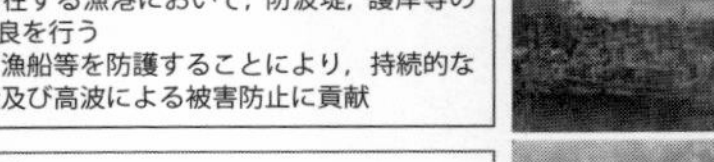

防波堤，護岸等の整備
県内に所在する漁港において，防波堤，護岸等の整備・改良を行う
高波から漁船等を防護することにより，持続的な漁業生産及び高波による被害防止に貢献

藻場の整備
水産動植物の生息場となる藻場などの漁場を整備
漁場における水域環境の改善と生産力の回復による水産資源の増大などに貢献

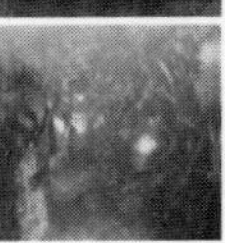

（出所）岩手県資料より野村総合研究所作成

備などが対象となっている。特に漁港の生産加工設備は，温暖化による漁獲構成の変化に対応したもので，地域住民の雇用維持に効果をもたらす希望資産への転換だ。岩手県担当者の話によると，発行額の6倍を超える需要があり，県内投資家に全体の8割以上の金額を配分し，104件の投資表明があったようだ。

このように，民間資金を活用しつつ，生活・産業を支えてきた資産・インフラを希望資産に改良することで結果として資産価値が高まることになる。このような取組みが波及していくことを期待する。

(3) 都市・産業を支える社会インフラの機能を複合化・共有化・広域化する

戦後から一貫して整備されてきた社会インフラも役割の見直しが求められてくるだろう。

内閣府の試算によると，日本の社会資本ストック額（道路，上下水道，公共住宅，堤防・ダムなど公的な資金によって整備・運営されている物理的な資産）は2019年でおよそ460兆円[4]を超えている。推計の違いはあるが，国富の構造物とほぼ同じ水準だ。1960年から急速に蓄積され，道路（高速道路），住宅基盤（公団住宅，公園など），工業用水，鉄道基盤・空港施設（滑走路）などが，高度経済成長時代の人流・物流・産業活動を支えた。しかしながら2000年を境に資産額はほぼ横ばいとなっている。もっとも経済活動（GDP）が長期停滞していることもあり，社会資本資産の生産性もほぼ横ばいないしは低下基調にある。生産性の横ばいないし低下は，すでに整備当初に期待されていた役割を終えているのではないかとも判断できる。

しかしながらこの社会インフラも本来の役割（人やモノの移動を支える，水を供給する，災害の発生を抑制するなど）に加え別の役割を担ってもらう，すなわち機能役割を複合化することによって，社会的な価値創出に貢献することを狙った技術開発が増えてきた。ここでは道路分野を事例として紹介したい。

道路（高速道路を含む）は，日本の社会資本ストック額の約3割強を占める最大のインフラ分野である。道路は，耐用年数に近づくと住宅や公共施設のように取り壊して再建をすると想定する方も多い。だが，実際には道路の舗装部分を定期的に打ち換えることにより，常に一定の状態に保っているのだ。この道路の舗装面を，発電する素材に切替えすることにより，（太陽光）発電を促進すること

4　毎年の投資額を積み上げ，減価償却を考慮して算定された（PI法・恒久棚卸法）ストック額。純ベースの推計手法である。

ができるという。太陽光発電舗装という商品が開発，商用化に向けて検討されている。また，森林資源由来でCO_2吸収に効果のあるバイオ炭をアスファルト合材に適用することで，道路更新のタイミングで炭素吸収（ネットCO_2削減）を実現しようとする取組みも大手ゼネコン，道舗装会社を中心に進められている。道路更新によるCO_2削減が，日本全体のカーボンニュートラル実現にどの程度貢献するか具体的な分析が必要だが，世界有数の道路率を誇る日本において，更新・打ち替えを契機にCO_2吸収力を高めることは，脱炭素実現に向けた有益なアプローチとなる。

このような社会インフラ機能の複合化に加え，同じ機能であってもインフラを共有（シェア）する検討も重要だ。政府のGX方針では，再生可能エネルギーの供給量が増加すると想定される北海道・東北から首都圏をはじめとした大都市圏に移送する系統インフラの増設・新設を進めることになった[5]。このような大容量の送電資産に加えて，移動量の減少によって運行本数の減った鉄道の架線を活用して再生可能エネルギーを移送する計画がある。人の移動を支える役割と，再生可能エネルギーを移送する役割を同じ送電線でシェアをするという発想だ。

また，社会インフラの広域化もこれまで以上に必要となる。再生可能エネルギーを多量に消費する半導体や薬品系生産施設，データセンターなどを戦略的に誘致し，その経済的な効果を発揮させるためには，例えば都道府県をも超えた広域的観点でエネルギー施設，工業用水供給施設，物流体系などを戦略的に連携・整備していくことも考えていかなければならない。経済産業省などでは，半導体や蓄電池など重要物資のサプライチェーンを強化すべく土地利用指針を改定して産業用地を確保する，大量な用水供給需要に対し，工業用水の新設に対する補助を再開すること，などを検討しているところだ。これまでのインフラの復活，新しいインフラの創設・強化に関する議論も活発になっていくことであろう。

以上の点から，社会インフラについては，今存在するものを適切に維持管理することに加えて，国の経済力を発揮させるためにどのようにその機能・役割を変えていくべきかについても議論が深まることを期待したい。

(4) 自然資本の価値を適正に評価する

これまで森林（国有林），海岸，海水面などのいわゆる自然資本は，経済のフロー

5　電力広域的運営推進機関が23年３月に公表した「マスタープラン」に記載。

の活動，経済資本とは半ば無関係の存在であった。しかしながら，この自然資本の存在が，経済活動に大きな影響をもたらしている。自然資本の経済的価値と言えば，そもそも矛盾する概念を組み合わせたと思われる。しかしながら，自然資本は年間で世界のGDPの半分以上となる44兆米ドルに及ぶとの試算もあるぐらい実は経済的な観点で評価されるべきものとなっている。世界の自然ストックに価値をつけ，その資産が44兆円の利息を生むと仮定すれば，世界中の自然資本ストック額は，400～500兆ドルになるとの試算もある。

これまで日本は人口増加による宅地拡大で，大都市圏及び都市圏郊外の自然資源を減少させてきた。いわば経済（的）資本と自然（的）資本はトレードオフの関係にあったと言える。しかしながら，世界的なカーボンニュートラルの動きがその関係を変えた。

経済資本は効率重視で価値を生み，自然資本は気候変動対策に必要な価値をもつという，両者並存の関係が成立するようになったのである。経済学者のJSヒックスによると，これまでの所得は，人的に生産された資本のみをうまく活用することで成立してきたが，これからは「人的資本」と「自然資本」の双方を並存させる，あるいは「人的資本」以上に「自然資本」を拡大させなければならない，と提唱している。

カーボンニュートラルはその必要性を半ば強制的に突きつけた。森林面積などは「自然資本」として価値を再評価することになる。日本は陸地面積に占める森林面積の割合が７割と，G7諸国の中で突出している。しかも森林面積の４割は人工林であり，その半数近くで植林以降50年を迎え，利活用の時期にある。これを契機に，森林の持つ環境保全，CO_2吸収，エネルギー創出などの各機能を強化することで，気候変動リスクに対する国民の安心と，排出権売買による外貨獲得を同時に実現することが可能となる。もっとも，自然資本の経済価値の算定にあたっては様々な基準がある。かつてはCO_2削減を減らすためのコストで精算されてきたが，今はクレジット市場で取引される価格をベースにしてもよいと考える。

内閣府の社会資本ストック額推計によると，森林資源に相当する国有林のストック額は，植林・伐採などに要した投資額を毎年積み上げ耐用年数で一括除却した値で計算している[6]。これを森林１m^2当たりの価値をクレジット販売可能額とみなし，クレジットの対象となる森林面積に乗じて[7]試算すると，数倍の金額

6　PI（Perpetual Inventory Method）法，恒久棚卸法
7　PS（Physical Stock Value Method）物量的ストック法

に膨らむ可能性がある。仮に，とある県の森林を伐採してクレジット組成をした場合，当該県の地方交付税交付金と同等の収入が入るとの試算もある。どの状態の森林をクレジット対象とするのか，国の制度の見直しを検討していると聞く。検討結果次第では，地域の存在する森林の価値が高まることも想定されるため，その動きを注視する必要がある。

おそらくこの考え方は，水資源，地下資源（地熱）等他の領域についても適用可能だと思われる。水資源が森林再生に果たす役割，再生可能エネルギー創造に果たす役割などが適正に評価され，その管理・保全に適正な投資を呼び込むことで，資産生産性を高めていくことが重要である。

4 資産戦略実現に向けた取組みの方向性—デジタルの新たなる貢献—

国では，資産・インフラに関連した２つの国家的な戦略が策定・検討されている。１つは，2022年に閣議決定された国土形成計画である。他方，人口減少下において自動運転，ドローン，遠隔医療などのデジタルサービスを全国に浸透させるための基盤のあり方を検討する「デジタルライフライン全国総合整備実現会議」も開催され，デジタルサービスを円滑に推進するための規制・ルールなどのあり方について検討が進められている。人手不足を克服し，物流（モノの移動支援），人流（中山間地域を中心とした移動支援），災害非常時の救援支援など行うデジタルサービスのあり方，データ活用や統合，認定などに必要な規制の方向性などについて議論がなされる予定だ。

このような国土や資産・インフラなどはいわゆるビックピクチャーであり，大きな方向性の提示である。その一方でデータ連携基盤のための取組みも着々と進められている。データ包括連携戦略は，医療，農業，インフラ，教育等の分野で求められるデータを組織横断的に統合・活用する取組みとして進められている。戦略と基盤は一体的に進められなければならない。国土形成計画やデジタル全総の取組みは，データ連携基盤を有効に活用して進められるべきである。

このような考え方をもとに，デジタルローカルハブを中心に具体的な資産戦略として実行に移すために取り組むべき事項を４点にまとめたので以下に示したい。

(1)　複数の資産データの連携・連結を行い戦略的に活用する

蓄積された資産をもとに消費や投資を進め，生産性を高めるためには，フローの経済活動と比較可能なストックのデータを整備しておくことが必要だ。資産はその目的によって測定方法が異なるが，フロー経済との相対感や，分野を超えた横並び比較を行うためには，物量（面積や延長，箇所数など）ではなく，貨幣換算した資産額の数値が必要である。既に国では，SNA に基づいた総資産額や国富の値が作成・公表されており，地方自治体では公会計整備の一環によりバランスシートの作成が浸透してきた。これらの資産データは，その作成に要する手間やコストがかかる割には，次の資産形成（資産除却も考えられる）の方策策定に使われるケースは少ないと思われる。どちらかといえば，大規模プロジェクト整備による効果など，結果を反映しているデータとしての色彩が強かったのである。これからは，国富（非金融資産）・B/S（公会計）・土地利用・社会資本ストック額＆民間資本ストック額といった個別資産データの統合・連携とあわせて，国・自治体のマクロな資産データをモニタリングしながら，人口減少時代において“稼ぐ力”を高めるために，資産をどのように活用し，どのように創り，どう価値を高めていくかを考えていかなければならない。

(2)　デジタルデータの効果的な活用を促進する

もっとも資産データの収集・作成は，以前ほど膨大な作業を必要としないかもしれない。昨今のデジタル技術の革新によって，資産の一元管理と活用方策に必要な膨大なデータが把握できるようなっている。AI・デジタルツインなどの技術を駆使して，国全体の資産の属性（所有関係），活用状況，資産上で活動する人・モノ・CO_2の動き，直面するリスクなどを，「面⇒地域」だけでなく「立体⇒空間」として把握することが可能となっている。国土交通省が主導する3D 都市モデル「PLATEAU」は，二次利用が可能なオープンライセンスを採用し，一般公開もされている。また，宇宙空間でも極めて多様な資産データを把握することが可能だ。例えば，宇宙空間上で地下に埋設している水道管の漏水率などを把握し，水道管理を適正化する取組みが行われている。

今後日本では，生産性の向上，経済安全保障，気候変動などに対応するため，国土という資産を効果的に活用する戦略づくりが求められる。2023年６月に政府が示した「デジタル社会実現に向けた重点計画」によると，これまで地理空間情報である「電子国土基本図」をベースレジストリとみなし，その更新頻度を高めつつ国土全域を対象とした３次元化を実施するとしている。

今後は，これらの一元化されたデータを基に，希望資産の形成・活用をどう進めるかの知恵が求められる。国では不動産 ID 活用に向けた官民連携の協議会を設置することが決まった。これを契機に国全体での資産構築と活用への取組みが加速することを期待したい。

⑶　地方自治体が資産戦略を推進しやすい制度（環境）をつくる

これらの戦略に基づき，経済価値・社会価値を生み出せるよう資産の活用や再編に取り組むことが求められる。もっとも実際に資産活用，再編に取り組むのは国・外郭団体だけでなく，地方自治体であるケースも多い。しかしながら地方自治体は，首長の意思及び市民・住民の意思に基づき，独自の戦略が講じるケースが多く，国で方向性を決めた資産戦略を自治体の方針として最優先で推進していくことは確約されない。地域の自主性に基づいて資産戦略を講じることは望ましいが，国土的視点から必要な戦略を実現するにあたっては，各地方自治体の戦略とどう整合をとっていくかが課題となる。

また，自治体が自らの資産活用戦略に固執するがあまり弊害が出る危険性もある。例えば2050年二酸化炭素排出実質ゼロ（ゼロカーボンシティ）を表明する基礎自治体は1,013自治体（2023年12月28日時点）に及んでいる。ただ自治体はそれぞれ地勢も資源も異なるため，脱炭素化へのアプローチも様々だ。仮に太陽光発電施設を多く設けないとエネルギーの脱炭素化が難しい自治体が，脱炭素化を急ぐがあまり適地が少ない場合でも強引に太陽光発電パネルを設置してしまう(その検討を行う）ことにもなる。

資産管理をどのエリア，どの自治体で行うかは難しいが，なるべく広域的観点から効果が大きく，リスクや弊害の少ない方法を採択することが重要である。地域・自治体の資産活用は，都市圏を構成する自治体で行うなどの工夫が必要である。資産に関する固定資産税は市町村に入るので，広域自治体である都道府県がそのような取組みを行うインセンティブはあまり高くないと思われる。権利取引をベースとした地方の財源調整の仕組み，共働を前提とした資金調達スキームなど，基礎自治体同士の連携によって土地資産・インフラの有効活用を支援する制度の充実が求められる。

⑷　市民の経済行動を促すような資産状況（情報）を一元的に提供する

資産の再編・活用を促すためには，地域住民の理解が必要不可欠である。資産がどのような状況にあるのか，どのように変えようとしているのか，国民は知りたがっている。海外の話になるが，デジタルガバメントの先進国であるエストニアの首都タリン市（人口約42万人）では，道路管理の状況，そこに投じられている予算及びその執行状況まで公開され，安全なインフラが維持されていることを市民・来街者に示している。単に多量の情報を提供するのではない。国民・市民にとってわかりやすい情報を，わかりやすい（日々接する）場所で，一元的・集中的に提供することが重要だ。

人々にとって身近な資産（施設・空間）が今どのような状況になっているのか，意外と知られていないものだ。市民が自らの地域の資産の情報（老朽度，エネルギー創出にどう貢献するか，自然をどう守れるかなど）を入手することで，地域の豊かさを実現しようとする「志」が生まれるかもしれない。資産活用・再編に必要なお金が集まる可能性も高まるだろう。未来創発センター研究レポートVol. 7によると，デジタルアセットに関心を持つ投資家が投資してみたいのは，自らの居住地域に特化したファンドであり，その資産のタイプは，「ホテル・温泉旅館」,「大規模商業施設」,「レストラン・カフェ」であり,「介護施設・医療施設」,「美術館，博物館，図書館」など，社会的施設にも及んでいることがわかった。これは，投資家への適切な情報提供を行うことで，地域の資産改革を契機に投資を誘発することが可能となる。金融資産の生産性を高めることにもつながる。

本章では，国・地方の資産あるいはインフラの活用・再編の必要性について概括的に問題提起したものである。資産生産性を高めるためには，公的部門・社会インフラに求められる役割変化に対応しつつ，資産がもつ価値を高めていくことだ。稼働率を上げること，生活・経済の安心を創出すべく転換すること，再生エネルギー機能（コスト）を高めること，そして自然資本で価値を創ること，である。

これまで国や地域（自治体）が有する資産価値を客観的に捉える機会が少なかったのではないだろうか。人口減少が進み，生産年齢人口も縮小する中で，外貨を獲得できる資源も少ない日本は，どのような価値を生み出していくのか。日本が有する，あるいは，蓄積してきた資産を改めて見直し，資産を稼ぐ力に変えていく戦略を実行していく必要があるのではないか。

デジタルローカルハブの戦略とあわせて，資産活用・再編に向けた検討の具体化を求めていきたい。

第5章

デジタルローカルハブを実効性のあるものにするために

これまで，デジタルローカルハブ構築の必要性を示し，欧州（ドイツ・デンマーク）の自立都市（圏）の構造とデジタル化・グリーン化の取組みを紹介した。それを踏まえ，日本においてデジタルローカルハブをどう構築していくべきか，その萌芽となる国内における取組みを紹介しつつ，その論点を明らかにした。少し横道に逸れるかもしれないが，資産再構築の必要性についても私なりの考えを示した。

それを踏まえ，ここでは，デジタルローカルハブの構築，またそれを契機とした資産再構築を進めるうえで必要な条件（環境整備）について5点にまとめたい。デジタルローカルハブの効果を共有し，デジタルローカルハブに向けた地域・自治体の意識を高めてもらい，実現に必要な人材や体制を整備することを提案する。そのうえでそれらを国・地方の政策として必要な取組みを示したい。

1 デジタルローカルハブ構築の効果の共有

デジタルローカルハブの推進を何故進めるのか，改めてその意義を国・国民大で共有することが必要である。第1章で示した内容と重複する部分があるが，改めて3つの生産性（労働生産性，炭素生産性，国土生産性）の向上につながることを示す。

(1) 都市（圏）の労働生産性向上は日本全体の生産性を引き上げる可能性がある

日本の高度経済成長は，欧米・アジアにとって比較優位となる大量のモノを生産し，販売し，輸出することによって“富”を得ることで，“量”としての経済成長を実現してきた。この背景には，東京を中心とする大都市圏への集中・集積のメカニズム，そして全国津々浦々の土地と人材を活用した垂直ピラミッド構造のもと，日本全体で効率的，かつ，大量のモノを生産するシステムがあったからである。その結果，人々の稼ぐ力（所得）や生産性という観点でいうと，集中・集積することで効果を発揮する都市システムが構築されてきたのだ。

日本の1人当たりGDPを地域別・都市別にみてみると，東京都が人口も，総生産も，1人当たり生産性もいわゆる“一人ならぬ一都市”だけ突出している。

日本の１人当たりGDPは2018年時点で33USドル，日本円にして441万円ほどであるが，平均値よりも高い都市は，大阪，名古屋，仙台，福岡など数都市に過ぎない。自立経済都市（圏）・ローカルハブのイメージとなるドイツやデンマークの都市は，人口５～30万人といった中規模都市であっても，日本の同規模の都市と比較して８％（対ドイツ）～16％（対デンマーク）ほど高い。逆に言えば，極論だが，デジタルローカルハブの出現によって，人口５～30万人都市の中でも高い労働生産性を有する都市が現れることで，日本全体の生産性を底上げする効果が期待できないだろうか。

図表５－１　日・独・デンマークの人口規模別１人当たりGDP比較（2018年）

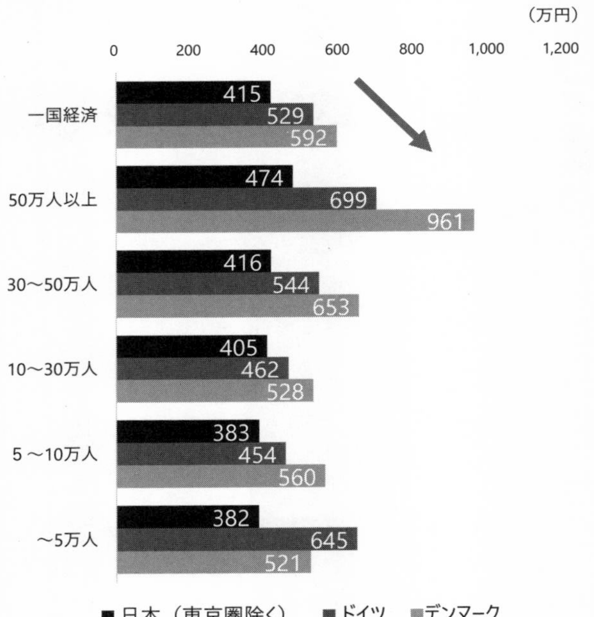

注）単位：万円
注）東京圏は１都３県（東京都，神奈川県，埼玉県，千葉県）に所属する基礎自治体
（出所）各種資料より野村総合研究所作成

もちろん地方圏の人口５～30万人の都市は，東京大都市圏の諸都市に比べて高齢化率も高く，人口減少のスピードも速い。そのため生産性向上のハードルも高

いのだが，そこに居住している人々（従業者）だけが生産性向上に貢献するわけではない。

コロナ禍を経て，デジタル・オンラインの普及により，距離・空間を超えた業務可能な職種が拡がっている。勤務地と居住地が遠隔であっても相手先企業の売上・生産性向上に貢献できる環境が整ってきている。このような時期にこそ，労働生産性の高い都市・地域を増やすことが可能な状況となる。これは日本における５～30万人規模の労働生産性を高める契機にあるといえよう。

この規模の都市・地域の労働生産性の底上げは，日本全体の労働生産性に厚みをもたらすことになる。東京圏だけにかかる生産性向上の重圧を，複数の地方圏における都市（デジタルローカルハブ）で分散して支えていくことに意味がある。

⑵　炭素生産性の向上により，エネルギー・脱炭素戦略の実現に貢献する

2020年に菅元総理が「2050年カーボンニュートラル宣言」を表明して以降，企業・産業界において脱炭素に向けた取組みは急拡大している。

2050年におけるCO_2排出量ネットゼロの最終目標に加え，2030年の2013年比CO_2排出量の46％削減という中間目標は，達成できなかった場合の罰則こそないが，脱炭素化への取組みを可能な限り前倒しさせるメッセージとなった。省エネ機器の導入，再生可能エネルギーの導入拡大など，これまでも地球温暖化に向けた取組みは行われてきている。これからは，CO_2排出ゼロという具体的な目標に向け，成果の出せる実効力のある取組みを推進していく必要がある。特に，削減排出量が明確な都市・地域（自治体）では，どのような取組みが排出削減の効果につながるか，ある程度イメージしやすいのも事実だ。実際，2050年にCO_2実質排出ゼロを表明している「ゼロカーボンシティ」は，宣言時には166自治体であったのが，2023年12月28日現在で1,013自治体（46都道府県，570市，22特別区，327町，48村）にまで急増している。

この中で重要な役割を果たすのが，デジタルローカルハブのポテンシャルのある都市である。

デジタルローカルハブの想定人口に比べてやや多いが，デンマークの首都コペンハーゲン市は，デンマークのカーボンニュートラルを最も早く実現する（しそうな）都市として有名である。2025年にカーボンニュートラルを達成する目標であるが，１～２年遅れていると聞いている。ただその取組みはデンマークの他の自立経済都市（圏）の取組みの参考となっている。まず，2025年の削減目標のお

よそ半分（115万トン/250万トン（目標））を達成すべく，都市インフラの改造を試みてきた。例えば，移動距離の75％を徒歩・自転車・公共交通機関を使ってもらうために，駐車スペースを歩行者ゾーンに変えた。また，周辺自治体と500kmにも及ぶ“高速道路”ならぬ“自転車高速道路”を整備し，コペンハーゲンからの往復旅行の41％を自転車で行うことを促した。

また，異なるインフラ同志の連携も行っている。発電と地域冷房・地域暖房，廃棄物焼却を組み合わせて提供するグリッド（網目状）のシステムを整備し，ある部門の排熱を別の部門の吸熱に利用し，トータルで電力・エネルギー使用量を削減している。この方法は，他都市でも試みられ，例えばドイツのフランクフルト市では，同市に集積するデータセンターの排熱を，新規に整備される住宅団地の暖房に充当するため，官民を超えた熱連携のインフラを整備することを決めたそうだ。

欧州の主要都市では，道路や上下水道，電力・ガスなど，『現在の』人や企業の活動を支え，活性化するためのインフラ（更新）投資から，『将来の』人々の行動や企業活動を変えるための新規投資へと舵を切ったことがわかる。

カーボンニュートラルなど，サステナビリティの施策を推進するうえで求められるのは，都市（圏）活動の実態を“把握”するという思考である。これまでは，人口や企業数を増やすこと，すなわち成長の実現を念頭に置きつつ，都市で活動する市民，企業それぞれにとって便益をもたらす施策を展開してきた。しかしながら，CO_2排出量の削減をはじめとしたサステナビリティの実現にあたっては，活動量やキャパシティを抑制・調整しなければ達成できず，市民や企業，行政個々の削減努力だけでは実現しえないものだ。そこには，個々のプレイヤーを超えた“エリア”を念頭に置いた生活者・企業・来街者などの行動をマネジメントする力が必要となる。現在，コロナ対応の医療を，公・民・個人の枠を超えた地域の医療機関全体で連携することによって対応する必要性が叫ばれているが，まさにその考え方が多くの都市の施策で求められることになる。

これまで，都市は人口の多寡で評価されることが多かった。これは，いわばこれまでの取組みの成果を測るものにすぎない。これからは，サステナブル社会に向けて都市が何に挑戦しようとしているのか，どのような成果を出しているのか，都市の姿勢そのものが評価されることになるだろう。

⑴でも示したが，民間企業の本社や基幹工場，研究開発や人材育成の拠点が集積している企業城下町と呼ばれる都市では，行政と民間企業が協力して，脱炭素

化の都市を構築していくための取組みが進められつつある。

以上のことから，デジタルローカルハブの構築は，官民連携によるサステナブルな都市を創り，地域思考で脱炭素を実現する行動自体が，日本全体の脱炭素化の実現に結びつくと考える。

(3) ソーシャル・レジリエンスの実現のために —国土生産性の上昇—

国土生産性は，第1章～第3章では示さなかったが，デジタルローカルハブの形成とあわせ，資産再構築が進められることによって，国土全体で目指すべき生産性の概念である。

孤立・自然災害・感染症などの観点からみて，国家運営と生活の持続性をどのように考えていくのか，これが大きな課題である。資産再構築の項目でも示したが，人口減少が進む中にあって，国民，特に高齢者が水害に遭遇する確率は確実に上昇する。

前章でも示したが，野村総合研究所の試算によれば，現在の居住地域を変えない前提とすると，水害リスクに晒される人口の割合は，2020年に総人口の30%（約3,810万人）だったのが，2050年には31%（約3,180万人）となり，人口減少が進む中で，1人ひとりが水害に遭遇するリスクは着実に大きくなる。特に高齢者（65歳以上）は2020年の約8.5%から2050年には約12%と急上昇する。社会的弱者に水害リスクのしわ寄せが向かう格好だ。単に，都市基盤の防災力向上や，治水や治山基盤の強化だけでなく，中長期的観点から市街地の移転・再構築を地域・コミュニティの自然災害と社会災害を守るいわゆる希望資産への転換が必要だ。

欧州では，「ソーシャルレジリエンス」の実現がポストコロナにおける国・地域づくりのキーワードとなっている。気候変動に伴う降水量の減少，1人暮らしの増加による孤立解消，感染症リスクへの抵抗力の強化などに耐え得るコミュニティや経済を構築することが，国や地域の成長・発展にとって重要になるという考え方だ。

資産再構築の件で触れたが，デジタルローカルハブと国土のメリハリをしっかり定めることで，災害による被害を最低限度にする国土の使い方が実現できる可能性が高まるだろう。

災害に強い国土が形成され，気候変動に貢献する森林・農地が保全されていることで，国民が安心して生活し，豊かで希望ある人生をおくれることになる。そのことで消費や投資が活性化することで，国全体の付加価値額は高まる。これはすなわち国土の生産性が高まることにつながるだろう。デジタルローカルハブの形成は，国土全体の土地資産の保全や活用の仕方を考える契機となり，国土生産性の向上にも結びつくのである。

2 デジタルローカルハブ実現に向けた雰囲気・環境をどう創るか

(1) デジタル化をどのように促進させるか

デジタルローカルハブは地域全体のデジタル化が重要だ。民間を中心に様々な実証プロジェクトが推進されている一方で，行政のデジタル化が遅遅として進んでいないという声も聞く。デジタル化が業務を効率化する重要な手段であるという認識が浸透しておらず，デジタル化の業務が既存の業務に“付加”され，残業を強いてしまう状況にある。

ここは日本もドイツも共通しているように思える。

ブランシュバイク市のデジタル化担当者は，行政職員のデジタル化を推進するために，その上層部を含めてデジタル化推進に向けたインセンティブをいかに付与していくかが重要だ，とコメントしている。

すなわち，市民の高齢化に伴い，行政組織のあり方もその影響を受ける。このため，デジタル化を以前にも増してスピードアップする必要があると考えている。

残念ながら，職員のやる気をあげるためのこれといった秘策はない。まずは，部門長にデジタル化の意義やメリットを納得してもらうことである。理解してもらうまでに大変時間がかかったが，いったん理解してもらうと，仕事がスムーズに運んだ。

このように自治体自らがデジタル化やデジタルローカルハブを実現することのメリットを最大限に感じ，自ら進んでデジタル化等に着手しようとする雰囲気づくりが鍵である。

デジタル化の方向を定めるうえで重要となるのは，各地域のデジタル・ポテンシャルを客観的に把握することである。そのうえで，デジタルによって実現される地域の将来像をしっかり描くこと，そして，これから急速に整備されている国・地方共通の情報基盤と連携しつつ，地域独自のシステムを構築していくことである。デジタル化の目標を地域の主体にとってわかりやすく提示することは難しい。既に行政は総合計画などで目指すべき目標を示している。また，まち・ひと・しごと創生総合戦略など，地方創生実現のための計画でも目指すべき姿が提示されている。これらの目標をとりまとめ，デジタル化によってどう実現するのか，ある種のアーキテクチャーのような体系図を作成して共有することも一考だ。

(2)　ローカルハブへの取組みをどう自発的に高めるか

デジタルローカルハブは，政令指定都市や地方中枢都市といった国や権威ある機関が明確な基準に基づいて指定されるものではない。都市・地域・自治体自らが，持続的な成長を目標に能動的に目指していくものである。それだけに，各地域が自主的にデジタルローカルハブを目指す意思を共有しておくことが必要である。

ここで示したドイツでは，都市・地域が経済活性化，高い生産性，高い競争力を駆り立てるべく，都市の経済力や所得といった経済的な視点でみたランキングが定期的に公表されている。本書でも紹介したスイスの研究機関策定によるPROGNOSに加え，IW consultによる都市ランキング（毎年発刊，71都市）/総合ランキング/ダイナミック・ランキング/サステナビリティ・ランキング，HWWI（ハンブルク世界経済研究所）/Berenberg（ベレンベルク投資銀行）都市ランキング（２年毎発刊，最新版は2019年，30都市），経済情報ポータルDIE DEUTSCHE WIRTSCHAFTによるランキング（毎２回発表，最新版2022年11月，3,809自治体）など多数ある。これらのランキングの存在が，自らの経済力を高める，すなわち順位を上げていくためにどうすべきかを考えるようになっていることは，ドイツの自治体関係者，IHK（商工会議所）へのヒアリングからも実感しているところだ。

日本でも様々な機関から都市の競争力や住みやすさに関するランキングが次々と出されている。しかしながら，経済的な観点，競争力との観点から，客観的に都市（圏）を評価するランキングが極めて少ない。

政府（国）がこのようなランキングを出すのは齟齬がある。国が成長するポテンシャルのある都市を認定するのは難しい。しかしながら，民間企業やマスコミ，シンクタンク，関係団体が経済的なランキングを作成するのに必要なデータを適切に提供・公開しておくことが必要だと考えている。

いずれにしても，今後の都市全体の価値や競争力を判断するうえで，どのようなランキングを重視すべきかを考えながら，行政を運営していくかが重要だと認識している。

政府（国）ではデジタル・データの収集・活用に向け，包括的データ戦略を構築した。このような取組みで収集されたデータを活用し，デジタルローカルハブのポテンシャルのある都市が自らの立ち位置を把握し，将来に向けてどの程度経済力，競争力を引き上げるべきか，KGI や KPI を設定するうえで参考となるデータの整備を図っていくことを求めたい。

3 デジタルローカルハブを支える人材輩出と共創機会の創出

労働力不足，人不足，人材不足といった言葉は聞き飽きただろう。生産年齢人口（担い手）は急速に減少する一方で，人口自体（マーケット）は長期的に低下しつつも，概ね横ばいであるがゆえに発生しているものと考えられるが，その需給ギャップ（人の不足）は当面続く。その中でもデジタルローカルハブを支える人材は，社会的・政策的に知見があり，法務・財務的な素養があり，DX のスキルを有するなど，専門的人材である。これらの人材を社会的に育成しつつも，適切なタッチポイントを用意しておく（共創機会を創出する）必要がある。

⑴ 経験・思考の観点から必要な人材をリストアップ

デジタルローカルハブのモデルとされる都市・地域には，既に多様なプレイヤーが根づいている。行政はもちろんのこと，地域を牽引するローカル企業，商工会議所・商工会や地域金融機関などの支援機関，病院・医療研究機関，大学や高等学校，高等専門学校，専門学校などの高等教育機関，大企業・グローバル企業などがある。行政部門のデジタル化を推進するだけでなく，企業・産業，医療部門，教育などにもデジタル化の足並みをそろえ，その効果を拡げていくことが必要である。単に，１つの機関のデジタル化を推進するだけでなく，それをコーディネートするスキルが求められる。

よく官，民に分けて人材を語るケースがある。しかしながら，デジタルローカルハブに関わる人材は，官や民といった所属ではなく，発揮されるべき能力に依存する。ただ官と民に同じ意識を有した人材がいて，同じ目的意識を共有していることが重要だ。

幅広く人材（「人」ベース）を確保するのではなく，以下の思考・経験を持った人材の「時間」を提供してもらう考え方に変えていく必要があろう。

①　戦略的思考

VUCA（不確実性）の時代，５年先，10年先の戦略や計画を立案する意義が薄れているとの意見も多い。しかしながら，デジタル化を地域の成長・発展，経済活性化，カーボンニュートラルの施策と整合・連携しながら推進していくためには，市民・企業・学術機関など多様な主体が目標を共有しうる戦略づくりが必要になると考える。実際，ドイツの自立経済都市（圏）の事例などをみると，デジタル戦略にあたって専門組織を置き，固有の職員を配置するなど，かなりの熱量をかけていることがわかる。

戦略を作るにあたっては通常の地域計画策定のノウハウを有した人材だけでは十分ではない。地方創生やデジタル戦略に知見があることに加え，経済的にみて生産性の高い地域を実現するという，デジタルローカルハブの主旨・目的・完成した姿などについて想像力を働かせ，その実現に向けてネットワークの構築を厭わない人材が必要である。できれば，戦略を策定する識者サイドだけでなく，戦略を策定する側の自治体にもそのような人材がいることが重要である。前述で示した国内の取組みをみると戦略企画セクションに，デジタルの専門性に加えて，ローカルハブ（自立経済都市（圏））への概念も理解したうえで，各組織を横断して施策推進を試みる前向きで行動力のある人材がいたことで戦略策定に大きく前進した。このようなスーパーマンはなかなかいないだろうが，複数の経験を有した人材の時間を提供してもらうことで人材を確保するのと同じ効果を得る方策を考えられよう。

②　連携・結合的思考

冒頭で述べたとおり，デジタルローカルハブは，地域内で活動する多くの主体・機関を巻き込んでデジタル化を推進していく必要がある。そのため，デジタルに関する知見・スキルに加え，異なる目的を有した主体を連携させ，同じ方向に導く能力も求められる。可能であれば，諸外国の自治体関係者，大使館，産業界とのネットワークのある人材が望ましい。決して１人で行う必要はない。場合によっては数人でこのような機能を担えればよい。

連携というのは人と人をつなぐ能力だけではない。異なる機能を有した機関・施設の融合連携を促す空間を設計実現する能力も求められる。拙著「地方創生2.0」の中では，レーゲンスブルク市の職員が，物理学，経営マネジメント，金融などの知識を総動員して，産学連携を誘発するインダストリアルパークを設計したことを紹介したが，このように連携・コミュニケーションを促す都市空間のあり方について専門性と経験を有した人材の手を借りることも必要になる。

③ 社会的DX思考

既にIT人材といっても非常に幅広い。地域のデジタル化を進めると言えば，古くはシステムエンジニア，プログラマーなどを想定していたが今は異なる。これからデジタルローカルハブ構築にあたって求められるのは，システムそのものの知見を持っている人だけでなく，システムの知識・経験を有しつつ，戦略への関与，地域戦略との橋渡し，ノウハウの供与などを行う社会的デジタル人材が求められる。今後は，デジタル空間での様々なシミュレーションの必要性も高まる。アクチュエーターといったデジタル空間とフィジカルな空間をつないで思考できる人材も必要である。

⑵ 人材を“集める”のではなく“集まる”環境を作る

以上の3つの基本的な思考をもとに，第3章で示したデジタルローカルハブの「自立性」，「革新性」，「創造性」を支える人材を見極め，活躍してもらえるようなインセンティブを持ってもらうことが重要である。

具体的に言えば，IT戦略設計人材，コーディネーター・カタリスト，アクチュエーター，実務エンジニア・データサイエンティストなどである。これらの人材についてドイツの自治体では外部から採用・参集してもらうようにしているところが多い。ドイツのブラウンシュバイク市は次のように話した。「行政職員はITの専門家ではないので，職員単独ではデジタル化に取り組めない。行政の役割は，プロジェクトの定義や達成したいイメージを明確にすることであり，ITサービスプロバイダーをうまく活用してイメージを実現しなければならない」と。またヴュルツブルク市の元のマーケティング会社Region Mainfranken GmbH（マインフランケン地方に属する2市7郡の子会社）に委託をし，工科大学の人材獲得に努めている。ヴュルツブルク・シュヴァインフルト工科大学と協議を行ったが，寄付講座や輸送技術研究センター（大学敷地外）を設置してもらえることとなった。少しずつではあるが，これらの取組みが効果を発揮しつつある。

ドイツでは（これは日本でもあてはまるが），民間企業のIT部門のほうが自治体よりも給料が高いので，民間企業に人材が流れがちである。しかし，IT人材の中には，社会に貢献する公共企業で働きたいと考える人もいる。また，公共企業は景気に左右されることがないので，解雇を心配せず，安定して働けるという魅力もある。また，市行政では自治体職員のIT知識やスキルアップの重要性を早くから認識しており，再訓練制度を導入している。

日本においてデジタルローカルハブに向けた検討をするうえで重要なのは，様々な立場の人の意見・経験をオープンで受け入れるという姿勢だ。東京大学の森川教授が指摘する「デジタル自体の効果はよくわからない，わからないことを認識することが重要だ」という点は極めて本質を突いている。ある決まった論理を当てはめるのではなく，１つの目標に向かって知恵を出し合う環境をどう創ることができるか，これが重要な要素であろう。

このようなことを進める人材が果たして地域にどれほどいるのか，次に疑問が湧く。政府は，デジタル田園都市国家構想の中で，230万人のデジタル人材を育成する目標を打ち立てている。地域のデジタル化を技術面からサポートする人材は今後充実されていくことだろう。ただ，デジタルローカルハブの実現にあたっては，デジタルに長けた人材の育成・獲得だけでなく，地域課題・社会課題を解決する意思をもった人材，そしてそれを地域のビジネスに変えていく人材，様々な経験を有した多様な人材を地域にいかに集めることができるかが鍵となる。

政府では，デジタル田園都市国家構想を通じて，250万人のIT人材を育成する目標を立てている。ただデジタルローカルハブを実現していくうえでは，単に意思のある人材を受け入れるだけでは，その目標達成は難しい。

例えば企業側から派遣するにしても，報酬差の解消，業務規程の緩和，副業などの認可，キャリア資格への参入などがないと，社員を地域・自治体の人材として登録しておくことが難しい。民間企業の事業インセンティブと両立できるよう人材確保の支援をどのように設計していくかが重要であると考える。

 デジタルローカルハブの実施体制の強化

これまで述べたとおり，デジタルローカルハブの構築は，10年とも20年とも言われている非常に長期的な時間軸を見据えて継続的に施策を展開していくことが求められる。また地域の行政・企業（民間）・市民・来街者を巻き込んで，領域横断的にデジタル化やサステナビリティ対応を進める必要がある。つまり，時系列・横断面双方において共有と推進を協力に進める体制が求められる。

(1) デジタル推進の参謀組織の重要性

目標や理念が構築され，行政内に推進組織ができたとしても，デジタル化を地域単位でどう進めるかは難しい。地域内には様々な利害関係者が存在する。またそれぞれの立場で既にデジタル化に関する個別の取組みを行っている場合もある。

その場合，地域のプラットフォームを活かす方法がある。地域の成長・発展に関わる産業（企業），学術教育機関（大学，工業高等専門学校など）そして行政，地域金融機関，メディアなどで構成される組織体だ。本書で紹介したドイツのローカルハブ都市のデジタル化をみると，自治体戦略組織を横断的に作り，そこで戦略立案とそのための情報共有などを行っている。例えば，デジタルシュタット・ダルムシュタット市には，デジタル戦略を策定する有限会社がある。中央コントロール部門のように機能している。関連する組織部門の接点であり，連絡を密に取り合うマルチプレイヤー（知識又は情報を伝え，業務推進に貢献する機関）的な役割を果たしている。地域の総合経済団体としての商工会議所の役割・強化も重要な視点だ。

(2) デジタルインフラのマネジメント組織に再注目

戦略組織（参謀）としての組織に加え，デジタル戦略を実行に移す組織も必要となる。デジタルは地域において個々に離れて活動するプレイヤーをつなぐ効果があるからだ。そのこともあり，かねてから地域の経済，市民生活，インフラサービスを“地域”目線で横断的に管理，再構築する主体創設の重要性を説いてきた。「地方創生2.0」では，インフラ横断組織の事例としてドイツ（オーストラリア，スイスも同様の組織がある）のシュタットベルケ（インフラ・エネルギーを担う

自治体出資の公益事業体）を紹介したが，脱炭素化，再生可能エネルギーシフト，エネルギー循環の必要性などから，シュタットベルケの役割がさらに高まり，世界中から注目されてきている。

サステナビリティ時代における都市戦略を実施するうえで，民間セクター（企業）の役割も高まることになる。特に，CO_2削減のマネジメントは，企業と連携しながら推進していくことが必要だ。例えば，インフラのPPP（官民連携パートナーシップ）は，空港，上下水道，住宅といった特定個別分野が中心であったが，これからはサステナブルな都市を実現するために，インフラ全体でサービスを管理しうる組織・体制を民間（企業）と一緒に創り上げていくことが求められる。もちろん，都市活動が脱炭素にどのように貢献するのか，どのような排出源と吸収源があるのかなど，地域のデータを収集・分析・予測する力（DXノウハウ）をもった組織の存在が重要になる。このような観点からもシュタットベルケ的な組織・機能が見直されてきている。

日本のデジタルローカルハブの運営を考えるうえで，現在のドイツのシュタットベルケの状況をみておく必要がある。

2021年現在，ドイツには約1,000のシュタットベルケがある。約400の都市圏があるので，１都市圏あたり２つ強のシュタットベルケがある計算だ。地元市民に電気，水道，ガス等のライフラインや，交通，ゴミ収集等のサービスを包括的に提供し，長きにわたって地域社会の発展に貢献してきた。ドイツではここ20年でエネルギーを取り巻く情勢が著しく変化し，電力・ガス事業が自由化されたため，エネルギーを供給するシュタットベルケは地域を越えて事業を行うようになった。このため，公益事業体ではあっても，他地域のシュタットベルケやエネルギー供給事業者との競争に打ち勝たなければ生き残れなくなっている。

地域にある公共施設，公営住宅，産業団地間で熱の融通と循環をし，電力消費量を可能な限り抑える（コントロールする）うえで，複数の施設・インフラ資産を管理運営するシュタットベルケが重要な役割を果たしている。現にフランクフルト市のシュタットベルケが公共住宅とデータセンター（産業団地）間を熱でつなぐ配管を整備し，電力供給に必要なCO_2の削減を目指している。デジタル戦略を都市の生産性向上へ結びつけるうえでもシュタットベルケの果たす役割が大きい。先に紹介したミュンスター市では，分母に相当する公益事業の経費削減や労働時間の削減，人材，資産等のリソースの有効活用，さらにエリアベースで経済発展していくためのノウハウや知識の共有などを目的としたプラットフォームを共同開発することを決定した（2020年６月）。シュタットベルケや公益事業体が協会の設立に参画している。MVVというシュタットベルケは，再生可能エネルギーと脱炭素のインフラシステムを構築・運営するノウハウを蓄積し，それを海外の諸都市（自治体）にコンサルティングすることによって収益を得るモデルを確立し，このたびシュタットベルケとして初めて上場を果たした。

また，デンマークのカルンボー市でもカルンボーユーティリティという事業体が，上下水道・廃棄物処理を一体的に実施し，水や熱の循環（リサイクル）を実現させている。

海外の自立経済都市（圏）において，脱炭素・サステナビリティを地域全体で実現するためには，このような地域複合組織が理にかなっていることを示している。

(3)　日本は地域複合組織に対してどのように対処していくべきか

以上のような地域複合組織は，デジタルローカルハブあるいは地域生活圏を支える組織として適切であると考えられる。日本の場合，上下水道，エネルギー供給などは，自治体によって料金体系は異なるものの，全国の単位で事業分野ごとに，管轄省庁による管理が行われ，料金規制もなされている。一方，脱炭素（CO_2排出削減）の目標設定は分野や業界単位ではなく（例えば下水道施設全体で2030年までにCO_2○○％削減という目標を立てているなど聞いたことがない），自治体・都市単位で設定している（いわゆるゼロカーボンシティ）。もし自治体単位の脱炭素化のプライオリティが高いのであれば，自治体内で中核的なサービスを提供する公共・公益サービスを横断的に管理してエネルギー消費量をコントロールし，一方で地域発の再生可能エネルギーで需要の太宗を賄うなど，地域単位でシステムを創り上げることが重要だ。

現在日本では，様々なタイプのプラットフォームが創られ活動している。再生可能エネルギー事業で収益を上げ，地域サービス・インフラ運営を賄うドイツのシュタットベルケ型のコミュニティ，地域の社会インフラに投じられる資金を前提にしつつ，複数のインフラ整備・点検をデジタルによって効率化することで一定の収益を上げることのできるもの，などである。

しかしながら，ドイツのシュタットベルケは，日本の公営企業体やユーティリティ事業体でそのまま導入することは難しいと言い続けてきた。上下水道など公営事業体の料金体系もドイツと異なり，採算可能なレベルまで自治体・公営事業者の意思で無限に引き上げることは不可能だ。そのため，地域をベースに異なるインフラ事業領域（管轄省庁も異なる領域）を地域の主体で束ね，収益事業体として再構築することは難しいと判断されてきたのは事実である。筆者はこれまで何度もドイツのシュタットベルケの事例を引き出し，日本での導入可能性を提起してきたが，大きな政策の流れには必ずしも結びつかなかった。

ただ，カーボンニュートラル実現に向けて，日本の地域では，シュタットベルケに近い地域運営組織を構築，運営しようとする動きが出てきている。

民の力を最大限活用し，既存の行政界を超えた，官民パートナーシップによる地域経営主体の創出に触れている。本書で紹介した宇都宮市では再生可能エネルギー会社とLRT運営会社とのシナジーを想定するなど，地域経営主体の考え方を取り入れている。また帯広圏では，一自治体を超えた広域生活圏において，地域の生活基盤，産業基盤，エネルギー基盤を整備・運営していくことを念頭においた戦略づくりが進んできた。

デジタルローカルハブ戦略を検討する中で，地域の経済活性化，市民の生活利便性と幸福の実現を両立するために，地域・広域の単位で，公共サービス，行政サービス，再生可能エネルギーや交通・上下水・廃棄物等のインフラを横断管理する仕組みの可能性について検討してみてはどうかと考える。デジタル戦略も，その仕組みがうまく回るために，デジタル化がどのように貢献するかという観点で，策定・実現していくことも視点の１つになる。

5　次なる国土・“地域”再生制度の検討・実現へ

現在，国土・地域を再生する制度が，今動き出している。2023年７月に閣議決定された国土形成計画（全国）では，時代の重大な岐路に立つ国土に際して，「新時代に地域力をつなぐ国土」という目指すべき姿を提示している。また今後の国土の基本構造として「シームレスな拠点連結型国土」を掲げている。また同計画では，デジタルとリアルが融合した地域生活圏の形成が盛り込まれている。生活圏の人口10万人程度を目安に，デジタルの力を借りてリアルの地域空間の質的向上を目指すもので，本書が主題とするデジタルローカルハブの概念と重なる。また，拠点をつなぐインフラとして「デジタル全国総合開発計画」も政府のほうでとりまとめが進んでいる。拠点と連結基盤（インフラ）を整備することで，日本の国土・資産の有効活用と生産性を上げていくことがこれから求められるのである。

そもそも，今回問題提起したデジタルローカルハブや資産再構築の戦略は，単一の施策で対応できるものではない。デジタル田園都市国家構想をはじめ，デジタルガバメント，スマートシティ・スーパーシティ，脱炭素先行地域など様々な施策に関与するものである。また，地域発の経済政策，インフラ政策，資産再編などを考えるうえで，地方自治制度，公営企業制度，公共調達制度，土地政策，都市計画制度などにも切り込んでいく必要がある。

私がかねてから感じていたことだが，都市・地域の活性化を考えるうえで，国土政策，地方創生政策，地方自治制度を連動していくことがとみに重要であると感じている。これは地域のデジタル戦略も同様だ。ドイツでは，デジタルローカルハブの候補となりうる中核的な自治体には，デジタルを都市の競争力向上に活かしてもらうため，官民連携を前提とした取組みに（連邦からの）補助が受けられる仕組みとなっている。過疎地域については，デジタル予算を獲得する企画書づくりを支援すべく，人の派遣や関連予算を認めるなど，地域や都市の属性に応じたメリハリのあるデジタル戦略を展開している。日本では，デジタル化を通じて，どのような都市・地域を戦略的に強化していくのか，地域サービス自体の底上げをすべき自治体はどこなのか，国土上，地方創生上重要な地域にデジタル化支援をうまく組み込んでいくことが必要だと考える。

さらに，補助金支援の枠組み・プロセスも，地方の自立性を喚起するようになっていないと思われる。例えば，地方創生に関わる補助金や規制改革の実施・運用は中央政府を窓口にしている。そのことにより，都道府県だろうが，市町村だろうが，中央政府の財源と意見に準拠しなければならない。かつてとある海外の関係者にこの仕組みを伝えたところ，「日本の地方創生戦略は中央集権を助長しているだけではないか」という回答があった。まさに言い得て妙と言えようか。かつて，日本とイギリスの国と地方の税金と補助金等の流れを比較したことがある。日本は税収の約半分が地方政府に徴収されることになっているが，それでも財政（収支）が厳しい自治体には交付金が支給される。イギリスは，税金の大部分を国が徴収し，地方部には多くの補助金が国から支給されている。徹底的に国が地方をコントロールしているようにみえるのである。日本は，意思決定のやり方を中央集権のシステムで貫くのであれば，税収・補助のやり方もイギリスのような形態をとる方が効果も高いのではないか。ただデジタルローカルハブは，力のある都市（圏）をもっと高みを目指すべく育成する考え方だ。そうであれば，ドイツのようにデジタルローカルハブの候補都市については，自立に向けた支援，民間活力導入に向けた支援を徹底させ，自立化が難しい地域（都市）は，人材も含めた国による支援を徹底する，といったメリハリも必要になろう。

居住する場所と働く場所の分離が，デジタル化によってさらに加速化されようとしている中で，地方自治の源泉となる財源（税制）をどのように考えるのか。居住して固定資産を持つことによってのみ地方の財源になる制度以外には，ふるさと納税など寄付制度が存在するに過ぎない。地域で活動した成果を地域以外にも貢献した人に還元するような税制を考える時期に来ているのではないか。またドイツのように，中核的な都市は官民プロジェクトに対する支援を主に行い，それ以外の地域は，人材・基盤整備そのものを多角的に支援するようなメリハリも必要なのではないか。ドイツのダルムシュタット市のように，本来ならばデジタル化も自らの財源で行うべきであるし，そのような状況にある都市こそがデジタル化に着手できるのである。必ずしもそのような状況にはない日本は，まずは産業基盤の構築（地域力の向上）と，それを支援するデジタル化や脱炭素化とを，同時に，そして連携しながら政策を推進していく思想が必要だと個人的に考えるところである。

デジタルローカルハブの構築を１つのきっかけとして，国土政策，地方自治，デジタル化，脱炭素そして地方行財政制度が同じ目的のもとで運用されていくことを願ってやまない。

≪参考文献≫

・『人口戦略法案―人口減少を止める方策はあるのか―』（山崎史郎［著］，日本経済新聞出版，2021年）
・『地方創生2.0』（神尾文彦・松林一裕［著］，東洋経済新報社，2016年）
・『デジタル列島進化論』（若林秀樹・日経 BP 総合研究所［著］，日本経済新聞出版，2022年）
・『世界のコンパクトシティ』（谷口守［編著］，片山健介・斉田英子・髙見淳史・松中亮治・氏原岳人・藤井さやか・堤純［著］，学芸出版社，2019年）
・『デンマークのスマートシティ（DENMARK SMART CITY）』（中島健祐［著］，学芸出版社，2019年）
・『日本列島改造論（復刻版）』（田中角榮［著］，日刊工業新聞社，2023年）
・「建設経済レポート―日本経済と公共投資―」（一般財団法人建設経済研究所，2023年）
・内閣府「中長期の経済財政に関する試算」（平成28年１月21日経済財政諮問会議提出）
・内閣府「中長期の経済財政に関する試算」（令和５年１月24日経済財政諮問会議提出）
・独立行政法人労働政策研究・研修機構「労働力需給の推計」（2019年度）
・国立研究開発法人日本医療研究開発機構（AMED）ゲノム医療実現バイオバンク利活用プログラム（ゲノム研究バイオバンク）

おわりに

現在は，人口の趨勢的減少，インフラ老朽化に加え，気候変動による影響，何よりも脱炭素社会の実現という，社会課題（ローカルイシューとグローバルイシュー）を克服するために，地方創生，国土の最適利用が求められている。デジタル技術が浸透し，デジタル利活用が進みつつある現在，デジタルローカルハブ（デジタルの力で自立経済都市（圏））を構築することは，日本の経済的な競争力と，社会的な安心力を創出する大きな施策的な切り札となる。

とは言ってもローカルハブになるための壁は高い。研究力，事業創発力などが必要で，そのための施設も求められる。昨今革新されているデジタル化はローカルハブ形成の可能性を拡げる。まずは実際の機能・施設があるところが実現できる可能性がある。次いで実際研究開発や事業創発の機能・施設の薄いところもチャレンジするチャンスがある。

デジタルローカルハブはそれ自体の政策や計画を作ることを強いるものではない。このような考え方をもって，国づくり，地域づくり，資本づくりに取り組んでいくことが重要だ。また，地域がデジタルローカルハブを志向するのであれば，そこで活動する企業の方もデジタルローカルハブで示した存在力，資源活用，グローバルネットワーク，次世代創造の理念を心に据えて活動する必要があろう。

繰り返し述べているが，都市の人口規模を問わず，いや，どの人口規模においても１人当たり生産性の高い都市（ローカルハブ）を創り上げることで，日本全体の生産性向上につながるとみられる。かつて，田中角栄は「日本列島改造論」の中で，新地方都市のビジョンを掲げている。それは，新25万都市の建設，「特定産業首都の育成」，そして「地方拠点都市の衣替」，である。大都市の工業が立地するだけでなく，金融，情報，流通なども備えた地方開発の拠点となる25万人前後の都市を整備し，そこにエッジの効いた産業（その都市が特定産業の一番の蓄積・ノウハウを有している）を集積させていく必要性を説いている。これはまさに，ローカルハブそのもののコンセプトではないか。

「日本列島改造論」が世に出て50年以上経過した現在，拠点となる地域から，日本の明日を考えていく，１つのきっかけになればと思っている。

本書は，2016年にローカルハブのコンセプトを問題提起してから，政府担当者，大学関係者，そして自治体・関連組織の方を通じて議論してきたこと，そしてその後のデジタル戦略づくりに関わらせていただいた経験をとりまとめたものである。

ローカルハブのコンセプトを実現させるために，山形県から圏域政策に関わる研究会に参画させていただき，山形県鶴岡市から実際のデジタル戦略づくりに関わる機会をいただいた。このような方々との出会いがなければ，ローカルハブに対する提言活動，実践活動は継続できなかった。改めて御礼を申し上げたい。

このたびデジタルローカルハブという新しいコンセプトを掲げ，ドイツだけでなくデンマークの高生産性都市（圏）の事例も加えさせていただいた。デジタル化・スマート化に向けた最新の取組みだけでなく，ウクライナ紛争以降混迷を極める中で，カーボンニュートラルやクライメートニュートラルにどう取組んでいるかについても一定の紙面を割いた。

決してデジタルローカルハブは特定の都市を対象にしているわけではない。デジタル化が進み，さらなる変革が想定される中，効果的な活用ができれば，どの規模の都市でもハブになれる可能性が出てきた。都市だけでない。企業経営においても，デジタルローカルハブの考え方を取り込んで，存在感のある事業活動を展開する可能性も秘めている。デジタルローカルハブこそが，地域（自治体）と企業と共創して次の社会課題を克服する貴重なフィールドでもあると考えたい。

これからデジタルローカルハブ実現への取組みが加速化することを期待したい。本書がそのきっかけになればよいと願うばかりだ。

本書は関係者の多大な協力なしには完成できなかった。鶴岡市のSDGs未来都市有識者会議の委員の皆様，盛岡市デジタル化まちづくり戦略委員会委員の皆様，そして帯広圏デジタル化推進協議会・アドバイザリーボードの委員の皆様，大変貴重なご意見をいただき，戦略づくりに貢献いただいた。座長・委員長の立場で僭越ながら，ここに改めて御礼を申し上げたい。

また，図表・データ分析全般にわたって主導していただいた相馬祐エキスパート研究員には感謝してもしきれない。鶴岡市の現場に常駐し，デジタル戦略や各種プロジェクトに関わっていただいた浅野憲周エキスパートコンサルタント，神林優太アソシエイトには，鶴岡市の取組みについて詳細に示していただいた。また平井優花エキスパートコンサルタントにはデンマークの調査会社と連携し，必要な情報の入手にあたってしっかりフォローいただいた。他にも多くの野村総合研究所の皆様の協力なくしては，本書はまとめられなかったであろう。改めてこの場を通じて感謝を申し上げたい。

［編著者］

神尾　文彦（かみお　ふみひこ）

株式会社野村総合研究所　未来創発センター長　研究理事
慶應義塾大学経済学部卒業，1991年野村総合研究所に入社。
以来，国・地方自治体・公益企業改革プロジェクトに多数従事。都市・地域戦略，社会資本施策，公共政策，政策効果分析などを専門とする。内閣官房「未来技術×地方創生検討会」委員，総務省「公営企業の経営戦略の策定と活用支援に関する研究会」委員等の政府委員や，自治体（山形県，鶴岡市，岩手県，盛岡市，帯広圏など）委員，経済団体（横浜商工会議所）委員を歴任。デジタル田園都市国家構想応援団運営理事。令和５年度岩手県行政経営功労者表彰受賞。
主な著書に『地域循環型社会の実現に向かって』（共著，リックテレコム，2023年），『デジタル国富論』（共著，東洋経済新報社，2020年），『地方創生2.0』（共著，東洋経済新報社，2016年），『社会インフラ次なる転換』（共著，東洋経済新報社，2013年）など。

［著者］

相馬　祐（そうま　ゆう）

株式会社野村総合研究所　未来創発センター　戦略企画室　エキスパート研究員
1999年立教大学経済学部経済学科卒業
2008年，野村総合研究所に入社。以来，都市，社会資本，政策・事業性評価等のプロジェクトに従事。主に成長可能性都市ランキングの構築，独立拠点都市（ローカルハブ）に関わる分析等を実施。2022年より現職。専門は，統計分析，アンケート分析，GIS を用いた地理空間分析，将来予測など。

浅野　憲周（あさの　かずちか）（主に第３章２－(1)を執筆）

株式会社野村総合研究所　未来創発センター　リージョナルDX研究室　エキスパートコンサルタント
東京工業大学大学院総合理工学研究科社会開発工学専修修了。1991年野村総合研究所入社。
国・地方公共団体の地域DX，国土・地域政策，防災・危機管理政策，国内大手企業の危機管理対策に関するコンサルティング活動に従事。専門領域は，地域DX推進，国土・地域政策，防災・危機管理政策，災害シミュレーション。鶴岡市総合計画審議会企画専門委員会委員。

デジタルローカルハブ
――社会課題を克服する地方創生の切り札

2024年4月10日　第1版第1刷発行

編著者　神　尾　文　彦
発行者　山　本　　継
発行所　㈱中央経済社
発売元　㈱中央経済グループパブリッシング

〒101-0051　東京都千代田区神田神保町1-35
電話　03（3293）3371（編集代表）
03（3293）3381（営業代表）
https://www.chuokeizai.co.jp
印刷／昭和情報プロセス㈱
製本／㈲井上製本所

ISBN978-4-502-49671-4　C3034